edition suhrkamp 2621

Es ist nicht nur kinderleicht, es ist vor allem nahezu unumgänglich: Kopieren ist im digitalen Raum zu einer alltäglichen Handlung geworden. Doch so selbstverständlich wir kopieren, so unklar bleibt der Bezugs- und Bewertungsrahmen für diese Tätigkeit, die Dirk von Gehlen in *Mashup* als grundlegende Kulturtechnik lobt. Ohne die kreative Kraft der Kopie entsteht keine Kultur – nicht nur die modernen Verschmelzungen unterschiedlicher Werke zu einem neuen (Mashups, vom Englischen *to mash*) belegen dies. Die Fälle der abschreibenden Hoffnungsträger zu Guttenberg und Hegemann und die beständige Auseinandersetzung um Filesharing und Tauschbörsen verdeutlichen aber auch, wie notwendig eine Debatte über gutes Kopieren und betrügerisches Abschreiben sowie über den rechtlichen Rahmen für die sich verflüssigende Unterscheidung zwischen Original und Kopie ist. Mit dieser Streitschrift bringt Dirk von Gehlen Ordnung in die begriffliche Verwirrung und zeigt, wie notwendig die Kopie für unsere Kultur ist – online wie offline.

Dirk von Gehlen, geboren 1975, ist Chefredakteur von *jetzt.de*, dem jungen Magazin der *Süddeutschen Zeitung*. Der Diplom-Journalist bloggt unter digitale-notizen.de.

Dirk von Gehlen
Mashup
Lob der Kopie

Suhrkamp

2. Auflage 2012

Erste Auflage 2011
edition suhrkamp 2621
Originalausgabe
© Suhrkamp Verlag Berlin 2011
Satz: Hümmer GmbH, Waldbüttelbrunn
Druck: Druckhaus Nomos, Sinzheim
Umschlag gestaltet nach einem Konzept
von Willy Fleckhaus: Rolf Staudt
Printed in Germany
ISBN 978-3-518-12621-9

»Was da ist, das ist mein! hätte er sagen sollen, und ob ich
es aus dem Leben oder aus dem Buche genommen, das
ist gleich viel, es kam bloß darauf an, daß ich es recht ge-
brauchte! Walter Scott brauchte eine Szene meines Egmonts
und er hatte ein Recht dazu, und weil es mit Verstand
geschah, so ist er zu loben.«
Johann Wolfgang von Goethe

»Nothing is original.«
Jim Jarmusch

»Wir wollen eine Mücke töten und versprühen DDT – mit
Konsequenzen für die freie Kultur, die sehr viel verheeren-
der sind als der Verlust dieser Mücke.«
Lawrence Lessig

Inhalt

I Vom Zauber der kreativen Kopie

»Imitationen von dir
Verbünden sich mit mir.«
Tocotronic, »Imitationen«

Der Ruhm des Lionel Andrés Messi beruht auf seinem außergewöhnlichen Können im Umgang mit dem Fußball. In den Jahren 2009 und 2010 wurde der Argentinier in Diensten des FC Barcelona zum Weltfußballer des Jahres gewählt. Doch zu den ganz Großen zählt der 1,69 Meter kleine Messi, den seine Fans »La Pulga« (der Floh) rufen, seit er im Frühling 2007 einen Beitrag zu einem der wichtigsten Themen des 21. Jahrhunderts geleistet hat, der Diskussion um das sogenannte geistige Eigentum. Messi tat damals einmal mehr, wofür seine Fans ihn lieben: Er erzielte ein Tor, ein außergewöhnliches, eines, dessen Eigentumsrechte, wären diese vom Weltfußballverband bereits geregelt, vermutlich ein anderer geltend machen würde. Messi hat – zumindest indirekt – die Frage aufgeworfen, wie geistige Leistungen bzw. immaterielle Güter (wie ein Tor) gemessen und bewertet werden können. Und diese Fragen – so prophezeit Mark Getty, Sohn des Öl-Milliardärs Paul Getty und Gründer der Bildagentur Getty Images – werden im digitalen 21. Jahrhundert so bedeutend sein wie es die Verteilung des Rohstoffs Öl im 20. Jahrhundert war.

Den Feuilletonisten und hauptberuflichen Nachdenkern war all dies zunächst entgangen. Doch die fast 100 000 Zuschauer, die am 18. April 2007 in das Stadion Camp Nou in Barcelona gekommen waren, um ihre Mannschaft im spanischen Pokalhalbfinale gegen den FC Getafe zu sehen, bemerkten es sofort: In der 29. Spielminute erlebten sie eine Vorführung, die später als historisch bezeichnet werden sollte. Der damals 19-jährige

Messi erzielte den Treffer zum 2:0 für Barcelona (Endstand: 5:2). Das ist das reine Ergebnis, in Wahrheit ist dieses Tor aber viel mehr, es ist eine Demonstration der Schönheit der Kopie: Der Spieler mit der Rückennummer 10 führt den Ball fast sechzig Meter über den Platz, umkurvt dabei elegant und in hohem Tempo zwei angreifende Gegenspieler und dringt schließlich von der rechten Angriffsseite in den Strafraum des FC Getafe ein. Dort umspielt er zwei weitere Verteidiger sowie Torhüter Luis García und schiebt den Ball aus spitzem Winkel mit seinem rechten Fuß ins leere Tor.

Dieser Spielzug hatte sich bereits zuvor ins kollektive Gedächtnis der Fußballfans in aller Welt eingegraben. Im Sommer 1986 erzielte in Mexiko ein anderer Argentinier mit der Rückennummer 10 auf nahezu identische Art und Weise einen Treffer im WM-Viertelfinale gegen England. Es war ebenfalls ein 2:0 und wurde anschließend zum »Tor des Jahrhunderts« gewählt. Aus der Perspektive der Haupttribüne spielte Argentinien von rechts nach links, so wie Barcelona gegen Getafe. England verlor den Ball im Mittelfeld, so wie Getafe den Ball in der Hälfte des FC Barcelona an Messi verlor. In beiden Fällen wurde der Spielzug über die rechte Angriffsseite vorgetragen, es wurden insgesamt vier Verteidiger ausgespielt und der Treffer aus spitzem Winkel ins leere Tor erzielt. Der Spielzug aus dem Sommer 1986 gleicht jenem aus dem Frühjahr 2007 bis ins Detail. Argentinien besiegte England im Viertelfinale und wurde später gegen Deutschland Weltmeister – angeführt vom Spielmacher und Torschützen mit der Rückennummer 10: Diego Armando Maradona.

Nach seinem Abschied aus dem aktiven Fußball Mitte der neunziger Jahre begann für den heute 50-Jährigen, der bei der WM 2010 mit geringem Erfolg die argentinische Nationalmannschaft trainierte und danach seinen Posten verlor, ein wechselvoller Lebensabschnitt. Im Fernsehen wurde der übergewichtige Fußballrentner häufiger in Entzugskliniken als auf dem Fußballplatz gezeigt – bis zu jenem 18. April 2007. An diesem

Tag, Maradona befand sich gerade in Buenos Aires in stationärer Behandlung, rief ein junger Spieler des FC Barcelona der Welt in Erinnerung, was für ein großartiger Fußballer Diego Armando Maradona gewesen war. Und dem jungen Spieler gelang dies mithilfe einer vermeintlich minderwertigen Tätigkeit. Lionel Messi kopierte. Damit nicht genug: Messi imitierte den bekanntesten argentinischen Fußballer des 20. Jahrhunderts in einem seiner berühmtesten Werke: Maradona hatte ein scheinbar einzigartiges Jahrhunderttor erzielt. Könnte man diesen Superlativ steigern, Messi hätte die grammatikalische Unmöglichkeit verdient: Er konnte das Einzigartige wiederholen.

Anschließend gibt er sich bescheiden und widmet das Tor dem bettlägerigen Maradona. »Ich will nur, dass er wieder auf die Beine kommt. Ganz Argentinien braucht ihn«, lässt Messi wissen. Und wie reagiert der Kopierte? Er erklärt Messi zu seinem legitimen Nachfolger. »Ich habe einen Erben«, wird der Weltmeister von 1986 zitiert.

Man kann den Zauber dieses Moments aus dem Camp Nou in zahlreichen Filmen im Internet per Knopfdruck nacherleben, er ist dort langfristig (in Kopie) archiviert.[1] Es dauert nur wenige Augenblicke, bis die spanischen Reporter den Namen »Maradona« rufen. Messi hat bei seinem Jubellauf nicht mal die Eckfahne erreicht, da haben die Berichterstatter bereits den historischen Kontext hergestellt, in dem dieser Treffer zu bewerten ist. Doch Messi wird nicht als Plagiator gescholten, die spanischen Reporter (und nicht nur die) feiern »La Pulga« als großen Helden des Weltfußballs. Das liegt zunächst natürlich daran, dass Messi eine sportliche Leistung vollbracht hat, die herausragt. Doch durch die Referenz, die in seinem Sturmlauf liegt, bekommt das Tor eine zweite Ebene: Die Szene geht um die Welt, Fußballfans schneiden den Ablauf von Maradonas Jahrhunderttor zusammen mit Messis Sturmlauf, spani-

1 Eine solche Videocollage ist z. B. unter dem Titel »Messidona« online verfügbar unter: ⟨www.youtube.com/watch?v=RFRhtWwn9T8⟩ (Stand März 2011).

sche Zeitungen adeln den Offensivspieler mit den Wortneuschöpfungen »Messi-as« (*Sport*), »Messidona« (*Marca*) und
»Diego Armando Messi« (*El Periódico*).
Diese Neologismen sind Beispiele für sogenannte Mashups.
Dieser Begriff, der auf das englische *to mash* (deutsch: vermischen) zurückgeht, beschreibt, wie durch die (Re-)Kombina-
tion von Bestehendem Neues geschaffen wird, etwa aus den
Namen Messi und Maradona der Titel »Messidona«.[2] Man
kennt Mashups in der Musik, in der Malerei, in der Literatur
und vor allem auch im Internet. Und dank Lionel Messi und
Diego Maradona kennt man sie jetzt auch im Fußball. All diese Phänomene stehen für eine grundlegende Kulturtechnik,
die durch die technischen Möglichkeiten der Digitalisierung
einerseits an Verbreitung und andererseits an Bedeutung ge-
wonnen hat. Sie stehen für die Kopie! Deshalb beginne ich
dieses Buch mit einem Besuch im Fußballstadion – wohl wis-
send, dass es bei Messis Pokaltreffer gegen Getafe zunächst um
eine rein körperliche Leistung geht, die ihren sportlichen Wert
aus dem Tempo, der Ballführung und dem erfolgreichen Abschluss gewinnt. Doch die Tatsache, dass dieses eine Tor
aus dem Frühjahr 2007 aus der großen Anzahl herausragender
Messi-Treffer heraussticht, liegt an der Referenz an Maradona,
an der für ein Fußballstadion ungewöhnlichen Kopie. Kopien
begegnen uns allerdings häufig an Orten, an denen wir sie zunächst nicht erwarten, sie sind notwendiger und präsenter, als
ihr schlechtes Image vermuten lässt, sie sind eine Grundlage

2   Peter Burghardt wies in der *Süddeutschen Zeitung* (12. Juni 2010) in seinem Artikel »Zwei Kinder mit Ball« darauf hin, dass schon bei Maradonas
Tor im Azteken-Stadion in Mexiko Stadt ein Mashup aus den Worten »Die-
go« und »Goal« geschaffen wurde. Der Radioreporter Victor Hugo Morales
kommentierte den Spielzug damals mit den Worten: »Genie, Genie. Ich will
heulen! Heiliger Gott, es lebe der Fußball! Maradona im besten Spielzug aller
Zeiten. Himmelsdrachen, von welchem Planeten kommst du, dass du so viele
Engländer auf der Strecke lässt? Diegol, Diegol (›Gol‹ bedeutet auf Spanisch
›Tor‹, d. Red.), Diego Armando Maradona. Danke Gott, für den Fußball, für
Maradona, für die Tränen, für dieses Argentinien zwei, England null!«

der Kreativität, und ja, sie sind überlebensnotwendig für unsere Kultur.

Dabei entspricht das Bild, das Nachahmer in der öffentlichen Wahrnehmung genießen, keineswegs dem Stellenwert dieser Kulturleistung. Die Adjektive, die der Kopie gewöhnlich beigefügt werden, stammen aus dem abwertenden und geringschätzenden Spektrum: Kopien gelten als »billig« oder »plump« und verblassen vor dem hohen Wert, der einem Original beigemessen wird. Auf den Punkt brachte der Börsenverein des deutschen Buchhandels dieses negative Image im Frühjahr 2007 in seiner Kampagne »Kopieren ist keine Kunst«, mit der er vor Piraterie warnen wollte. Vor dem Hintergrund der massenhaften Vervielfältigung durch die »Kopiermaschine Internet«,[3] als die der *Wired*-Mitgründer Kevin Kelly das World Wide Web einmal bezeichnet hat, wird das Kopieren zudem mittels sogenannten Digital Rights Managements technisch blockiert und in Kampagnen wie »Raubkopierer sind Verbrecher« kriminalisiert. Weil darüber der schöpferische Wert des Kopierens aus dem Blick gerät, habe ich dieses Buch begonnen. Es versammelt Beobachtungen und Notizen, die ich in den vergangenen Jahren gemacht habe, und stellt diese – auch mittels einiger Interviews – in einen neuen Kontext. Damit möchte ich keineswegs Urheberrechtsverletzungen rechtfertigen, mir geht es vielmehr darum, einen Schritt aus der oftmals hektischen und ideologisch aufgeladenen Aktualität zurückzutreten, um einzuordnen, welchen Wandel die Digitalisierung angestoßen hat und welchen Stellenwert das Kopieren als kulturelle Errungenschaft darin einnimmt.

Als Redaktionsleiter von *jetzt.de*, dem jungen Magazin der *Süddeutschen Zeitung*, war ich früh mit neuen Formen der digitalen Kopie und ihren Folgen konfrontiert. »Darf man Musik aus dem Netz laden und für seine Freunde kopieren?«, ist

3 Kevin Kelly, »Besser als kostenlos (›Better than free‹)«, online auf Deutsch verfügbar unter: ⟨http://bewegliche-lettern.de/2009/08/kevin-kelly-besser-als-kostenlos-better-than-free⟩ (Stand März 2011).

zu einer zentralen Frage in der Lebenswelt nicht nur junger Menschen geworden. Die digitale Kopie fordert auch bestehende Vertriebswege für kulturelle Produkte heraus, sie stellt, wie Gerfried Stocker (der Leiter des Linzer Kulturfestivals Ars Electronica) im Gespräch in diesem Buch erklärt, die bisherigen Geschäftsmodelle auf den Kopf. Denn die kulturelle Praxis des digitalen Kopierens ist für viele (nicht nur junge) Menschen längst Alltag geworden. So selbstverständlich wie die Generation zuvor Songs aus dem Radio aufnahm und auf Mixtapes kopierte, wird heute aus dem Internet geladen, gebrannt und neu zusammengestellt.[4] Doch anders als die sogenannten Kassettenjungs und Kassettenmädchen der neunziger Jahre können die jungen Kopierer des neuen Jahrtausends nicht mit einer musealen Verklärung ihrer Mischkultur rechnen. Dabei tun sie kaum etwas anderes als die Generationen zuvor – allerdings mit einer besseren technischen Ausstattung.[5] Die Frage, wie man diese Alltagspraxis bewerten soll, spaltet die Gesellschaft. Auf der einen Seite stehen diejenigen, die das Herunterladen und Kopieren von Musik aus dem Netz verdammen; auf der anderen Seite – nicht selten im Kinderzimmer der gleichen Wohnungen und Häuser – befinden sich diejenigen, die es ganz selbstverständlich tagtäglich tun. Welche Folgen dieser digitale Graben, den das Internet gerissen hat, für die Bewertung der Kopie aber auch für die Gesellschaft insgesamt haben kann, untersuchte der Schweizer Jurist Urs Gasser unter anderem in seinem Buch *Generation Internet*.[6] Im

<hr>

4 Laut einer Bitkom-Jugendstudie, die im Januar 2011 veröffentlicht wurde, wünscht sich jeder zweite Jugendliche (49 Prozent), »dass das kostenlose Kopieren und Herunterladen von Musik und Filmen aus dem Internet grundsätzlich erlaubt sein soll«. Online verfügbar unter: ⟨www.bitkom.org/files/documents/BITKOM_Studie_Jugend_2.0.pdf⟩ (Stand Februar 2011).
5 Das literarische Standardwerk zum Thema Mixtapes ist nach wie vor Nick Hornbys *High Fidelity*, München: Droemer Knaur 1999 [englische Originalausgabe: 1995].
6 John Palfrey/Urs Gasser, *Generation Internet. Die Digital Natives. Wie sie leben – Was sie denken – Wie sie arbeiten*, München: Hanser 2008 [2008].

Gespräch im vorliegenden Band erklärt er, wie man ihn wieder schließen kann. Denn die digitalisierte Musik steht nur am Anfang einer Entwicklung, die von der digitalen Kopie als zentraler Innovation angestoßen wurde.[7] Die digitale Kopie als Vervielfältigungsform verwischt die Grenze zwischen Vorlage und Nachahmung, Original und Kopie sind nicht mehr zu unterscheiden. Dateien, Songs und auch Filme können ohne Qualitätsverlust dupliziert und verbreitet werden – wenn sie einmal, das ist die zweite entscheidende Innovation, von ihrem analogen Datenträger (Vinyl, Papier, Film) gelöst und digitalisiert worden sind. Die digitale Kopie und die Befreiung der Information vom Datenträger bilden die beiden grundlegenden Herausforderungen des Zeitalters, das als Ära der Digitalisierung beschrieben wird – auch für das Urheberrecht. Mir geht es nicht darum, dem Bruch des Urheberrechts das Wort zu reden. Ich bin allerdings mittlerweile davon überzeugt, dass man diese Herausforderungen nur wird meistern können, wenn man sie annimmt und positiv zu gestalten versucht, anstatt sie zu bekämpfen. Deshalb möchte ich die Perspektive auf die digitale Kopie und ihre Folgen ausweiten: Über die bestehende Strategie der technischen und juristischen Erschwerung und Verhinderung des Kopierens hinaus will ich einerseits die Chancen des technologischen Fortschritts aufzeigen und vor allem die Gefahren benennen, die die bisherige Kriminalisierungsstrategie mit sich bringt. Wer die Kopie einseitig verdammt, greift damit die Grundlagen unserer Kultur an. Darüber hinaus, so die Kritik des Kunsthistorikers Wolfgang Ullrich in seiner lesenswerten Hommage an die Reproduktionskultur, führe die »schädliche Fixierung des Kunstinteresses

---

7 Die Möglichkeiten des 3D-Drucks, dem Zukunftsforscher den baldigen Durchbruch prognostizieren, übertragen all die Themen, die im Folgenden für den digitalen Raum besprochen werden, in die analoge Welt. Vergleiche dazu: Dirk von Gehlen, »Fleißige Bienen in 3D«, in: *Süddeutsche Zeitung* (19. November 2010).

auf Originale«[8] zu einer künstlerischen Verengung des Blicks: »Es wäre schon viel erreicht«, schreibt Ullrich in *Raffinierte Kunst*, »wenn man im Original künftig nicht mehr nur das Unmittelbare und Ursprüngliche suchte, sondern darin zugleich das Anfängliche, noch Unfertige und Unvollkommene sähe.«[9]

Ich habe mich auf eine Spurensuche begeben, die aufzeigt, wo und wie menschliches Leben und unsere Vorstellung von Kultur von der Kopie abhängen. Diese ist bedroht, wenn – zum Beispiel mittels politisch aufgeladener Begriffe – der Vorgang der Nachahmung, Imitation und Kopie und die damit verbundene Referenzkultur verdammt werden. Die Erfindung des Begriffs der »Raubkopie« steht dabei beispielhaft für die bisherige repressive Praxis, mit der ich mich im Folgenden ebenfalls auseinandersetzen werde. Dabei handelt es sich allerdings nicht um eine juristische Kategorie, das Wort »Raubkopie« findet man in keinem Gesetz, und dennoch ist der »Raubkopierer« allgegenwärtig. Eine massive Marketing- und Lobbymacht hat dafür gesorgt, dass das Wort sich im Alltag verbreitet hat, um gegen die digitale Kopie und ihre Folgen vorzugehen. Die Kampagnen tragen Titel wie »Nur Original ist legal« oder »Kopien brauchen Originale«, und ihre Macher argumentieren einseitig gegen die Kopie. Die Gründe für dieses Vorgehen wirken nachvollziehbar, die Folgen, die man dabei billigend in Kauf nimmt, erscheinen mir hingegen als bisher vernachlässigte Bedrohung: Unter dem Vorwand, einen Teilbereich des Kopierens bekämpfen zu wollen (die Tauschbörsennutzung, die nun einmal herkömmliche Vertriebs- und Geschäftsmodelle gefährdet), wird die Zukunft der freien Kultur infrage gestellt. Der Jurist James Boyle hat dieses Problem in seinem Buch *The Public Domain* aufgegriffen. Dort spricht er von der Notwendigkeit, nach dem Vorbild der Ökologiebewegung der sieb-

8 Wolfgang Ullrich, *Raffinierte Kunst: Übung vor Reproduktionen*, Berlin: Wagenbach 2009, S. 143.
9 Ebd., S. 17.

ziger und achtziger Jahre eine Art digitalen Umweltschutz (»environmentalism for information«)[10] zu entwerfen, der sich für den Erhalt der Umwelt und damit auch für die kreativen Potenziale der Kopie einsetzen soll.

In diesem Sinne verstehe ich das *Lob der Kopie* auch als Streitschrift für einen digitalen Umweltschutz. Denn ähnlich wie im Umgang mit den endlichen Ressourcen der Natur geht es auch bei der Debatte um die Kopie am Ende um die Frage, welche gesellschaftliche Zukunft uns vorschwebt und was wir dafür tun wollen. Diese Herausforderung bei allen berechtigten wirtschaftlichen Interessen nicht aus dem Blick zu verlieren, ist ein Anliegen dieses Buches. Im Mittelpunkt steht dabei eine Spurensuche, mit deren Hilfe ich nachzuvollziehen versuche, welche Schäden die freie Kultur bereits nimmt (und noch nehmen wird), wenn die Kopie mit unverhältnismäßigen Mitteln bekämpft wird. Ergänzt werden diese Überlegungen durch sieben Expertengespräche, die zwischen die einzelnen Kapitel geschaltet sind und die neue Perspektiven auf das Thema werfen sollen. Im umfangreichen Glossar am Ende des Bandes erläutere ich wichtige Fachbegriffe.

10 James Boyle, *The Public Domain. Enclosing the Commons of the Mind*, Yale University Press: New Haven 2008. Das Buch ist online verfügbar unter: ⟨http://yupnet.org/boyle/⟩ (Stand März 2011).

II Die Krise des Originals

»Man spricht immer von Originalität, allein was will das
sagen! So wie wir geboren werden, fängt die Welt an, auf uns
zu wirken, und das geht so fort bis ans Ende. Wenn ich
sagen könnte, was ich alles großen Vorgängern und Mitlebenden schuldig geworden bin, so bliebe nicht viel übrig.«
Johann Wolfgang von Goethe

Kann man das machen: eine übel beleumundete Tätigkeit wie
das Kopieren loben, als existenziell für unsere Kultur darstellen und gleichzeitig ein ganzes Kapitel lang eine Definition des
Begriffs schuldig bleiben? Da Sie noch weiterlesen, nehme ich
an: man kann. Mir geht es hier keineswegs um die ebenfalls als
Kopie beschriebene Tätigkeit der bewussten Täuschung, des
Betrugs, des durch Karl-Theodor zu Guttenberg medial sehr
präsenten Plagiats, der Fälschung oder gar der Lüge,[1] mir geht
es um einen klar definierten Vorgang. Ich habe dessen Definition jedoch bewusst so lange offengelassen, weil es mir auch
darum geht, unsere Wahrnehmung in Bezug auf das zu hinterfragen, was wir als Original (und damit gut) und als Kopie (und
damit minderwertig) ansehen.
An der auf das lateinische *copia*[2] (»Vorrat« oder »Überfluss«)

1   Christian Gastgeber schreibt dazu in seinem Buch *Kopie und Fälschung*:
»Von der Fälschung unterscheidet sich die Kopie durch die Intention des Aus-
führenden. Mit der Kopie ist eine Abbildung des Originals intendiert, die
jedoch nicht als Original verstanden werden will, sondern eben als bewusstes
Duplikat, das sich mehr oder weniger an das Original hält.« Vgl. Christian
Gastgeber, *Kopie und Fälschung. Überblick über die Fälschungen von der Antike bis zur Gegenwart*, Graz: Akademische Druck- und Verlagsanstalt 2001,
S. 43.
2   Peter Hawel definiert den Begriff wie folgt: »Kopie, mlat. copiare – abschreiben; Vervielfältigung, Nachbildung oder Wiederholung eines Kunst-
werkes bei gleicher Größe und gleichem Material durch andere Künstler oder
Werkstätten«, vgl. Peter Hawel, *Lexikon zur Kunst und Geschichte abendlän-*

zurückgehenden Kopie muss man in diesem Zusammenhang zwei Aspekte unterscheiden: Zum einen das reine Vervielfältigen, ein Bereich, der angesichts der Digitalisierung vor grundlegenden Veränderungen steht und in dem Umbrüche notwendig sein werden. Mit den Schwierigkeiten (und auch Kämpfen), die dieser Aspekt des Kopierens mit sich bringt, befasse ich mich unten ab Kapitel IV, beginnen möchte ich jedoch mit dem zweiten Aspekt der Kopie, den ich als kreative Referenzkultur beschreibe. Dabei handelt es sich um eine Technik der Bezugnahme, des Zitats und der Adaption, die schon immer Grundlage unseres Kulturverständnisses war, die jedoch – ebenso wie die Vervielfältigung – durch die Digitalisierung einem Veränderungsprozess unterworfen ist, der ihre Bedeutung noch verstärkt. In beiden Fällen rückt die Kopie in den Mittelpunkt, weil sie einfach von sehr viel mehr Menschen genutzt werden kann. Einerseits im Sinne der Vervielfältigung durch beispielsweise das Duplizieren einer Datei, andererseits aber auch durch die vereinfachten Formen der Bezugnahme. Wo Inhalte digital vorliegen, können sie leichter adaptiert, parodiert und geremixt werden als zu rein analogen Zeiten.[3]

Dabei ist die von mir als lobenswert beschriebene Kopie durch drei grundlegende Kriterien definiert, die man anhand des »kopierten« Jahrhunderttors Lionel Messis beispielhaft veranschaulichen kann: Zum einen hat Messi bei seinem Treffer sein Bezugssystem nicht verschwiegen oder gar den Ursprung zu verschleiern versucht. Diesen Punkt kann man vor dem Hintergrund der Debatte um Karl-Theodor zu Guttenbergs Promotion, die im Frühjahr 2011 die Republik erschütterte, gar

discher Kultur, Hawel-Verlag: München 2005, S. 398. Das *Wörterbuch Design* von Michael Erlhoff und Tim Marshall spezifiziert: »Im heutigen Gebrauch ist eine Kopie allerdings nicht mehr als Anhäufung von Dingen zu verstehen, vielmehr als Vervielfältigung eines Ursprungsobjekts.« Vgl. Michael Erlhoff/ Tim Marshall (Hg.), *Wörterbuch Design*, Basel: Birkhäuser 2007, S. 246.
3   Auf diese Form der Referenzkultur werde ich unten (Seite 48) unter dem Stichwort der YouTube-Karaoke anhand des Beispiels des Numa-Numa-Guys noch ausführlich eingehen.

nicht überbetonen: Es geht darum, die Quellen offenzulegen. Denn genau darin unterscheidet sich die oben beschriebene Kopie des Lionel Messi von dem vom ertappten Verteidigungsminister später als »Blödsinn« bezeichneten Vorgang. Zu Guttenberg war nachgewiesen worden, weite Teile seiner Promotion abgeschrieben zu haben – ohne Angabe seiner Quellen. Bei Messi lag der Fall anders: Seine Anknüpfung an Maradonas Jahrhunderttreffer war so offensichtlich, dass Messi nach dem Spiel seine Quellen nicht offenlegen und Maradona nicht als Inspiration nennen musste – das war allen Zuschauern längst klar. Messi hat den bekanntesten argentinischen Fußballer des 20. Jahrhunderts kopiert und keinen unbekannten Spieler. Sein Treffer ist insofern wie die Parodie auf einen Politiker zu lesen – man versteht sie nur, weil man die Vorlage kennt. Wäre die Vorlage unbekannt, würde die Parodie nicht gelingen, die Referenz scheitert und wird dann zu Recht als Plagiat gelesen. In einem Artikel über Mashups in der Musik habe ich diesen bedeutsamen Unterschied auch in Bezug auf die Popularität der Vorlage im Frühjahr 2010 wie folgt zusammengefasst:

> »Mit dem Mashup verhält es sich also ein wenig wie mit der Ironie. In beiden Fällen müssen vor der Veröffentlichung beziehungsweise der Äußerung die Grundlagen geklärt sein. Es ist unglaubwürdig, erst lauthals eine Behauptung aufzustellen und bei Widerspruch zu behaupten, alles ja nur ironisch gemeint zu haben. Genauso liegt der Fall bei der kreativen Adaption. Wer nicht vor der Kopie seinen Referenzrahmen benennt, wird es im Anschluss schwer haben, als glaubwürdig zu gelten.«[4]

Diese Glaubwürdigkeit will ich zum ersten Kriterium für jene Form der Kopie machen, von der das *Lob der Kopie* handelt. Zweitens hat Messi sein Zitat – als solches will ich den Treffer hier verstehen – in eine neue Form gegossen: Sein Treffer fiel in eine andere Zeit, in einem anderen Stadion, gegen eine andere

---

4 Dirk von Gehlen, »Das Genie in der Krise«, in: *Süddeutsche Zeitung* (24. Februar 2010).

Mannschaft und somit in einer völlig anderen Situation als Maradonas Tor im WM-Viertelfinale 1986. Messi hat – Kriterium zwei für eine kreative Kopie – also einen neuen zeitlichen, sozialen und räumlichen Kontext gewählt. Wie diese Übertragung in einen neuen Zusammenhang die Kopie zu einem künstlerischen Akt macht, zeigt das Beispiel der vom amerikanischen Nahrungsmittelkonzern Campbell hergestellten Suppendosen, die Andy Warhol in die Welt der Museen hineinkopierte. Warhol reproduzierte 32 Abbildungen von Campbell-Suppen, die man in jedem amerikanischen Supermarkt kaufen kann, und ließ diese im Jahr 1962 in der Ferrus Galerie in Los Angeles ausstellen.[5] Er schuf also mit seiner Kopie einen neuen Kontext und erfüllte damit das zweite Kriterium für eine lobenswerte Kopie (was für Guttenbergs Promotion übrigens ebenfalls nicht gilt).

Das entscheidende Kriterium ergibt sich aber aus dem, was Juristen das »eigenschöpferische Element« nennen: Denn obwohl jemand vermeintlich nur etwas nachmacht, kann er dabei durchaus etwas Neues schaffen. Das kopierte Jahrhunderttor dient dafür als anschauliches Beispiel. Denn dass Messi eine eigene Leistung erbracht hat, dass sein Treffer also eine eigene Schöpfungshöhe erreichte, merkt man spätestens dann, wenn man sich den eigenen Versuch vorstellt, ebenfalls zu kopieren und einen solchen Treffer beispielsweise in einem gewöhnlichen Kreisliga-Spiel zu erzielen.

Spätestens an diesem sportlichen Aspekt des Messi-Tores stößt der Vergleich mit der Kopie im Fußballstadion natürlich an Grenzen. Wollte Messi überhaupt kopieren? Müssen die Gegenspieler nicht zumindest als Miturheber des Treffers angesehen werden, schließlich wäre ohne sie die Kopie nicht möglich gewesen? Stellt dies nicht auch das Konzept des singulären Künstlers (hier: Messi) als kreativer Schöpfer infrage? Und

5   Siehe dazu ⟨www.moma.org/collection/object.php?object_id=79809⟩ (Stand Februar 2011).

überhaupt: Ist das Ganze nicht eine eher situative Form der Kopie, also reiner Zufall? Mir ist bewusst, dass man diese Fragen nicht zweifelsfrei beantworten kann, ich habe dennoch dieses Beispiel aus dem Fußballstadion als Einstieg gewählt, weil es frei ist von jeder moralischen Bewertung, die der Kopie, der Nachahmung und dem Plagiat häufig anhaften. So ist es möglich, anhand der genannten Kriterien eine Form der Adaption, der Nachahmung und des Zitats zu benennen, die moralisch nicht zu verurteilen ist, sondern gar Anlass zu einem Lob der Kopie gibt.[6] Der deutsche Musiktheoretiker und Universalgelehrte Johann Mattheson (er gilt als »der erste Theoretiker des urheberrechtlichen Gedankengutes«[7]) hat diese Definition bereits im 18. Jahrhundert folgendermaßen auf den Punkt gebracht: »Entlehnen ist eine erlaubte Sache. Man muss das Entlehnte mit Zinsen erstatten, d. i., man muss die Nachahmungen so einrichten und ausarbeiten, dass sie ein schöneres und besseres Ansehen gewinnen als die Sätze, aus welchen sie entlehnet sind.«[8]

Dort, wo das Kopieren als Kunstform besprochen wird, bezieht sich dies auf genau diesen Kontext, auf Formen des »höheren Abschreibens«,[9] wie Thomas Mann es genannt hat: Wenn *erstens* die Quellen und Bezüge offengelegt und nicht verschlei-

---

6   Der Medientheoretiker und Kurator Felix Stalder definiert in seinen »Neun Thesen zur Remix-Kultur« als eine »zentrale Eigenschaft des Remix: die Erschaffung neuer Authentizität, die die Quelle, aus der sie schöpft, offen bekennt, aber frei mit ihr umgeht und daraus etwas Neues schafft, das auf derselben Stufe mit dem Ausgangsmaterial stehen kann, in diesem Sinne eben nicht abgeleitet oder derivativ ist«; online verfügbar unter: ⟨http://irights.in fo/fileadmin/texte/material/Stalder_Remixing.pdf⟩ (Stand März 2011).

7   Zu diesem Schluss kommt jedenfalls Thomas M. Jörger in seinem Buch *Das Plagiat in der Popularmusik*, Baden-Baden: Nomos 1992, S. 29.

8   Zitiert nach Martin Kretschmer/Friedemann Kawohl, »Das Fundament des Urheberrechts wankt«, in: *Neue Zürcher Zeitung* (24. August 2007).

9   Zitiert nach Jonathan Lethem, »Autoren aller Länder, plagiiert euch!«, in: *Literaturen* 6/2007, S. 59-63, S. 59; Lethems Aufsatz erschien zunächst unter dem Titel »The ecstasy of influence: A plagiarism«, in: *Harper's Magazine* (Februar 2007).

ert werden, wenn *zweitens* das Zitat in einen neuen Kontext gestellt oder in seiner Form verändert wird und wenn *drittens* – das ist das wichtigste Kriterium – durch die Kopie ein neues Werk geschaffen wird. Dies klingt zunächst paradox, geschieht jedoch so regelmäßig, dass es gerade deshalb angemessen erscheint, die kopierte Originalität zu loben.

Wie bedeutsam begriffliche Genauigkeit im Grenzgebiet zwischen Kopie und Täuschung ist, zeigen die Beispiele der sehr populären Plagiatsauseinandersetzungen um zu Guttenberg und Hegemann sehr deutlich. Im Frühjahr 2011 stellte Ulf Poschart in der *Welt am Sonntag* Guttenbergs Abschreiben in den Kontext der Remix-Kultur. Er schrieb: »Sampling ist eine ebenso moderne wie konservative Kulturtechnik. Sie passt zu Karl-Theodor zu Guttenberg.«[10] Schon im Jahr zuvor versuchte die des Plagiats überführte Jungautorin Helene Hegemann (*Axolotl Roadkill*) ihr Abschreiben mit einem »Recht zum Kopieren und zur Transformation« zu rechtfertigen.[11] Einige Journalisten fielen darauf herein und hielten ihren Text für ein Beispiel der Remix-Kultur oder gar für ein Mashup. Dabei hatte sie das wesentliche Merkmal einer kreativen Kopierleistung gar nicht erfüllt: die Nennung der Quellen bzw. Bezüge. So wird aus dem Abschreiben ein betrügerisches Plagiat. Die Differenz zwischen kreativer Kopie und Betrug basiert, darauf weisen Artur-Axel Wandtke und Winfried Bullinger in ihrem *Praxiskommentar zum Urheberrecht* hin, genau auf diesem Punkt: »Ein Plagiat begeht, wer sich die Urheberschaft an einem fremden Werk anmaßt.«[12] Das trifft auch auf eine wenig später bekannt gewordene Praxis des Rappers Bushido zu, der im Frühjahr 2010 vom Landgericht Hamburg zu Schaden-

10 Poschart, Ulf: »Sampling – Kulturtechnik, die zu Guttenberg passt«, *Welt am Sonntag* (18. Februar 2011).
11 Zitiert nach Willi Winkler, »Untermieter im eigenen Kopf«, in: *Süddeutsche Zeitung* (9. Februar 2010).
12 Vgl. Kommentar zum § 13.2 UrhG Artur-Axel Wandtke/Winfried Bullinger, *Praxiskommentar zum Urheberrecht*, 2. Auflage, München: C. H. Beck 2006, S. 205.

ersatzzahlungen in Höhe von 63 000 Euro verurteilt wurde, weil er sich »mit fremden Federn«[13] geschmückt hatte, wie es der Vorsitzende Richter nannte. Der Rapper, der zuvor im Zusammenhang mit Fragen des Urheberrechts pikanterweise vor allem deshalb bekannt geworden war, weil er Nutzer von Tauschbörsen öffentlichkeitswirksam abmahnen ließ, hatte in mindestens 13 Liedern unerlaubt Teile aus Songs der französischen Gothic-Band Dark Sanctuary benutzt.

Das Beispiel zeigt: Die beiden Ebenen der Kopie als Vervielfältigungstechnik und als Referenzkultur hängen oftmals enger zusammen, als man denkt. Darüber hinaus wirft es die Frage auf: Ist eine eigenschöpferische Leistung ohne die Vorarbeit von oder die Anlehnung an andere in der digitalen Welt überhaupt noch möglich? Allerdings legt das dem Kapitel vorangestellte Goethe-Zitat den Gedanken nahe, dass es auch früher nicht möglich war: »Wenn ich sagen könnte, was ich alles großen Vorgängern und Mitlebenden schuldig geworden bin, so bliebe nicht viel übrig.«[14] Die Anleihen und Bezugnahmen auf Vorgänger und Mitlebende sind, wie es der Kunsthistoriker Heinz Ladendorf formuliert, die Humusschicht, aus der neue kulturelle Schöpfungen erwachsen können.[15] Man kann das sehr schön anhand eines Popsongs illustrieren, der auf Flauberts *Bouvard und Pécuchet* aus dem Jahr 1881 anspielt. Am Anfang des Romans wird beschrieben, wie sich die beiden titelgebenden Protagonisten kennenlernen – bei heißen 33 Grad auf dem menschenleeren Boulevard Bourdon:

13 Spiegel Online zitiert den Vorsitzenden Richter Bolko Rachow mit den Worten: »Bushido hat sich mit fremden Federn geschmückt«, vgl. ⟨www.spiegel.de/kultur/musik/0,1518,685251,00.html⟩ (Stand Februar 2011).
14 Johann Wolfgang von Goethe, *Johann Peter Eckermann – Gespräche mit Goethe in den letzten Jahren seines Lebens. Sämtliche Werke. Band 12 (39)*, herausgegeben von Christoph Michel unter Mitwirkung von Hans Grüters, Frankfurt am Main: Deutscher Klassiker Verlag 1999, S. 158.
15 Er bezeichnet das Kopieren als »Humusschicht der Kultur«, vgl. Heinz Ladendorf, *Antikenstudium und Antikenkopie*, Berlin: Akademie-Verlag 1953, S. 63.

»Jenseits des Kanals, zwischen den von Speichern unterbroche-
nen Häuserzeilen, stand der weite, klare Himmel in Flächen von
tiefem Blau, und im Rückprall der Sonnenstrahlen blendeten die
weißen Fassaden, die Schieferdächer und die Kais aus Granit.
Ein verworrenes Geräusch tönte von fern in die schwüle Luft;
und alles schien erstarrt in sonntäglicher Untätigkeit und der
Traurigkeit der Sommertage.«[16]

Diese Schilderung diente der Hamburger Band Tocotronic als
Inspiration für den Text zu ihrem Lied »Jenseits des Kanals«.
Dieser Song, der im Jahr 1999 (also 118 Jahre nach Flauberts
Roman) entstand, entlehnt nicht nur seinen Titel bei dem fran-
zösischen Schriftsteller:

»Die Wege, die wir gehen / Sind menschenleer / Das ist nicht zu
übersehen / Man kann es drehen und wenden / Wie man will /
Dachte ich und legte etwas auf den Grill / Die Zeit stand still /
Jenseits des Kanals / War der weite blaue Himmel / Ein verworrenes Geräusch / Wie eine Fahrradklingel / Tönte aus der Ferne
in die schwüle Luft hinein / Ich stand allein in meinem Gar-
ten / Alles schien erstarrt in einem Warten / Auf die letzten
Sommertage dieses Jahres / Und mir war es / Alles andere als
fremd.«[17]

Die Anleihe ist offensichtlich. Es wurde kopiert, wie auch Lionel Messi kopierte – auf eine kreative Weise, denn die oben
genannten Kriterien lassen sich auch an dieses Beispiel anle-
gen: Die Inspirations- und Kopierquelle wird nicht verschlei-
ert. Tocotronic bezieht sich auf ein sehr bekanntes literarisches
Werk, sie adaptieren keinen unbekannten Text, sondern Gustave Flaubert. Aber anders als Lionel Messi spricht Sänger und
Texter Dirk von Lowtzow sogar über die Kopie. Als er in
einem Interview auf Flaubert angesprochen wird, antwortet
er schmunzelnd: »Ja, es ist geklaut, aber es ist doch das Schöns-
te überhaupt. Warum selber ausdenken, wenn man auch steh-

16 Gustave Flaubert, *Bouvard und Pécuchet*, Düsseldorf: Rauch, S. 9.
17 Tocotronic: »Jenseits des Kanals« von dem Album *K. O. O. K.* aus dem
Jahr 1999.

len kann?«[18] Dieses »Stehlen«[19] geschieht jedoch in einem kreativen Kontext, denn auch dieses zweite Kriterium ist durch die sprachliche Anpassung und durch die Übertragung in Liedform gegeben. Ebenso unstrittig scheint mir – Kriterium drei –, dass durch das Nachahmen eines Flaubert-Textes etwas eigenständig Neues geschaffen wurde.

Dass dieses Prinzip der kreativen Adaption allgemein eine große Bedeutung für seine Band hat, stellt von Lowtzow im Frühjahr 2010 in einem Gespräch anlässlich der Veröffentlichung der Platte *Schall und Wahn* heraus: »Es gibt ein Buch von William Faulkner, das heißt im Original *The Sound and the Fury* und in der deutschen Übersetzung *Schall und Wahn*. Dieses Buch bezieht seinen Titel wiederum von einem Zitat aus Shakespeares Stück *Macbeth*. Nun haben wir ihn uns für unsere Platte geschnappt.«[20] Dieses Prinzip der kreativen Anleihen hat die Band im Jahr 2005 in Form eines Oscar-Wilde-Zitats festgehalten. In dem Lied »Gegen den Strich« heißt es mit Bezug auf den englischen Schriftsteller: »Ich denk an das, was du empfiehlst: Talent borrows, genius steals.«[21] Womit Tocotronic außerdem die britische Band The Smiths zitiert, die den Spruch 1986 auf das Cover der in England veröffentlichten Single »Bigmouth strikes again« drucken ließ. Wie notwendig dieses Prinzip der Andeutungen, Zitate und Kopien für die Kultur ist, betont Tocotronic-Bassist Jan Müller in dem Interview aus dem Jahr 2007 im Hinblick auf die Flaubert-Anspielungen: »So macht es doch Spaß, sich mit Kunst, in welcher Form auch

18 Nachzulesen im Netz unter ⟨www.tocotronix.de/lesezeichen/tx_toco berlin07_teil2.php⟩ (Stand Februar 2011).
19 Siehe zum Begriff des Stehlens im weiteren Verlauf den Begriff des Diebstahl-Dilemmas.
20 Christian Möller, »Ich bin null Komma null originell« – Interview mit Dirk von Lowtzow für EinsLive, online verfügbar unter: ⟨www.einslive.de/ musik/interviews/2010/01/tocotronic_schall_und_wahn_iv.jsp⟩ (Stand Februar 2011).
21 Tocotronic: »Gegen den Strich« von dem Album *Pure Vernunft darf niemals siegen*.

immer, auseinanderzusetzen. Man surft da quasi von einer Sache zur anderen, entdeckt dann das, dann kommt man auf Flaubert. Der wiederum bezieht sich auch auf etwas. Die Sachen schöpfen ja nie nur aus sich selber.«

Und – möchte man da ergänzen – sie erschöpfen sich auch nie in sich selbst, sondern werden auch ihrerseits zum Anknüpfungspunkt und zur Vorlage.[22] Im Fall der Hamburger Band konnte man dies im Herbst 2001 in der *Frankfurter Allgemeinen Zeitung* nachlesen, wo die Geschichte der intertextuellen Bezüge ihre nächste Wendung nahm: Zwei Jahre, nachdem Tocotronic den Song »Jenseits des Kanals« veröffentlicht hatte, bahnten sich die von Flaubert inspirierten Kopien aus dem über hundert Jahre alten Roman *Bouvard und Pécuchet* ihren Weg auf die Seiten der *FAZ*: Aus dem zum Songtitel umfunktionierten Zitat »Jenseits des Kanals« wurde eine Überschrift im Feuilleton der Zeitung. Redakteure der *FAZ* borgten sich damals nämlich regelmäßig Liedtitel der Band für ihre Überschriften – und schufen damit ihrerseits etwas Neues. Der Journalist René Martens beschrieb diese Methode im Dezember 2001 so:

> »Das sind keine Rätsel[23]. Es sind Zitate aus den unprätentiös alltagsphilosophischen Texten der Hamburger IndieRock-Band Tocotronic, die einen gewissen Kultstatus genießt. Eine Hommage, unverkennbar inspiriert vom Treiben der Donaldisten Pa-

22 Ein weiteres musikalisches Beispiel liefert die Wiener Band Ja, Panik, die ihrem im Frühjahr 2008 veröffentlichtes Album *The Taste and the Money* auf der Band-Website ein Manifest zur Seite stellt, in dem sie fordert: »Von der Notwendigkeit des Zitats, ja Plagiats. Den Fortschritt begreifen, sich fremder Ideen annehmen, falsche Gedanken streichen und durch richtige ersetzen. Doch wider die Reproduktion! Bedient euch, schöpft aus dem Vollen eines Jahrhunderts, setzt es in neue Formen! Reißt es aus dem Zusammenhang! Die Panik vor dem Nichts, der Überfülle. Wir stehen zitternd vor markierten Stellen, Gitarren in Händen, Buchstaben im Kopf.« Das ganze »Programm in sechs Punkten« findet sich unter www.rockreport.de/cd_details.php?cd_id= 5859 (Stand Februar 2011).
23 Dieser Satz ist selber wiederum eine Anspielung auf einen gleichnamigen Tocotronic-Song.

trick Bahners und Andreas Platthaus, die, wie der *Spiegel* enthüllte, für Überschriften und Bildzeilen im FAZ-Feuilleton systematisch Schöpfungen der Donald-Duck-Übersetzerin Erika Fuchs verwendet hatten. ›Wenn die das können, mache ich das auch‹, dachte sich Klaus Ungerer, nachdem er im Sommer bei den Frankfurtern die Stil-Seite übernommen hatte. Und so vergeht seit nunmehr rund einem Vierteljahr kein Mittwoch ohne Titel, Unterzeile oder Bildtexte, die nicht den fünf Alben der Rockband entnommen sind. Als Höhepunkt seines Schaffens betrachtet Ungerer eine geradezu epische Bildunterschrift: ›Die Alltäglichkeit, die man uns jederzeit aus vollen Fässern zapft, macht uns nicht mehr betrunken, sondern vielmehr bewusst, dass das Unglück überall zurückgeschlagen werden muss.‹«[24]

Die Geschichte der von Flaubert inspirierten Tocotronic-Zeilen, die zu Titeln, Unterzeilen und Bildunterschriften in der *FAZ* wurden, zeigt, wie selbstverständlich die Kopie zur Grundausrüstung des kulturellen Schaffens gehört. Dass die *FAZ*-Redakteure Bahners und Platthaus beispielsweise Comics als Inspirationsquelle für Überschriften wählten, gilt in dem zitierten Text als so selbstverständlich, dass es überhaupt nicht eingeordnet oder erklärt werden muss. Und auch ich gestehe gerne: Für die Überschrift dieses Kapitels habe ich mich bei einem Text des Erziehungswissenschaftlers Horst W. Opaschowski bedient, der im Jahr 2000 über Jugend im Zeitalter der Eventkultur schrieb und ein Kapitel seines Essays mit »Neue Erlebniswelten: Die Krise des Originals« überschrieb.[25]
Es lassen sich zahllose weitere kulturgeschichtliche Beispiele für dieses Spiel der Zitate und Bezüge finden, das man Kultur nennt. US-Gründervater Thomas Jefferson verglich es einmal

24   René Martens, »Sinn, lass nach – die FAZ zitiert in Titeln pausenlos die Texte einer Rockband«, *Süddeutsche Zeitung* (6. Dezember 2001). Die Bildunterschrift war einem Artikel über eine Austellung im Hannoveraner Kestner-Museum, die sich mit Design im Nationalsozialismus beschäftigte, beigestellt.
25   Horst W. Opaschowski, »Jugend im Zeitalter der Eventkultur«, online verfügbar unter: ⟨www.bpb.de/publikationen/8WD8XJ,0,Jugend_im_Zeital ter_der_Eventkultur.html⟩ (Stand Februar 2011).

mit dem Weiterreichen einer Flamme: »Wer eine Idee von mir empfängt, mehrt dadurch sein Wissen, ohne meines zu mindern, ebenso wie derjenige, der seine Kerze an meiner entzündet, dadurch Licht empfängt, ohne mich der Dunkelheit auszusetzen.«[26] Nach heutigem Kenntnisstand muss man sagen: Bei diesem Satz handelt es sich wiederum um ein Zitat, klingt es doch ganz ähnlich wie eine Weisheit, die Buddha zu geschrieben wird, der Folgendes über das Glück gesagt haben soll: »Thousands of candles can be lighted from a single candle and the life of a candle will not be shortend.«[27]

»Wir sollten den Riesen auch einen Namen geben.«
Debora Weber-Wulff über Plagiate und produktives Kopieren

Im Frühjahr 2011 musste der damalige Bundesverteidigungsminister Karl-Theodor zu Guttenberg zurücktreten, als sich herausstellte, dass er große Teile seiner juristischen Promotion abgeschrieben hatte – ohne die Quellen anzugeben. Seine zahlreichen Unterstützer sprachen von handwerklichen Fehlern, die wissenschaftliche Gemeinde in Deutschland von einem Skandal. Die Plagiatsforscherin Debora Weber-Wulff von der Hochschule für Technik und Wirtschaft in Berlin befasst sich seit Jahren mit fehlenden Fußnoten. Ein Gespräch über Plagiate und Riesen in der Wissenschaft.

Sind Sie Herrn zu Guttenberg eigentlich dankbar? Immerhin hat er ein Thema auf die Tagesordnung gebracht, mit dem Sie sich schon seit Jahren befassen.
Es ist ein Segen für mich, dass plötzlich alle Welt über Pla-

26 Zitiert nach Lawrence Lessig, *Freie Kultur. Wesen und Zukunft der Kreativität*, München: open source press 2006, S. 91.
27 Danke für den Hinweis an Malte Welding.

giate redet. Es ist zwar oft viel Unwissenheit mit im Spiel, aber es freut mich, dass plötzlich alle darüber sprechen. Das ist eigentlich das, was ich mit meiner Arbeit erreichen möchte: Deutschland dazu zu bringen, über wissenschaftliches Arbeiten zu sprechen und eine Kultur des Zitierens zu schaffen.

Erklären Sie doch mal, was Sie damit meinen.

Es ist völlig okay, zu zitieren. Es muss nicht alles aus meiner eigenen Feder kommen, aber ich muss es auch anständig benennen. Es geht in unserer ganzen Kultur darum, dass wir aufeinander aufbauen. Sie kennen sicher das schöne Bild vom Stehen auf den Schultern von Riesen. Der Pygmäe, der auf den Schultern von Riesen steht, sieht weiter. Das ist richtig so, aber wir sollten den Riesen auch einen Namen geben.

Und zu Guttenberg hat in seiner Arbeit einfach einen Umhang über die Riesen geworfen und so getan, als sei er selber groß?

So könnte man das sagen. Wir müssen aber gar nicht so tun, als ob wir ganz groß wären. Wir sollten benennen, auf wessen Schultern wir stehen. Damit auch klar ist, wie klein wir sind. Es ist immer nur wenig, was wir beitragen. Aber das muss klar erkennbar sein. Wenn jedoch die ganze Arbeit nur aus fremden Ideen besteht und das auch noch als eigene Leistung verkauft wird ...

... dann spricht man von einem Plagiat. Können Sie eine wissenschaftliche Definition dafür geben?

Es geht um die Übernahme von Wortfolgen, besonders gelungenen Phrasen oder Argumentationsketten von einem anderen ohne entsprechende Hinweise. Allerdings ist es etwas schwierig mit der wissenschaftlichen Definition in Deutschland. Ich lehne mich dabei immer an die Einordnung der Modern Language Association aus den USA an. Dort heißt es, ein Plagiat »umfasst unter anderem die Unterlassung von geeigneten Quellenhinweisen bei der Verwendung der Formulierungen oder besonderen Wortwahl eines anderen, der Zusammenfassung der Argumente von anderen oder der Darstellung vom Gedankengang eines anderen«.

Im Rahmen der Guttenberg-Debatte kam die These auf, durch das Internet hätten Plagiate zugenommen. Wie stehen Sie dazu?

Plagiate gab es schon immer. Wir können nicht messen, ob sie zu- oder abgenommen haben. Es ist aber in jedem Fall einfacher für uns geworden, Plagiate zu finden. Das Internet ist ein einfaches, mächtiges Werkzeug, mit dem man sehr viel erreichen kann. Schauen Sie sich das GuttenPlag-Wiki an: Die Idee eines Wikis ist so verblüffend einfach, und doch verändert es die Welt, weil es Menschen ermöglicht, zusammenzuarbeiten – obwohl sie sich nicht kennen und nicht im selben Raum sitzen. Das nennt man Kollaboration.

Die Kollaboration soll jetzt weitergetragen werden. Es gibt eine Seite namens PlagiPedia, auf der Menschen gemeinsam weitere Promotionen auf Plagiate prüfen wollen.

Ich bin sehr erstaunt. Man merkt, dass da Doktoranden dabei sind, Leute, die es gewohnt sind, Arbeiten zu strukturieren. Jeder kann eine Kleinigkeit dazu beitragen, und es wird gesammelt. Es arbeitet nicht jeder nur für seinen eigenen Zettel, sondern alle zusammen auf einem großen Notizzettel. Wikis faszinieren mich seit Jahren, und als ich dann sah, dass es diese Technik zu meinem Thema gibt, war für mich klar: Da will ich dabei sein.

Sie engagieren sich aber nicht nur dort, Sie haben sich auch die Mühe gemacht, die Guttenberg-Arbeit mit Plagiatssoftware zu testen. Können Sie schon Ergebnisse benennen?

Ich wollte herausfinden, ob der Vorwurf stimmt, dass man das Plagiat vorher hätte entdecken können, wenn man nur eine Software genutzt hätte.

Und?

Man sieht einiges an Plagiat sehr klar, aber die Systeme reagieren teilweise auf Kleinigkeiten, übersehen dafür größere Plagiate und melden korrekt Zitiertes als Plagiat. Man muss viel Arbeit in die Auswertung investieren, auch im Standardfall. Und lustigerweise meldet jedes System einen anderen Grad an Plagiat.

Deshalb sind Sie – obwohl Sie selbst Informatikerin sind – skeptisch in Bezug auf Plagiatssoftware.

Das liegt an der Vortäuschung von Wissenschaftlichkeit. Denn man muss ja die Frage stellen, worauf beziehen sich die Prozentangaben genau? Außerdem: Viele Inhalte, die plagiiert wurden, gibt es an unterschiedlichen Stellen mit unterschiedlichen Adressen im Netz. Aber jede URL wird extra benannt. Das heißt, diese Zahlen sind mit Vorsicht zu genießen.

Peter Häberle und Rudolf Streinz, die zu Guttenbergs Arbeit begutachten, haben nach dem Skandal gesagt, im Jahr 2006 sei das Erkennen von Plagiaten noch sehr schwierig gewesen. Wörtlich heißt es in ihrer Erklärung: »Plagiatssoftware sowie auch andere Methoden waren damals keineswegs so weit entwickelt wie heute.« Sie sagen aber, dass Software gar nicht nötig gewesen wäre. Was raten Sie, um Plagiate zu finden?

Man hätte im Fall von zu Guttenberg einfach eine Stichprobe in einer Suchmaschine machen müssen, die gab es auch 2006 schon. Wenn man beim kritischen Lesen einen Verdacht schöpft, weil es zum Beispiel Stilbrüche gibt, sollte man aufmerksam werden. Dann nimmt man ein paar Wörter vor dem Stilbruch und ein paar danach und gibt die bei Google oder einer anderen Suchmaschine ein.

Offenbar ist das für einige trotzdem zu kompliziert.

Der Aufstieg des Internet ging so schnell, dass viele Leute es nicht geschafft haben, diese neue Technologie zu erlernen. Die wissen nicht, was sie mit dem Internet alles tun können. Man muss da eigentlich Weiterbildung anbieten. Denn es geht nicht, dass man das auf Hilfskräfte auslagert. Sie können keine Hilfskraft damit beauftragen, eine Doktorarbeit überprüfen zu lassen.

Was wäre eine Alternative?

Ich schlage vor, dass die Universitäten sich auf den Wert ihrer Bibliotheken besinnen, diese Sammelstellen für »tote Bäume«. Dabei sind Bibliothekare hervorragend ausgebildet darin, etwas auszubuddeln. Die wissen, wie man recherchiert. Das sollte man nutzen. In den USA und in Kanada geht der Kampf gegen Plagiate genau von den Bibliotheken aus. Dort gibt es eine Plagiatsberatungsstelle. Zu der können Dozenten gehen, die sich nicht wohlfühlen mit einer Arbeit.

Glauben Sie, dass wir solche Beratungsstellen jetzt auch in Deutschland bekommen?

Das wäre mein sehnlichster Wunsch. Software alleine ist jedenfalls nicht die Lösung. Deshalb empfehle ich: Macht eure Bibliotheken stark!

Sie sagen, Ihr Ziel sei es, eine Kultur des richtigen Zitierens zu erreichen. Lernt man das nicht in der Schule?

Eigentlich steht auf dem Lehrplan für Klasse neun – zumindest in Berlin, da weiß ich es genau – das Thema »Umgang mit fremden Texten«. Aber die Lehrer sind oft selbst unsicher, sie haben vielleicht selbst mal plagiiert. Ich habe zu Hause eine eigene Stichprobe an Teenagern. Ich konnte beobachten, wie eine Freundin meines Sohns eine Arbeit verfasst hat, die sie aus der Wikipedia abgeschrieben hatte. Zum Glück hat sie mir die Arbeit gezeigt. Dann habe ich sie darauf angesprochen, und sie hat gesagt: »Das dürfen wir benutzen.« Da musste ich erst erklären, dass sie es nicht eins zu eins abschreiben kann.

Sie sagen aber auch, dass es nicht ausschließlich ein schulisches Problem ist.

Nein, es geht um mehr. Hier kommen Studierende an, die an absolute Wahrheiten glauben. Die wollen, dass wir vorne stehen und ihnen absolute Wahrheiten eintrichtern. Da gibt es dann schon Stress, weil wir keine richtigen Antworten haben, sondern wollen, dass sie lernen, selbst zu denken.

Aber für eigenständiges Denken ist es auch notwendig, andere Gedanken anzunehmen. Da sind wir wieder bei den Riesen.

In ein Themengebiet eindringen, diesem abringen, worum es geht, und das dann in eigenen Worten wiedergeben – das ist Wissenschaft. Und wenn Sie wollen, könnten Sie Herrn zu Guttenberg auf hausarbeiten.de hinweisen. Die haben nämlich zur Selbstverteidigung ganz weit unten auf der Seite eine Erklärung, wie man richtig eine Hausarbeit schreibt. Und der Absatz über richtiges Zitieren ist hervorragend. Ich verweise immer meine Studierenden darauf.

Ich habe zu Beginn gefragt, ob sie dankbar sind, dass er das Thema aufgebracht hat. Zum Abschluss würde ich gerne wissen: Sind Sie dankbar, dass Herr zu Guttenberg zurückgetreten ist?

Es geht mir um die Wissenschaft. Die Grundlage der Wissenschaft wird infrage gestellt, wenn ein solches Fehlverhalten nicht geahndet wird. Darüber hinaus habe ich den vielleicht kindlichen Wunsch, dass unsere Minister nicht nur gute Denker und Lenker sind, sondern dass sie uns auch nicht anlügen. Deshalb finde ich den Rücktritt gut und richtig. Und vielleicht dient er ja zu mehr, denn ich glaube, wir sollten in Deutschland wegkommen davon, den Doktortitel so wichtig zu nehmen. Eigentlich sollten wir jetzt ein Moratorium haben: Alle, die einen Doktortitel haben, verpflichten sich, ihn außerhalb der Universität nicht mehr zu tragen. Denn diese Titel-Fixierung ist ja Teil des Problems.

Der Aphorismus, wonach Zwerge, die auf den Schultern von Riesen stehen, weiter sehen können als diese, gilt auch und gerade im Zeitalter der Digitalisierung. Alles Wissen, unsere ganze Kultur, basiert eben auf dem Prinzip der Nachahmung, der Anlehnung und letztlich der Kopie, die in dem Satz durch das Stehen auf den Schultern von Riesen symbolisiert wird. Geprägt hat dieses Bild Isaac Newton. Er schrieb: »Wenn ich weiter gesehen habe, so deshalb, weil ich auf den Schultern von Riesen stehe.«[28] Diese Fundstelle bei Newton aus dem 17. Jahrhundert gilt vielen als Ursprung der Metapher, »doch es ist belegt, dass es vor ihm bereits der römische Dichter Lucan, der französische Philosoph Bernhard von Chartres, der spanische Theologe Didacus Stella und der englische Schriftsteller Robert Burton verwendet hatten«, stellt der Urheberrechtsexperte Matthias Spielkamp auf der Website irights.info fest. Spielkamp weiter: »Angeblich geht es zurück auf den Mythos von Kedalion, der auf den Schultern des blinden Riesen Orion saß und ihn führte.«[29] Aus dieser unklaren Herkunft lassen sich in Fragen der Form und des Inhalts interessante Schlüsse ziehen. Einerseits kann man daran ablesen, dass ein Bild, ein Aphorismus oder ein Zitat durchaus geschichtliche Kraft entwickeln kann, auch wenn nicht eindeutig ein (genialischer) Erfinder dahinter auszumachen ist. Zweitens kann man mit dem amerikanischen Soziologen Robert K. Merton, der die Geschichte des Aphorismus in seinem Buch *Auf den Schultern von Riesen* nachzeichnet, auf der inhaltlichen Ebene feststellen:

> »Recht betrachtet, ist der Kern des Aphorismus vom Zwerg auf den Schultern der Riesen ein Pendant zu der soziologischen Einsicht des 20. Jahrhunderts, daß wissenschaftliche Entdeckungen aus der bestehenden kulturellen Basis hervorgehen und daher in einem bestimmten Rahmen, der sich ziemlich genau definieren läßt, praktisch unausweichlich werden. Wir wissen jetzt, daß der Aphorismus tatsächlich bei Bernhard von Chartres entstanden

28 Zitiert nach Robert K. Merton, *Auf den Schultern von Riesen. Ein Leitfaden durch das Labyrinth der Gelehrsamkeit*, Frankfurt am Main: Syndikat 1980, S. 9.
29 Matthias Spielkamp, »Abschreiben verboten«; online verfügbar unter: ⟨http://irights.info/index.php?q=node/34⟩ (Stand März 2011).

ist (wobei dieser auf den Schultern seiner Vorgänger, vornehmlich Priscians, stand).«

Aus dem späten Mittelalter »bahnte sich der Aphorismus langsam seinen Weg ins 17. Jahrhundert, wo er von Newton aufgegriffen wurde, um sich von da an für immer mit seinem Namen zu verbinden«.[30] Was Original und was Kopie ist, das zeigt die Geschichte der Urheberschaft dieses Zitats sehr deutlich, hat also oft mit Zuschreibungen zu tun, damit also, was man für ein Original halten will und was nicht. Die Unterscheidung ist eher ein soziales Konstrukt als eine objektive Kategorie. Walter Benjamin schrieb schon 1936 in *Das Kunstwerk im Zeitalter seiner technischen Reproduzierbarkeit*: »Das Kunstwerk ist grundsätzlich immer reproduzierbar gewesen. Was Menschen gemacht hatten, das konnte immer von Menschen nachgemacht werden.«[31] Aber eben weil das so ist, muss das Original, um seine Bedeutsamkeit oder Aura zu erhalten, seine eigene Wertigkeit immer wieder betonen. In der Werbung schlägt sich dies in zum Teil absurden Slogans zur Originalität von Produkten, Lebensmitteln und Dienstleistungen nieder. So wirbt der Sofa-Hersteller Cassina für das Modell Maralunga (»weiß mit seinem weichen und veränderbaren Design zu verwirren – kann aber nur schwer mit anderen verwechselt werden«) mit den Worten: »Keine Kopie kann das Original übertreffen.« Der Autohersteller Chrysler wurde in einer Kampagne für den Voyager gar moralisch: »Originale kopiert man nicht«, heißt es da, obwohl der beworbene Minivan dem zehn Jahre zuvor produzierten Fahrzeugtyp gleicht. Im Prospekt zum Wagen findet man die Auflösung: »Originale erschafft man.«
Man kann also in Bezug auf die Kopie und das Original einen interessanten Widerspruch beobachten. Die Kopie ist überall

30 Robert K. Merton, a. a. O. (S. 35, Anm. 28), S. 222.
31 Walter Benjamin, *Das Kunstwerk im Zeitalter seiner technischen Reproduzierbarkeit*, Frankfurt am Main: Suhrkamp 1990, S. 10.

präsent, wird aber dennoch distanziert betrachtet. Der amerikanische Autor Hillel Schwartz hat dies in seinem lesenswerten Buch *Déjà vu. Die Welt im Zeitalter ihrer tatsächlichen Reproduzierbarkeit*[32] wie folgt zusammengefasst: »Wir leben in einer Zeit, die von Kopiergeräten begeistert, von vagabundierenden Kopien jedoch entsetzt ist.«[33] Die Begeisterung für Kopiergeräte und das Entsetzen über ihre Folgen führen zu einer Blockade, die sich nur lösen lässt, wenn man beides versachlicht und im historischen Kontext betrachtet: Der technische Vorgang der digitalen Kopie ist neu, das zugrunde liegende Prinzip ist es keineswegs. Die Kopie wird als billig und minderwertig eingeschätzt. Schöpferische Kraft, so will man glauben, steckt einzig im Original. Sie gehe allein von jenen Menschen aus, die von sich behaupten, ganz ohne fremde Hilfe zu einer Idee, einem Einfall oder einem (Kunst-)Werk gelangt zu sein. »Darin ist jedermann einig«, erklärte Immanuel Kant im 18. Jahrhundert, »daß Genie dem Nachahmungsgeiste gänzlich entgegen zu setzen sei. Da nun Lernen nichts als Nachahmen ist, so kann die größte Fähigkeit, Gelehrigkeit (Kapazität), als Gelehrigkeit; doch nicht für Genie gelten.«[34]

Das Genie schwebt qua angeborenen Talents über den anderen, hat Weitblick und die besseren Einfälle – und braucht sein soziales Umfeld einzig als bewundernd applaudierendes Publikum. Inspiration – so will es diese Vorstellung vom schöpferischen Genie – erfährt es einzig aus sich selbst. Es gibt zahlreiche Belege für diesen »Originalfetischismus«, dem ganze Gesellschaften erliegen können. Doch nicht erst durch die sogenannte digitale Revolution wird die Fixierung auf das schöpferische Genie infrage gestellt. Postmoderne Denker wie Ro-

---

32 Dieser Titel ist selbstverständlich auch eine zitierende Kopie, und zwar des Titels von Benjamins Kunstwerkaufsatz.

33 Hillel Schwartz, *Déjà vu. Die Welt im Zeitalter ihrer tatsächlichen Reproduzierbarkeit*, Berlin: Aufbau 2000, S. 7.

34 Immanuel Kant, *Kritik der Urteilskraft, Werkausgabe*, Band X, herausgegeben von Wilhelm Weischedel, Frankfurt am Main: Suhrkamp 1990, § 47, S. 243.

land Barthes (»Tod des Autors«, 1968) und Michel Foucault (»Was ist ein Autor?«, 1969) zweifeln an der Originalität des individuellen Urhebers – »eine Einsicht mit potentieller Sprengkraft für das urheberrechtliche Schöpferparadigma«,[35] wie der Jurist Gerd Hansen in seinem Buch *Warum Urheberrecht?* schreibt. Hinzu kommt eine weitere Folge der digitalen Revolution, die nicht nur dafür gesorgt hat, dass Texte, Bilder und Töne ohne große Anstrengung festgehalten werden können: Sie können auch jederzeit abgerufen werden. Außerdem hat die Digitalisierung eine im eigentlichen Wortsinn freie Kultur geschaffen.[36] Musik, Filme, Bücher – kurzum: viele kulturelle Inhalte sind jetzt frei beweglich. Das bedeutet einerseits: Sie sind nicht mehr an ein Trägermedium (Papier, CD oder DVD) gebunden; andererseits heißt das jedoch auch, dass sie ohne Qualitätsverlust dupliziert werden können, sie sind insofern ungeschützt bzw. nicht länger eingesperrt. Das ist neu und begründet einen Paradigmenwechsel in der Frage, wie Kultur produziert, konsumiert und vor allem verbreitet wird. Der Urheberrechtsexperte Rainer Kuhlen spricht deshalb sogar von einer Kopernikanischen Wende. Noch im Jahr 1992 stellte die Romanistin Kathrin Ackermann-Pojtinger in ihrem Buch *Fälschung und Plagiat als Motiv in der zeitgenössischen Literatur* fest: »Obwohl eine absolute Identität zwischen Original und Kopie theoretisch denkbar ist, ist sie praktisch nicht erreicht.«[37] Die Digitalisierung hat nun allerdings ermöglicht, was Ackermann-Pojtinger für nur theoretisch machbar hielt: Original

---

35 Gerd Hansen, *Warum Urheberrecht? Die Rechtfertigung des Urheberrechts unter besonderer Berücksichtigung des Nutzerschutzes*, Baden-Baden: Nomos 2009, S. 50.

36 Deshalb hat Lawrence Lessig sein schon eingeführtes Standardwerk über das Kopieren *Freie Kultur* genannt. Wichtig ist dabei der Hinweis, der auch im Rahmen der Diskussion um die freie Software immer wieder betont wird: Es geht nicht um »frei« im Sinn von kostenlos (Freibier), sondern um eine freie Kultur im Sinn der freien Meinungsäußerung.

37 Kathrin Ackermann-Pojtinger, *Fälschung und Plagiat als Motiv in der zeitgenössischen Literatur*, Heidelberg: Winter 1992, S. 7.

und Kopie sind nicht mehr zu unterscheiden. Die Publizistin Mercedes Bunz stellt deshalb fest: »Die digitale Kopie erreicht nicht nur eine neue ›Stufe‹, sie verändert sich derart, daß sie ihre eigene Begrifflichkeit durchstreicht: Sie wird zur ›identischen Kopie‹«.[38]

Als im Sommer 2007 im Völkerkunde-Museum in Hamburg die 2200 Jahre alten chinesischen Terrakotta-Krieger aus Xi'an ausgestellt wurden, fand man erst nach einigen Tagen heraus, dass es sich bei den kleinen Kriegern um Kopien der Originalfiguren handelte. Als Museumsbesucher in einem Radiointerview dazu befragt wurden, gaben nicht wenige an, überhaupt nicht enttäuscht gewesen zu sein. »Wir hätten den Unterschied ja doch nicht bemerkt«, sagte eine Besucherin. Ähnliche Schlüsse zog Reinhard J. Brembeck in der *Süddeutschen Zeitung*:

> »Das Verteufeln von Reproduktionen ist seit Walter Benjamin intellektuell blasierte Mode. Dahinter verbirgt sich eine Sehnsucht nach L'art pour l'art, die jede Bindung von Kunst an Alltag und Zweckbestimmung ablehnt. Aber der Glaube an die zeitlose Gültigkeit von Kunst ist dahin. Auch weil Kopien die Menschheit gelehrt haben, dass Kunst durch ihre Einbindung in ihre historische Situation nicht verliert, sondern ihre Besonderheit und Größe gerade dadurch erst so richtig zum Vorschein kommen.«[39]

Das Beispiel von Messis kopiertem Tor ist wie geschaffen als Beleg für Brembecks These.

Selbst dort, wo offensichtlich kopiert wurde, führt dies nicht zu Popularitätseinbußen oder Qualitätsproblemen. Als die Stadt Weimar zum Beispiel im Goethe-Jahr 1999 das Gartenhaus des Dichters im Park an der Ilm nachbauen ließ, interessierten sich mehr Besucher für das neue Haus als für das Original. Eine ähnliche Feststellung formuliert Wolfgang Ullrich

---

38 Mercedes Bunz, »Utopie der Kopie«, in: *Renaissance der Utopie*, herausgegeben von Florian Rötzer und Rudolf Maresch, Frankfurt am Main: Suhrkamp 2004, S. 156-171, S. 164.
39 Reinhard J. Brembeck, »Blasierte Sehnsucht«, in: *Süddeutsche Zeitung* (14. Dezember 2007).

anlässlich einer Norbert-Bisky-Retrospektive im Berliner Haus am Waldsee im Jahr 2007. Er notiert, dass sich »nicht nur die meisten Besucher um einen Tisch, auf dem die Kataloge des Künstlers auslagen«, scharten, sondern dass es häufig vorkam, »dass einzelne Gemälde aus den Büchern abfotografiert wurden, obwohl die Originale in der Ausstellung gar im selben Raum hingen«.[40] Nimmt man diese Beispiele zusammen, kann man mit Claudia Gerhards festhalten, dass die Vorstellung hinfällig wird, »das Original sei das Primäre und die Kopie das Sekundäre. Nicht nur gilt: ohne Original keine Kopie, sondern auch: ohne Kopie kein Original.«[41]

Diese Beispiele stehen für eine Krise des Originals, die gegenwärtig immer brisanter und offensichtlicher wird, die allerdings schon früher begann und ihren Auslöser in der Demokratisierung der Kopiermittel hat. In *Déjà vu* hat Hillel Schwartz den Siegeszug des Papierkopierers ausführlich beschrieben, dabei geht er zurück bis ins Amerika des späten 18. Jahrhunderts. Er zitiert den schon erwähnten Thomas Jefferson, der »nach einem Brand und nach einem britischen Angriff auf Richmond im Jahr 1780« zweimal seine sämtlichen Papiere verlor und daraufhin die Entwicklung des sogenannten Pantografen unterstützte, »der es ihm endlich ermöglichte, Kopien von über 5700 Briefen anzufertigen«. Jefferson sagte: »Ich bedaure zutiefst, dass er nicht 30 Jahre früher erfunden wurde.«[42] Das Gerät, das auch als »Storchschnabel« bezeichnet wird, wurde von dem »Uhrmacher John Issac Hawkins im Jahr 1803 so lange weiterentwickelt, bis Jefferson damit zufrieden war. Zuvor benutzte Jefferson eine sogenannte Kopierpresse, die sich James Watt, der Erfinder der Dampfmaschine, hatte patentieren las-

40 Wolfgang Ullrich, a. a. O. (S. 16, Anm. 8), S. 59f.
41 Claudia Gerhards, »TV Copy Culture. Fernsehunterhaltung und Imitationsprozesse in der Endlosschleife«, in: *Originalkopie. Praktiken des Sekundären*, herausgegeben von Gisela Fehrmann et al., Köln: DuMont 2004, S. 108-121, S. 109.
42 Hillel Schwartz, a. a. O. (S. 37, Anm. 33), S. 231.

sen. Watt war die Zeit leid, die es brauchte, um die Briefe zu kopieren, die er fast täglich seinem Partner Matthew Boulton schrieb.«[43]

Kopierpresse und Pantograf bildeten die Grundlage für eine Entwicklung, die Schwartz »die Revolution der Kopie« nennt. Diese »hatte im Grunde genommen in den zwanziger Jahren begonnen, als das Kopieren bereits in der Luft lag. Auf den Funkwellen nämlich – als die Radio Corporation of America 1926 einen transatlantischen Funk-Faksimile-Service errichtete«.[44] Frank Reimann von der TU Berlin datiert den Beginn der Kopierrevolution auf das Jahr 1900, als die US-Firma Underwood die Schreibmaschine mit der Bezeichnung ›Modell 5‹ vorstellte, »die sich als robustes Standardprodukt in vielen Büros durchsetzte. Mithilfe von Kohlepapier konnten damit auch erstmals Kopien bei der Dokumentenerstellung effizient erzeugt werden.«[45] Es folgten Gelatine-Kopiergeräte, die die Vervielfältigung mittels komplizierter Matrizen möglich machten, sowie in den sechziger Jahren dann der Fotokopierer:

> »Mit dem Xerox 914, der 1960 aufkam, wurde die Xerographie zu etwas Außerordentlichem und Alltäglichem zugleich. In TV-Spots von 1961 reicht ein Mann ein Dokument einem sechsjährigen Mädchen, das zu einem Xerox 914 hüpft, einen Knopf drückt, zehn Sekunden wartet und dann fröhlich mit einer Kopie zurückhopst. 1965 kam der Xerox 2400 heraus, der 2400 Aufnahmen in der Stunde, 40 Seiten in der Minute, d. h. beinahe eine Kopie pro Sekunde herstellen konnte. Bis 1971 ›xeroxte‹ man allein in den USA etwa 24 Milliarden Seiten jährlich. 1979 waren es bereits 90 Milliarden Seiten. Weltweit übertraf der Gewinn der Hersteller von Kopiergeräten bereits den der Filmindustrie.«[46]

43 Hillel Schwartz, a. a. O., S. 232.
44 Hillel Schwartz, a. a. O., S. 245.
45 Frank Reimann, »Konzepte für ein ›Büro der Zukunft‹«, S. 4, online verfügbar unter: ⟨http://ig.cs.tu-berlin.de/lehre/s2005/lamig/ausarb/Reimann-DasBueroDerZukunft-2005-06-22.pdf⟩ (Stand März 2011).
46 Hillel Schwartz, a. a. O., S. 249.

Dieser kurze Blick in die Geschichte der Papierkopie zeigt: Die hinter den aktuellen Veränderungen liegenden technischen Möglichkeiten sind nicht neu. Computer und die fortschreitende Digitalisierung haben diese Entwicklung lediglich beschleunigt und das Kopieren weiter demokratisiert. Aber nicht nur deshalb ist die sich verflüssigende Grenze zwischen Kopie und Original in der Gegenwart ein hochgradig brisantes Thema. Gerade heute ist es wichtig, die Kopie zu verteidigen und ihre kreativen Potenziale herauszustellen, weil ihr Ansehen und damit in gewisser Weise auch die freie Gesellschaft insgesamt sich der Kritik seitens einer massiven Lobbymacht ausgesetzt sieht. Ihre Kampagnen tragen Namen wie »Copy Kills Music« oder »Kopieren ist keine Kunst« und versuchen, mithilfe der Abwertung des Kopiervorgangs etablierte Geschäftsmodelle abzusichern. Dabei nehmen sie billigend in Kauf, dass der Gedanke einer freien Kultur gefährdet wird. Die Ursache dafür ist – und ich werde in Kapitel IV noch ausführlich darauf eingehen – der kopierende Verbraucher. Dabei geht es weniger um eine kulturelle Technik als vielmehr um einen Distributionsweg: In einer Welt, in der Kulturprodukte ohne Qualitätseinbußen dupliziert werden können, verbreiten sich diese – man denke an das Volkslied »Die Gedanken sind frei« – sehr rasch und vor allem unkontrolliert.[47] So leicht dies aufgeschrieben ist, so grundlegend unterscheidet sich diese neue Distributionsform vom herkömmlichen Modell des Vertriebs kultureller Güter. Filme, Songs und auch Texte werden heute immer häufiger nicht mehr über Datenträger verbreitet, die limitiert sind und zu hohen Kosten distribuiert werden müssen. Menschen laden Filme und Musik aus dem Netz, sie brennen CDs und DVDs und lesen Texte auf ihren mobilen Endgeräten. Cory Doctorow, ein kanadischer Science-Fiction-Autor und Publizist, der sich für die Ehren-

47   Die Piratenpartei hat dieses Lied aus dem späten 18. Jahrhundert, das in Hoffmann von Fallerslebens Version kanonisch wurde, übrigens im Bundestagswahlkampf 2009 in ihrer Wahlwerbung eingesetzt.

rettung des Kopierens einsetzt, vergleicht diese Veränderung mit den unterschiedlichen Vermehrungsstrategien von Pflanzen und Säugetieren. Er plädiert dafür, die Kulturdistribution in der neuen digitalen Welt eher nach dem Vorbild der Reproduktion von Pflanzen aufzufassen:

>Wenn du ein Säugetier bist, dann steckst du viel Energie und Fürsorge in die Aufzucht deines Nachwuchses. Als das Veröffentlichen sich noch ganz auf physische Objekte beschränkte, haben wir viel Zeit damit verbracht, wie Säugetiere zu denken. Wir haben uns Sorgen über jedes einzelne Exemplar unserer Arbeit gemacht, weil die Herstellung jedes Exemplars kostspielig und aufwendig war. Nun, da wir in einer Zeit leben, in der wir ohne Kosten unbegrenzt oft etwas kopieren können, müssen wir damit aufhören, wie Säugetiere zu denken. Wir müssen anfangen, das ganze so zu sehen, als wären wir eine Pflanze. Zum Beispiel Pusteblumen: Der Wind bläst ihre Samen in die Luft. 95 Prozent davon fallen auf steinigen Grund und sterben, aber fünf Prozent davon finden ihren Weg in irgendein aufgelockertes Stückchen Erde, wo irgendwann neue Pusteblumen entstehen. Mit elektronischen Büchern ist das genauso. Sie sind flüssig, flüchtig, so einfach an die richtigen Leute zu verschicken. Diese Pusteblumen-Reproduktionsstrategie war so erfolgreich für mich, dass ich wirklich meine Karriere darauf aufbauen konnte, und ich sehe keinen Grund, warum das anderen Autoren nicht auch möglich sein sollte.«[48]

Einerseits können Schriftsteller und Musiker so immer mehr Interessierte immer leichter und schneller erreichen. Andererseits stellt dieser Trend eben all jene Geschäftsmodelle infrage, die auf einer (bewussten) Verknappung von Gütern basieren. Kein Wunder also, dass auf diesem Feld eine Auseinandersetzung geführt wird, deren Auswirkungen richtungweisend für den Freiheitsgrad der kulturellen Entwicklung sein werden. Erstaunlich ist jedoch, dass im medialen Diskurs, der diese

---

48   Cory Doctorow, »Digitale Visionen und virtuelle Realitäten«, Cory Doctorow im Gespräch mit Ania Mauruschat in der BR-Sendung »Zündfunk-Generator« vom 4. Mai 2008.

Debatte begleitet, vorwiegend eine Interessengruppe zu Wort kommt: die Verwerter. Stimmen, die die Bedeutung des Kopierens für unsere Kultur und unser gesellschaftliches Zusammenleben loben, kommen hingegen nur selten zu Wort. Auch den Verbrauchern, den Konsumenten von Kultur also, wird in diesem Zusammenhang kaum Aufmerksamkeit geschenkt.[49]

Ebenso wie die in der Gegenwart heftig geführte Debatte über die technische Reproduzierbarkeit sind aber auch die positiven Bezugnahmen alles andere als neu. Walter Benjamin stellte bereits 1936 fest: »Die technische Reproduzierbarkeit des Kunstwerks emanzipiert dieses zum ersten Mal in der Weltgeschichte von seinem parasitären Dasein am Ritual. Das reproduzierte Kunstwerk wird in immer steigendem Maße die Reproduktion eines auf Reproduzierbarkeit angelegten Kunstwerks.«[50]

Will man solche Einsichten in die heutigen Diskurse über das Kopieren einflechten, so kann man mit Benjamin sagen: Aufs Kopieren angelegte Kunst erzeugt neue kopierbare Kunst. Die Frage ist dabei: Wie geht die Gesellschaft damit um, dass das (digitale) Kopieren zu einem kostengünstigen und schwer zu kontrollierenden Verbreitungsweg für Inhalte geworden ist? Die vermeintlich recht eindeutige binäre Unterscheidung von Original und Kopie verliert vor diesem Hintergrund ihre Definitionskraft. Der Kunsthistoriker Andreas Keul stellte daher anlässlich der Ausstellung »Doppelgänger – Repliken und andere Originale zu Werken aus der Kunsthalle Bremen« im Jahr 1999 zu Recht die Frage: »Was ist ein Original, was ein Abzug, was eine Kopie, wenn die ›Vorlage‹ eine im Computer erstellte Datei ist?«[51]

49 Im April 2011 gründete sich in Berlin der Verein »Digitale Gesellschaft e. V.«, der sich als Interessenverein der Netznutzer versteht.
50 Walter Benjamin, a. a. O. (S. 36, Anm. 31), S. 17.
51 Andreas Keul, »Doppelgänger«, in: *Ausstellungskatalog Doppelgänger – Repliken und andere Originale zu Werken aus der Kunsthalle Bremen*, herausgegeben von Andreas Keul, Bremen: Der Kunstverein in Bremen 1999. S. 10-51, S. 10.

Die politische Debatte über die Zukunft von Kulturprodukten und deren Distribution geht einher mit einer wachsenden gesellschaftlichen Sehnsucht nach Authentizität, mit einem Wunsch nach Unverwechselbarkeit bzw. nach dem, was man dafür hält. Goethes nachgebautes Geburtshaus oder die imitierten Terrakotta-Krieger sind nur zwei Beispiele für eine alltägliche gesellschaftliche Entwicklung, die sich auf unterschiedlichen Gebieten zeigt. Im Vorwort zum Katalog zur bereits angesprochenen Ausstellung in Bremen bringt der Kunsthistoriker Wulf Herzogenrath diese Sehnsucht so auf den Punkt: »Die Menschen strömen im besonderen zu den meistreproduzierten Originalen. Jede Postkarte unseres Mohnfeldes von Vincent van Gogh verstärkt den Wunsch, endlich wieder die originale Substanz des von van Gogh gemalten Bildes vor Ort ›live‹ zu erleben.«[52] Damit bestätigt sich einerseits eine Überlegung, die man am eingangs geschilderten Beispiel Messidonas festmachen kann: Das Original profitiert von der Kopie. Oder wie es der als »Youtube-Professor« bekannt gewordene US-Ethnologe Michael Wesch ausdrückt: »Man muss feststellen, dass derjenige, der kopiert wird, häufig profitiert, weil der Grad seiner Bekanntheit enorm steigt«[53] – eine Erkenntnis, die übrigens nicht auf den digitalen Raum beschränkt ist. So soll der österreichische Kunsthistoriker Moritz Thausing bereits im 19. Jahrhundert in Bezug auf die Reproduktionstechnik des Kupferstichs gesagt haben: »[D]er gute Name des Malers klingt hohl im weiten Raum der Öffentlichkeit, solange kein Stich dieselbe mit seinem Zeugnis erfüllt.«[54] Gleichzeitig erweist sich das Konstrukt des Originals zunehmend als instabil in einer Welt, in der sich mithilfe der digitalen Technik ununterscheidbare Duplikate herstellen lassen. Auch über den kunsthistorischen Kontext hinaus muss man – und zwar praktisch alltäglich – fragen: Was kann in unserer Zeit dann noch

52   Wulf Herzogenrath, »Originale Doppelgänger«, in: ebd., S. 6-9, 8.
53   Interview mit Michael Wesch, *Süddeutsche Zeitung* (6. Oktober 2008).
54   Zitiert nach Wolfgang Ullrich, a. a. O. (S. 16, Anm. 8), S. 33.

als wirklich ursprünglich gelten? Was als Quelle und was als Ergebnis kreativen Schaffens? Oder um es einfacher zu formulieren: Wie echt sind virtuelle Freundschaften in sozialen Netzwerken im Internet? Wie unverwechselbar sind die besonderen Momente, wenn immer und überall fotografiert wird? Oder: Wie greifbar sind digitale Musikdateien, die nicht verschwinden, wenn man sie wegnimmt, also kopiert?

Die Krise des Originals kann man in den Worten des niederländischen Künstlers Koert van Mensvoort auch auf die Frage verdichten: »Riecht der Wald nach Shampoo oder riecht das Shampoo nach Wald?« Der Niederländer, der bekennt, beim Waldspaziergang an Shampoo denken zu müssen (und nicht umgekehrt), hat aus dieser Vermischung von vermeintlich Wahrem und vermeintlich Falschem ein Spiel gemacht: »Fake for Real« heißt das Memory-Spiel, bei dem van Mensvoort Originale ihren Kopien gegenüberstellt. Wer die jeweiligen Paare zusammenstellen muss, ist unweigerlich mit der Frage konfrontiert: Ist der für die Reklame ausgeleuchtete und perfekt inszenierte Burger realer als der etwas matschige, den man im Fast-Food-Restaurant aus der Schachtel holt? »Das Konzept von dem guten Echten und dem bösen Falschen ist doch naiv und überholt«, erläutert van Mensvoort die Idee. »Dennoch haben die meisten von uns ein tief verwurzeltes Bedürfnis, alles, was sie sehen, in die Kategorien ›falsch‹ oder ›echt‹ einzuordnen, auch wenn die Simulation oft überzeugender und einflussreicher ist als das, was sie simuliert.«[55]

James H. Gilmore beschreibt es so: »Umgeben von inszenierten, technisch vermittelten Erfahrungen, sehnen wir uns nach etwas Realem und Unverstelltem.« Interessant und neu ist dabei Folgendes: Die Sehnsucht nach Originalen wird immer häufiger von Kopien erfüllt. Denn die Trennlinie zwischen dem Original und der Kopie, so Gilmore, »verschwimmt jeden

---

55 Zitiert nach Judith Mair, »Realität des Fakes«, in: *Page Magazin* 5/2008, S. 222-227, S. 224f.

Tag etwas mehr«. Als Beispiel führt er in dem gemeinsam mit B. Joseph Pine verfassten Buch *Authenticity. What Consumers Really Want* die Strategie des »referenziellen Fakes« an, auf die seiner Meinung nach die Kaffeehaus-Kette Starbucks setzt: ein US-amerikanisches Unternehmen, das europäische Kaffeehaus-Kultur konsequent kopiert und sich in Einrichtung, Atmosphäre und Anmutung der Filialen erkennbar darauf bezieht. »Starbucks«, erläutert Gilmore in einem Interview, »profitiert geschickt von der Erinnerung an eine andere Zeit und Kultur und stillt die Sehnsucht nach dieser.«[56]

Wie Kunst, Werbung und Medien mit dieser Sehnsucht spielen, kann man beispielhaft an den Werken von Alison Jackson sehen. Das Magazin *Page* nennt ihre Fotografien »perfekt inszenierte Imitationen des Authentischen«.[57] Ein Getränkehersteller warb in Großbritannien wiederholt mit den Bildern Jacksons, die (vermeintlich) prominente Menschen in alltäglichen Situationen zeigen. Dabei spielt diese Optik bewusst mit dem Wissen der Konsumenten um den Unterschied zwischen Original und Kopie. Auf einem grobkörnigen Bild zeigt Jackson zum Beispiel einen Mann, der vor einer US-Flagge an seinem Schreibtisch sitzt und konzentriert versucht, einen Zauberwürfel zu lösen. Man erkennt erst auf den zweiten Blick, dass es nicht George W. Bush ist – auch wenn der Mann auf dem Bild »Bush with Rubik's Cube« aus dem Jahr 2005 dem damaligen US-Präsidenten täuschend ähnlich sieht.

Ähnlich verdreht ist die Hierarchie von Kopie und Original, die der norwegische Schriftsteller Mathias Faldbakken in seinem Roman *Macht und Rebel* beschreibt. Im Klappentext heißt es dazu: »Das Buch spielt in einer hyperrealen Gegenwart, in der [sich] sexuelle Phantasien und Vergewaltigungen, Markenprodukte und Fälschungen, Linke und Rechte zum Verwechseln ähnlich sind.« Faldbakken führt in der Geschichte, die im

56 Interview mit James H. Gilmore und B. Joseph Pine, in: *Page Magazin* 5/2008, S. 226.
57 Judith Mair, a. a. O., S. 226.

alternativen Milieu einer europäischen Großstadt spielt, iro-
nisierend den Charakter des Fatty ein, der Markenpiraterie
als Konsumkritik betreibt. Fatty schmuggelt Kopien von Mar-
kenschuhen, -kleidung und -software. »Seine Idee war natürlich, das Geschäft nicht um des Profits willen zu betreiben,
sondern als ›subversive politische Strategie‹.« Faldbakken inszeniert diese vermeintliche Geste des Protests nicht ohne iro-
nische Distanz. Dennoch kommt die Krise des Originals auch
in seiner Geschichte deutlich zum Ausdruck; und spätestens
als er das Umfeld einer konspirativen Party beschreibt, die
wie eine Verbrauchermesse für gefälschte Marken inszeniert
ist, wird klar: Faldbakken nutzt die kopierte Markenware als
Symbol für die Remix-Kultur, in der wir leben. Michael Wesch
hat diese sich verändernde Form der Kultur an seinem Lehr-
stuhl für digitale Ethnographie an der Universität von Kan-
sas untersucht. Dabei konzentrierte er sich auf die Film- und
Clipkultur des Videoportals Youtube. Als Wesch im Sommer
2008 in der Library of Congress in einem Vortrag über seine
Forschung berichtete, legte er nicht nur beeindruckende Zahlen vor, er beschrieb auch eine neue Kultur des Remixens, die
zwar in unserem Verständnis einer referenziellen Bezugswelt
angelegt ist, die auf Youtube jedoch noch weiter verstärkt wird.
Er spricht von einer »neuen Form des Ausdrucks, der Gemeinschaft und der Kommunikation«,[58] die auf einer Technik der
Imitation und der Kopie basiert. Er illustriert dies am Beispiel des Songs »Dragostea din tei« der moldawischen Boy-
band O-Zone, die damit im Sommer 2004 auch in Deutschland
an die Spitze der Charts stürmte. Wesch zeichnet den Weg des
Lieds auf einer Landkarte nach: »Das Lied war ein großer
Hit in Italien im Jahr 2003, im Jahr 2004 erreichte es ganz Europa. Dann wanderte der Song nach Japan, wo er mit der Ani-
mationskultur kombiniert wurde. Die Menschen begannen,

58 »Das ist eine kraftvolle Entwicklung«, Michael Wesch im Interview mit
Dirk von Gehlen, in: *Süddeutsche Zeitung* (6. Oktober 2008).

selbst Videos daraus zu machen und ins Netz zu stellen. Einer dieser Clips fand seinen Weg in einen kleinen Ort in New Jersey. Und dort entdeckte Gary Brolsma den Song für sich.«[59]

Wesch zeigt an dieser Stelle das Bild des jungen Mannes, der den Song, vor seinem Computer sitzend, lippensynchron in eine Webcam singt. Dabei rudert der robuste Brillenträger wild mit den Armen und tanzt im Sitzen. Das U3-Magazin *The Believer* schreibt über den Clip: »Das ist ein Film von jemandem, der eine wunderbare Zeit hat, der diese Freude mit jedermann teilen möchte und sich dabei überhaupt nicht darum kümmert, was andere über ihn denken könnten.« Über Gary Brolsma wurde im Februar 2005 in der *New York Times* berichtet, auch die BBC und zahlreiche Fernsehsender erzählten die Geschichte des nach dem Refrain des Songs benannten »Numa-Numa-Dance«. Der junge Mann aus New Jersey löste damit eine neue Mode aus: Überall auf der Welt folgten Menschen seinem Vorbild (man könnte auch sagen, sie kopierten ihn), filmten sich mit Webcams und stellten die Clips ins Internet. »Jeder wollte der Numa-Numa-Typ sein«, schreibt Douglas Wolk in *The Believer*. »Jeder wollte die gehemmte und doch selbstvergessene Freude spüren, die er dabei hatte, in seinem Stuhl zu flegeln und einen dämlichen Pop-Song in einer Sprache nachzusingen, die er nicht versteht.«[60]

Es gibt im Netz zigtausend Kopien des Numa-Numa-Dance. Sie stehen beispielhaft für die sogenannte partizipative Kultur, in der der Konsument zum aktiven Rezipienten[61] wird.

59 Michael Wesch, »An anthropological introduction to YouTube«, Vortrag in der Library of Congress, online verfügbar unter: ⟨http://mediatedcultures. net/ksudigg/?p=179⟩ (Stand März 2011).
60 Douglas Wolk, »The syncher, not the song«, in: *The Believer* (Juni/Juli 2006), online verfügbar unter: ⟨http://believermag.com/issues/200606/?read =article_wolk⟩ (Stand März 2011).
61 Ein eindrucksvolles Beispiel für diese neue Form der Kultur ist auch der 2011 veröffentlichte Clip zu dem Radiohead-Song »Lotus Flower«. Darin sieht man den Sänger Thom Yorke ausdrucksstark zur Musik tanzen. Zahlreiche Nutzer unterlegten seinen Tanz mit neuer Musik und luden diese Clips wieder ins Netz.

Die Grenze zwischen dem passiven Empfänger und dem aktiven Sender verschwimmt. Man spricht (ein sprachliches Mashup aus den Begriffen Produzent und Konsument) von »Prosumenten« (engl. *prosumers*).[62] Lawrence Lessig hat diese Überlegung auf die Entstehung kultureller Güter übertragen und den Begriff der »Read-write-Society« (also etwa der »Lesen-*und*-schreiben-Gesellschaft«) geprägt, die sich grundlegend von der »Read-only-Society« unterscheide.[63] Diese beschreibt er als eine Gesellschaft, »in der Kreativität lediglich konsumiert wird, der Konsument nicht gleichzeitig auch Künstler ist. Eine Kultur, die von oben herab gesteuert wird.«[64] Die »Read-write-Society« hingegen definiert er als eine Kultur, »in der die Menschen selber zu Schöpfern werden. Das heißt, sie können Inhalte weiterentwickeln, mischen und neue Werke schaffen. All dies wird in der ›Nur-lesen-Kultur‹ verunmöglicht.«[65]

Der Numa-Numa-Song ist ein anschauliches Beispiel für das, was nach Lessig die »Read-write-Society« kennzeichnet. Für den Anthropologen Wesch ist das sinnfreie Nachsingen eines ebenso sinnfreien Popsongs deshalb auch Ausweis einer neuen Referenzkultur, die durch die Digitalisierung (etwa auf Youtube) ermöglicht wurde. Wesch wertet nicht, er beurteilt auch die künstlerische Bedeutung dieser Referenzen nicht, sondern er beschreibt sie und bringt sie damit überhaupt erst auf die Agenda einer auf Hochkultur fixierten Öffentlichkeit. Bis zu

---

62 Der Begriff »Prosument« geht auf den amerikanischen Zukunftsforscher Alvin Toffler zurück; vgl. dazu auch Holm Friebe/Thomas Ramge, *Marke Eigenbau. Der Aufstand der Massen gegen die Massenproduktion*, Frankfurt am Main/New York: Campus 2008.

63 Lawrence Lessig, »The Read-Write-Society«, Vortrag auf der Konferenz Wizard of Os in Berlin (2006), online verfügbar unter: ⟨www.wizards-of-os.org/programm/live_stream.html⟩ (Stand März 2011).

64 Lawrence Lessig, »Ted-Talk 2007«, online verfügbar unter: ⟨www.ted.com/talks/lang/ger/ larry_lessig_says_the_ law_is_strangling_ creativity.html⟩ (Stand März 2011).

65 Peter Sennhauser, »Es geht um viel mehr als um Hollywood«, Interview mit Lawrence Lessig, in: *Tages-Anzeiger* (11. September 2006).

15 Prozent der Inhalte, die bei Youtube eingestellt werden, so hat der Anthropologe errechnet, beziehen sich auf andere Clips, die Urheber kopieren, remixen und rekombinieren Bekanntes und produzieren so etwas Neues. Sie schaffen Mashups und kopieren, weil sie ganz selbstverständlich auch selbst kreativ sein wollen. Sie schreiben sich in einen Bezugsrahmen ein und nutzen die Kopie als gegenwärtige Form der Meinungsäußerung.

Douglas Wolk schreibt in dem bereits zitierten Artikel in *The Believer* über diese neue Kultur: »Diese Kids verspotten den Numa-Numa-Typen nicht, sie verehren ihn. Sie sind Geeks, und sie ehren den König der Geeks. Es ist wunderbar, das anzuschauen, weil sie seine Freude wiederholen und verbreiten.« Wolk kommt zu dem Schluss: »Das alles wirkt weniger wie ein ansteckender Scherz als wie der Beginn einer neuen kulturellen Ordnung.«[66] Einer Ordnung, die nicht mehr über die Kraft der Kopie diskutiert, sondern diese selbstverständlich praktiziert.[67]

Doch die skizzierte kulturelle Praxis trifft auf rechtliche Hindernisse – wie ein Beispiel aus dem Jahr 2003 zeigt. Damals wollte Madonna gemeinsam mit ihrer Plattenfirma gegen die Verbreitung ihrer Songs in Tauschbörsen vorgehen, sogenannten Peer-to-Peer-Netzwerken (kurz P2P), deren Nutzung zum Zwecke der Verbreitung urheberrechtlich geschützten Materials genauso wenig mit dem geltenden Urheberrecht in Verbindung zu bringen ist wie Brolsmas Youtube-Karaoke. Wer sich Songs von Madonnas neuem Album *American Life* her-

---

66 Ebd.
67 Als der amerikanische Rapper T. I. sich im Herbst 2008 für seinen Song »Live your life« die R&B-Sängerin Rihanna, die im Sommer zuvor mit dem Hit »Umbrella« weltbekannt geworden war, an seine Seite holte, begann diese ihren Part in dem gesampelten Song mit den zuvor auch von Gary Brolsma gesungenen Worten: »Ma-ia-hii Ma-ia-huu Ma-ia-haa Ma-ia-haha«. T. I. und Rihanna remixten den kopierten Welthit »Dragostea din Tei« und erreichten damit im Oktober 2008 die Spitze der amerikanischen Single-Charts.

unterladen wollte, bekam statt der Lieder die fluchende Künstlerin mit dem Satz zu hören »What the fuck do you think you're doing?« Doch die als Anti-Piraterie-Aktion gedachte Kampagne ging nach hinten los: Nicht nur, dass Madonnas Website gehackt wurde, statt ihrer Songs wurde Madonnas Fluch selbst zum Material für neue Remixes: Kreative Nutzer »mixten ganze Songs aus Madonnas Fluch und Fetzen ihrer Lieder. Die unabhängige Musik-Community Dmusic hat gar einen Wettbewerb ausgerufen, in dem der beste ›What the fuck‹-Remix prämiert wird.«[68] Morgan Webb vom Sender CNN kommentierte: »Madonna hat versucht, den Kids eins auszuwischen. Sie ließen sie im Gegenzug wissen, dass sie weniger Kontrolle besitzt, als sie denkt.«[69] Die selbsternannte Queen of Pop ist damit nicht allein: Im Sommer 2009 scheiterte auch die britische Sängerin Lily Allen mit dem Versuch, sich öffentlich gegen illegales Filesharing zu wehren – und zwar ebenfalls an der kaum zu kontrollierenden Kraft der kreativen Kopie. Unter dem Titel »It's not alright« schrieb sie in ihrem Blog über den Rapper 50 Cent, der in einem Interview angedeutet hatte, der Vertrieb seiner Songs über Tauschbörsen nutze letztlich auch ihm. Lily Allen war da anderer Meinung. Sie kritisierte die Sichtweise des Rappers, allerdings unter Verwendung von Passagen aus besagtem Interview, die sie selbst ohne Zitationshinweise aus dem bekannten Blog techdirt.com übernahm. Diese Übernahme fiel selbstverständlich auf – und zwar besonders unangenehm. Zudem stellte sich heraus, dass die Sängerin wenige Jahre zuvor selbst Mixtapes mit Lieblingsliedern im Netz veröffentlicht hatte, auf denen Songs zu hören waren, an denen sie keine Rechte besaß. Allen musste sich schließlich öffentlich entschuldigen. Mike Masnick, der Gründer von techdirt.com, schrieb ihr daraufhin: »Wenn es so natürlich und einfach für die Menschen ist, zu kopieren,

---

68 Markus Becker, »Vom Racheakt zum Rohrkrepierer«, *Spiegel Online* (www.spiegel.de/netzwelt/web/0,1518,246649,00.html) (Stand Februar 2011).
69 Zitiert nach: Ebenda.

dann ist es Zeit, diesen Umstand zu akzeptieren und ihn zu deinem Vorteil zu nutzen.«[70]

Der Numa-Numa-Song, Madonnas Fluch und Lily Allens Mixtape sind nur einige Beispiele, an denen man sehen kann, wie die Ebene der Vervielfältigung mit der Referenz- und Zitatkultur zusammenhängt. In der Remix-Kultur, die durch die Möglichkeiten der digitalen Kopie noch an Bedeutung gewinnt, verschmelzen die Chancen der Adaption und die Herausforderungen durch die Vervielfältigung. Der amerikanische Publizist und Bestsellerautor Matt Mason sieht darin eines der grundlegenden Prinzipien des 21. Jahrhunderts – nicht nur im Bereich der Kultur. Er schreibt: »Das Remixen ist heute ein Standard in Hunderten von Industrie-Zweigen.« In seinem Buch *The Pirates Dilemma* zeichnet er nicht nur die wirtschaftliche Kraft nach, die im Remix steckt, er belegt auch den kulturellen Wert einer Gattung, die das Magazin *Wired* für die dominierende Kunstform unserer Zeit hält:

> »Beim Remix geht es darum, etwas zu nehmen, das es bereits gibt, und im eigenen kreativen Bereich umzudefinieren, indem die Arbeit eines anderen auf deine eigene Art und Weise umgedeutet wird. Das Remixen entstand aus einem glücklichen Zufall in der Musik, entwickelte sich zu einer kontroversen Idee und wurde zu einer Massenbewegung, die sich jetzt über unterschiedliche Musik-Genres spannt.«[71]

Man kann die Bedeutung dieser Form der Remix-Kultur gar nicht hoch genug veranschlagen. Sie wirft, so stellt der amerikanische Musikkritiker Nelson George fest, »Fragen über die Natur von Kreativität und Originalität auf. Sie verändert das Verhältnis von Vergangenem und Neuem.«[72] Und sie bringt, so

70 Mike Masnick, »Copying: Lily Allen: Copying Isn't Alright ... Unless It's Done By Lily Allen«, 21. September 2009 ⟨www.techdirt.com/articles/20090921/0527456270.shtml⟩ (Stand Februar 2011).

71 Matt Mason, *The Pirates Dilemma. How Youth Culture Is Reinventing Capitalism*, New York: Free Press 2008, S. 71. Das Buch ist frei verfügbar unter: ⟨http://thepiratesdilemma.com⟩ (Stand Februar 2011).

72 Nelson George, *Hip Hop America*, New York: Penguin 1998, S. IX.

könnte man ergänzen, unsere Vorstellungen von der eindeutigen Unterscheidbarkeit vom »guten« Original und der »bösen« Kopie ins Wanken.

»Die Kultur des Teilens ist in unserer DNA enthalten.«
Urs Gasser über das Kopieren und die Generation der *digital natives*

Wie leben, arbeiten und denken Menschen, die eine Welt ohne Internet gar nicht mehr kennengelernt haben? Dieser Frage sind Urs Gasser und John Palfrey in ihrem Buch *Generation Internet. Die Digital Natives. Wie sie leben – Was sie denken – Wie sie arbeiten* (2008) nachgegangen. Mittlerweile wurde die Studie über die sogenannten digital natives in zehn Sprachen übersetzt.[73]

Wie nehmen die digital natives *das Kopieren Ihrer Einschätzung nach wahr?*
Ich glaube, das muss man differenziert betrachten: Wenn es um einen Song der Lieblingsband geht, den man kopiert, ist das Verhältnis unverkrampft, weil es sich in diesem Fall nur um ein MP3-File oder ein anderes Dateiformat handelt, das man austauscht. Man muss dabei auch bedenken: Das Teilen und Austauschen ist eine grundlegende soziale Norm im Internet – etwas, was wir ja unterstützen: Wir sagen unseren Kindern »Du sollst teilen!«. Auf der anderen Seite glaube ich, dass die *digital natives* ein sehr genaues Gespür für Plagiate und Kopien haben, die auf Umetikettierungen basieren.
Können Sie die Funktionsweise der sozialen Norm des Teilens genauer beschreiben?

73 Vgl. oben S. 14, Anmerkung 6.

Sie basiert auf der technologischen Innovation der Digitalisierung: Wenn ich einem Freund einen Song kopiere, hat er ihn, und ich habe ihn auch. Dabei geht es nicht nur um urheberrechtlich geschützte Werke, wir haben es hier mit einer grundlegenden Norm im Netz zu tun, die sich auf persönliche Informationen genauso bezieht wie auf Bilder, Töne und Videoclips. Es ist einfach eine Selbstverständlichkeit, dass man sich im Internet mitteilt, dass man andere teilhaben lässt ...

Also auch, dass man kopiert?

Das Problem ist ein sprachliches. Wir sprechen über die Kopie. Ich würde aber beinahe meine Hand dafür ins Feuer legen, dass die *digital natives* keinesfalls von Kopien sprechen würden, wenn sie beispielsweise ein Video auf Youtube laden. Das ist keine Kopie, das ist eine Möglichkeit, sich selbst auszudrücken. Deshalb muss man das wohl eher indirekt ableiten. Wenn man das Sich-Mitteilen als Form des Kopierens interpretiert – was es natürlich technisch gesehen ist –, wird man zu dem Schluss kommen, dass das Kopieren als unbewusster Akt tief verankert ist, weil es letztlich ein Mittel darstellt, um andere zu erreichen.

Der Akt des Kopierens, wie wir ihn definieren würden, ist für einen digital native also derart selbstverständlich, dass er ihn gar nicht mehr so bezeichnet?

Das ist meiner Ansicht nach in ganz weiten Teilen eine zutreffende Beschreibung. Ich würde eine Ausnahme machen, wo es um Plagiate geht.

Auch in der Frage, was man als Diebstahl bezeichnet, gibt es solche Generationen-Unterschiede?

Es gibt auf jeden Fall neurobiologische Untersuchungen, die zeigen, dass wir einen Unterschied machen zwischen physischem Eigentum und der Idee des geistigen Eigentums. Der Besitz oder eben das Wegnehmen eines Fahrrads wird in unserem Gehirn anders behandelt als die Frage des geistigen Eigentums. Darauf sollte man aus neurobiologischer Sicht hinweisen, wenn man die Tauschbörsen-Nutzung mit dem Diebstahl eines Fahrrads vergleicht.

Kommen wir noch einmal auf die soziale Norm des Teilens zurück: Wieso ist diese im analogen Leben moralisch positiv besetzt, während sie im digitalen Raum – wo durch das Teilen niemand etwas verliert – als Raubkopie bezeichnet wird?

Das ist in erster Linie auf die Rhetorik der Musik- und Urheberrechtindustrie zurückzuführen. Ich halte davon relativ wenig, was aber nicht heißt, dass es nicht doch einen gerechten Ausgleich für die künstlerischen Leistungen geben muss, die man konsumiert. Ich bin nicht für die Abschaffung des Urheberrechts, aber diese Rhetorik hilft wenig bei der Lösung des Problems. Weil es eben in der Tat nicht dasselbe ist, ein Brot zu teilen oder aber digitale Informationen. Wir wissen aus der Wissensökonomie, dass das nicht rivalisierende Güter sind, die eher künstlich und relativ spät in der Kulturgeschichte über Monopolrechte gesichert wurden.[74]

Man kann also sagen: Es gibt den digitalen Graben nur in der Rhetorik?

Es ist jedenfalls interessant, zu analysieren, wie in diesem Urheberrechtskrieg rhetorisch gearbeitet wird. Auf der einen Seite haben wir die genannten Versuche, mithilfe von Begriffen wie »Raubkopierer« oder »Piraten« eine Drohkulisse zu schaffen, was spätestens dann zu erheblichen Zweifeln führt, wenn man echte Piraten, zum Beispiel an der Küste Somalias, im Fernsehen sieht. Man muss aber auch sagen, dass die Begrifflichkeit des Filesharing eben-

---

74 Vgl. zum Begriff der Wissensökonomie Jeanette Hofmanns Beitrag »Wider die Verschwendung: Für neue Denkfiguren in der Wissensregulierung« im Reader *Copy. Right. Now! – Plädoyer für ein zukunftsfähiges Urheberrecht*, herausgegeben von der Heinrich Böll Stiftung, Berlin 2010, S. 18-22, S. 20. Dort schreibt sie über die »Nichtausschließbarkeit« öffentlicher Güter: »Niemand kann vom Nutzen eines Feuerwerks, der Ozonschicht oder eben [...] [eines] Leuchtturms ausgeschlossen werden, gleichgültig, ob man sich an den anfallenden Kosten dafür beteiligt oder nicht.«

falls einer eigenen Rhetorik gehorcht, die von den Anbietern von Tauschbörsen gezielt aufgebaut wird. Diese Jargons stehen sich unversöhnlich gegenüber, man muss allerdings feststellen: Die soziale Praxis steht auf der Seite des Kopierens und Austauschens.

Kann man vielleicht sogar sagen, dass in Bezug auf die soziale Norm des Teilens auch unsere Kulturgeschichte auf dieser Seite steht?

Wenn man es auf die kulturhistorische Konstante bezieht, dass Neues durch die Rekonfiguration und das Neuarrangieren von Bekanntem entsteht, vermutlich schon. Natürlich kennen wir alle diesen Geniegedanken, nach dem Bahnbrechendes in einer kleinen Kammer im Kopf eines Genies geboren wird. Aber selbst bei zweifellos hochkreativen Persönlichkeiten ist klar, dass das Neue immer auf Bestehendem aufbaut. Und hier führt das Internet dazu, dass die Zugangsschwelle in eine solche Welt des kreativen Umgangs mit Materialien, die da sind, abgesenkt wird. Natürlich werden sich die dabei verwendeten Techniken verändern, aber das grundlegende Motiv wird anhalten.

Was bedeutet das für die Quellen der Inspiration?

Ich glaube, die Frage der Quelle und des Ursprungs verliert an Bedeutung. Technologisch haben wir zwar durch die Hypertext-Struktur eine Art Rückverfolgung der Quellen eingebaut, aber ich glaube, ihre soziale Bedeutung geht zurück. Die Frage: »*Wo* hast du das gelesen?« ist weniger interessant als der Inhalt, den man gelesen hat. Und auch unsere Befragungen zur Informationsqualität zeigen, dass die Einschätzung einer Quelle bei den *digitale natives* eine eher geringe Rolle spielt.

Sie sprechen davon, dass wir derzeit einen Urheberrechtskrieg erleben. Alltagspraktisch finden diese Auseinandersetzungen manchmal in ganz normalen Wohnungen statt, in denen die Generation der Eltern etwas verurteilt, was die Generation der Kin-

der selbstverständlich praktiziert. Glauben Sie, dass es einen Weg gibt, diesen Graben zu schließen?

Ich bin eher pessimistisch. Wir erleben gerade eine Reihe von Paradigmenwechseln, die grundlegender Natur sind, die sich aber nicht streng an Altersgrenzen halten. Es gibt auch viele Erwachsene, die diese Kultur des Teilens ganz selbstverständlich praktizieren. Sie haben allerdings recht: Im Bezug auf die verschiedenen Anschauungen gibt es zum Teil unüberbrückbare Differenzen. Ich glaube aber, was wichtig ist und was gelingen kann, sind Momente des Gesprächs, Momente, in denen diese unterschiedlichen gelebten Realitäten zu einem Austausch kommen. Wir sind, denke ich, immer noch in der Phase, in der es darum geht, zu verstehen, was sich überhaupt gerade abspielt.

Was meinen Sie damit konkret?

Zum Beispiel die Frage: Was heißt Original und was heißt Kopie bei einem Medium, in dem alles auf dem Prinzip der Kopie basiert? Oder das Thema der Rezeption, aber auch des Schöpfens in einem Medium, das auch diese Grenzen verwischt. Ich glaube, durch die Digitalisierung werden so viele Grenzen unscharf, dass wir da enormen Gesprächsbedarf haben – zwischen unterschiedlichen Anspruchsgruppen, aber auch zwischen den Generationen.

Würden Sie eine Prognose wagen, wie wir in 30 Jahren auf diese Entwicklung blicken?

Ich bin schlecht im Prognostizieren. Ich glaube aber, wir stehen tatsächlich an einer Art Scheideweg. Ein Szenario, das ich für wahrscheinlich halte, sieht so aus: Der Geist ist aus der Flasche. Hinter die Kultur des Teilens und Austauschens – nicht allein von urheberrechtlich geschützten Inhalten, sondern quasi von jeder Form der Information – wird man nicht mehr zurückgehen können. Diese Kultur ist in unserer DNA enthalten. Wie junge Menschen heute aufwachsen und wie wir kommunizieren, basiert auf diesem Prinzip. Auf der anderen Seite stellt sich vor dem Hintergrund der Debatte um die Regulierung des Internet, die Frage: Wird die digitale Gesellschaft in 30 Jahren frei sein oder eher aussehen wie ein iPhone? Damit meine ich eine Umgebung, in der ich weniger Möglichkeiten habe, in der die *applications* (Programme), die ich mir herunterladen möchte, kontrolliert werden und wo jeder Schritt mittels eines Zugangskontos verifiziert wird. Klar, das iPhone ist ein cooles Gadget, aber es ist auch eine geschlossene Box, ein proprietäres Softwaresystem.

Die Debatte um die Kultur der Kopie und die Generation Internet handelt für Sie also auch von der Frage: Wie gestalten wir die Zukunft im digitalen Raum?

Ja, das ist meine Überzeugung. Wir erleben gerade tektonische Verschiebungen, die die Zukunft unserer Welt wesentlich bestimmen werden, die Art wie wir kommunizieren, wie wir lernen und wie wir mit Wissen umgehen. Und ich finde es sehr wichtig, diese aktuellen Entwicklungen genau zu beobachten, damit wir auch in 30 Jahren ein offenes Internet zur Verfügung haben und Wege finden, mit den Herausforderungen umzugehen, die ein offenes Internet mit sich bringt.

Eine dieser Herausforderungen bezieht sich auf das Urheberrecht …

Die Frage ist bei solch grundlegenden Veränderungen immer: Will man, kann man, soll man das alte Recht auf das neue Phänomen anwenden, oder soll Recht selbst innovativ werden? Das ist im Einzelnen oft gar nicht so leicht zu entscheiden. In der Frage der Tauschbörsennutzung ist das vergleichsweise einfach, weil die Kosten gesellschaftlich irgendwann einfach zu hoch werden, wenn die Kluft zwischen gelebten sozialen und rechtlichen Normen weiter wächst.

Das müssen Sie erklären.

Einerseits entstehen sehr hohe Kosten durch die Rechtsdurchsetzung und durch die Versuche, diese Kluft zu schließen. Denken Sie an die Anwaltskosten, an die PR-Kampagnen und an die sozialen Kosten, die entstehen, wenn junge Menschen kriminalisiert werden. Am gravierendsten ist aber, dass hier letztlich der Respekt vor dem Recht verloren geht, und das ist langfristig ein schwerwiegendes Problem.

Also führt an einer Urheberrechtsreform kein Weg vorbei?

Ich bin da skeptisch. Ich glaube viel eher, dass dabei private Arrangements eine große Rolle spielen werden. Denken Sie zum Beispiel an Creative Commons,[75] an neue Formen der Lizenzierung, die dazu führen, dass das vorgegebene Recht auf der privaten Ebene modifiziert wird.

---

75 Siehe dazu den Eintrag im Glossar sowie das Interview mit Markus Beckedahl in diesem Buch (S. 125).

III Ein Wald aus lauter Kopien

»Kopieren interessiert mich ungemein. Ich finde, es lehrt einen
manches, und vor allem es tröstet einen manchmal. Was ich
darin suche und warum es mir gut scheint, diese Sachen zu
kopieren, will ich dir zu sagen versuchen. Von uns Malern wird
immer verlangt, wir sollten selber komponieren und nur
Kompositeure sein. Gut – aber in der Musik ist es nicht so –
wenn jemand Beethoven spielt, da gibt er seine persönliche
Interpretation dazu – in der Musik und besonders im Gesang
ist die Interpretation eines Komponisten eine Sache für sich,
und es ist nicht unbedingt erforderlich, daß nur der Kom-
ponist seine eigenen Kompositionen spielt. Ich stelle mir das
Schwarzweiß von Delacroix oder von Millet oder die
Schwarzweiß-Wiedergabe nach ihren Sachen als Motiv vor
mich hin. Und dann improvisiere ich darüber in Farbe, doch
versteh mich recht – ich bin nicht ganz ich, sondern suche
Erinnerung an ihre Bilder festzuhalten, aber diese Erinnerung,
der ungefähre Zusammenhang der Farben, die ich gefühls-
mäßig erfasse, auch wenn es nicht genau die richtigen sind –
ist meine eigene Interpretation.«
Vincent van Gogh in einem Brief an seinen Bruder

Sie hatten heute schon Kontakt mit Kopien. Vermutlich sind
Sie sogar selbst zum Kopierer geworden. Sie müssen dafür keine Tauschbörse genutzt oder eine CD gebrannt haben. Wenn
Sie einen Computer einschalten oder eine Mail schreiben, star-
tet bereits ein Kopiervorgang. Rein technisch basiert der Prozess, eine Datei anzuzeigen oder einen Film abzuspielen, auf
dem Prinzip der Kopie. Und wer eine Mail schreibt, hat sich
selbstverständlich daran gewöhnt, dass der Antwort die ursprüngliche Nachricht angehängt wird. Doch die Alltäglichkeit der Kopie am Computer geht über das rein technische
Prinzip hinaus. Sie ist zu einer selbstverständlichen Hilfe geworden, die mittels des Prinzips »Zwischenablage« zum Bei-

spiel das Schreiben von Texten enorm vereinfacht hat. Diese »segensreiche Erfindung der Textverarbeitung«[1] geht auf das Apple-Betriebssystem Mac OS zurück, das das Ausschneiden und Einfügen (Copy & Paste) von Textabschnitten erstmals betriebssystemweit einführte – und zwar basierend auf einer Idee Larry Teslers, der bereits Mitte der siebziger Jahre an der Methode des Kopierens und Einfügens gearbeitet hatte. Die Zwischenablage habe »unseren Umgang mit Texten grundlegend geändert«, urteilt der Journalist Michael Spehr:

> »Der Computer ist nicht nur ein Schreibgerät, er ist ein neues Trägermedium für Text. Bis dahin kam dem Geschriebenen eine gewisse Endgültigkeit zu. Vor einem lag das beschriebene Blatt Papier. Und was geschrieben war, ließ sich nur schwer wieder tilgen. Nun schreibt man in den PC, aber das Geschriebene bleibt zunächst immateriell. Man formuliert ins Unreine, lässt seinen Gedanken freien Lauf und rückt später mit ›Copy & Paste‹ alles zurecht.«[2]

Ich beginne dieses Kapitel mit dem Beispiel Zwischenablage, weil man den Einfluss des Kopierens auf die alltägliche Arbeit daran sehr anschaulich illustrieren und nebenbei den Wert des Immateriellen benennen kann. Das Prinzip Copy & Paste stand – nicht zuletzt wegen der starken moralischen Wertung, die teilweise damit verbunden ist[3] – tatsächlich am Anfang meiner Recherchen für dieses Buch.

---

1   René Meyer, »Cut, Clippy, Paste«, in: *Frankfurter Allgemeine Zeitung* (15. Oktober 2002).
2   Michael Spehr, »Die elektronische Freiheit des Schreibens«, in *Frankfurter Allgemeine Zeitung* (25. März 2008).
3   Es gibt sogar ein *Das Google-Copy-Paste-Syndrom* betiteltes Buch von dem Plagiatsjäger Stefan Weber, der in einem Interview mit dem *Spiegel* sagte, das Copy-Paste-Syndrom sei zu einer Epidemie geworden; vgl. »Kopieren statt studieren«, in: *Der Spiegel* (12. Februar 2007). Im Gespräch für *Mashup* erklärt die Berliner Plagiatsforscherin Debora Weber-Wulff jedoch, dass man eine Zu- oder Abnahme nicht messen könne (vgl. dazu S. 29).

Copy & Paste ermöglicht auf der niedrigsten Ebene das freie Fließen von Informationen und Wissen, mit denen es sich verhält wie mit der von Jefferson angesprochenen Flamme. Wissen wird nicht weniger, es nimmt keinen Schaden, wenn es weitergegeben wird. Wissen ist, wie das Magazin *Brandeins* im November 2009 auf seiner Titelseite schrieb, »der erste Rohstoff, der sich bei Gebrauch vermehrt«.[4] Die Zwischenablage hat dieses Prinzip auf die technische Ebene der Textverarbeitung übertragen.

Im Laufe der Zeit stieß ich auf zahlreiche weitere Belege dafür, dass die Kopie – mit ihren ganz unterschiedlichen Eigenschaften – zum menschlichen Wesen und seiner Kultur gehört und zu Unrecht einen schlechten Ruf genießt. Die nun folgende Übersicht über die Ergebnisse meiner Recherchen erhebt keinen Anspruch auf Vollständigkeit, sie will aber punktuell jene Bäume benennen, die meiner Meinung nach den Wald ergeben, den wir in der leidenschaftlich geführten Debatte über den Wert der Kopie oft übersehen. Denn die Kopie begegnet uns nicht nur überall, sie bildet gar die Grundlage unseres Lebens, wie der schwedische Gynäkologe Lars Hamberger in seinem vielbeachteten Buch *Ein Kind entsteht* beschreibt:

> »Während der Befruchtung liegt die Eizelle mehr oder minder unbeweglich in einer der vielen Schleimhautfalten des Eileiters oder wiegt sich sacht mit den Bewegungen des Körpers. Nach einigen Tagen beginnt die Wanderung hinunter in die Gebärmutter. Dabei teilt sich die Zelle zum ersten Mal und stellt eine exakte Kopie von sich her. Das ist der Ursprung allen menschlichen Lebens, der Schlüssel zum Wunderwerk der Schöpfung.«[5]

4 Interessant an diesem auf dem Titel abgedruckten Ausspruch ist übrigens die Tatsache, dass das Zitat keinesfalls von der *Brandeins*-Redaktion erfunden wurde. Bereits im Jahr 2005 zitierte der *Tagesspiegel* Jürgen Mlynek, den damaligen Präsidenten der Humboldt-Universität zu Berlin, mit den gleichen Worten (»Phantasie ist wichtiger als Wissen«, in: *Der Tagesspiegel* (20. Januar 2005). Und auch in Jürgen M. Janciks Buch *Betriebliches Gesundheitsmanagement* (Wiesbaden: Gabler 2002) findet sich eine entsprechende Stelle.

5 Lennart Nilsson/Lars Hamberger, *Ein Kind entsteht*. Bilddokumenta-

»Der Ursprung allen menschlichen Lebens«, »der Schlüssel zum Wunderwerk der Schöpfung«: eine Kopie. Diese Beschreibung findet man nicht nur in dem mit eindrucksvollen Aufnahmen aus dem Mutterleib bebilderten Buch von Hamberger und dem Fotografen Lennart Nilsson. Eine ganz ähnliche Beschreibung gibt es auch in einem Buch, das ganz ohne Fotos auskommt: »Da schuf Gott den Menschen nach seinem Bild«, heißt es in Vers 27 der biblischen Schöpfungsgeschichte,[6] »als sein Ebenbild schuf er ihn. Er schuf sie als Mann und Frau.« Doch anders als der derzeitige gesellschaftliche Diskurs kommt die Schöpfungsgeschichte zu einem durchaus positiven Urteil über diesen Vorgang am sechsten Tag, der gleichzeitig Kopie und schöpferischer Akt ist: »Und Gott sah alles an, was er gemacht hatte; und siehe da, es war sehr gut.«[7] Dass dies nicht nur für die biblische Schöpfungswoche gilt, sondern für zahlreiche weitere Anwendungsfelder der Kopie zeigt das Urteil von Hillel Schwartz, der zusammenfasst: »Kopien machen uns zu dem, was wir sind.« Denn:

tion über die Entwicklung des Lebens im Mutterleib, Berlin/München: Mosaik 1996, S. 66.

6   Wie sehr sich die Bibel selbst als Beispiel für die Bedeutung des Kopierens eignet, zeigen nicht nur die vier Evangelisten des Neuen Testaments, die einander kopierten. Auch die Verbreitung des »meistkopierten Buchs der Geschichte«, wie Jutta Henner, die Direktorin der Österreichischen Bibelgesellschaft, die Bibel nennt, legt dies nahe. Henner beschreibt, wie die Heilige Schrift von Hand abgeschrieben und so verbreitet wurde: »Mönche, die die biblischen Texte abschrieben, waren verpflichtet, ihren Glauben zu stärken, indem sie die Texte beim Schreiben laut lasen oder zumindest in Gedanken vor sich hin sagten. Durch das Abschreiben hörte und bewahrte der Mönch die ewigen Dinge. Wenn das Pergament vorbereitet (oder später das Papier fixiert) war, die Blätter geschnitten und mit Linien versehen waren, die Rohrfeder (später der Federkiel) geschnitten und die Tinte gemischt war, konnte ein Mönch, der an sechs Tagen in der Woche sechs Stunden lang schrieb, in einem Jahr eine Bibel kopieren.« Vgl. Jutta Henner, »Die Bibel. Das meistkopierte Buch der Geschichte«, in: *Kopie und Fälschung*, herausgegeben von Christian Gastgeber, Graz: Akademische Druck- und Verlagsanstalt 2001, S. 61-74, S. 68.

7   1. Mose 1:31, nach der Lutherbibel von 1912.

»Unser Körper nimmt durch die Vermehrung von Proteinketten
Gestalt an, unsere Sprache entsteht durch Nachahmung bevor-
zugter Laute, unsere Fertigkeiten erwerben wir durch die Wiederholung prototypischer Handgriffe. Kulturen werden durch
die gewissenhafte Weitergabe von Ritualen und Verhaltensregeln
geprägt. Indem wir Zelle für Zelle, Wort für Wort und Bild für
Bild kopieren, machen wir uns die bekannte Welt zu eigen.«[8]

Mein Weg in den Wald aus Kopien nimmt seinen Anfang an
einer ganz gewöhnlichen Supermarktkasse nach einem ganz
gewöhnlichen Einkauf. Die Kassiererin legt mir ein Zettelchen
auf die Theke, zeigt mir den Betrag und bittet: »Hier unterschreiben.« Ich kritzele meinen Namen auf das Papier, das
sie anschließend zur Kontrolle neben meine Kreditkarte hält,
um meine Unterschrift auf der Rückseite mit dem eben Ge-
schriebenen zu vergleichen. Sie nickt, reicht mir die Karte
und steckt das Zettelchen in die Kasse. In diesem Moment fällt
mir auf, wie tief das Prinzip der Kopie in unserem Alltag verankert ist. Denn warum hat die Kassiererin erkannt, dass ich
berechtigt bin, mit der Karte zu bezahlen? Weil ich mich selbst
kopiert habe. Die Unterschrift, dieses Zeichen der Identität,
Autorität und Berechtigung, funktioniert schließlich über die
Wiederholung des immer Gleichen, nach dem Prinzip der Kopie.[9] Wenig später erinnere ich mich an den Bezahlvorgang und
meine Unterschrift, während mir eine befreundete Grund-
schullehrerin erzählt, wie die Kinder in ihrer Klasse die eigene
Handschrift einüben: kopierend. Sie imitieren die Art, wie die
Lehrerin an der Tafel schreibt, wiederholen bestimmte Muster und erlernen so, was das Magazin *SZ-Wissen* im Mai 2008

8   Hillel Schwartz, a. a. O. (S. 37, Anm. 33), S. 218.
9   Welche Ausstrahlung sogar die Kopie einer Unterschrift haben kann,
sieht man bei sogenannten Autogrammsammlern. Wer die Unterschriften vermeintlich berühmter Personen sammelt, ist daran gewöhnt und stört sich keinesfalls daran, dass diese in ständiger Wiederholung vom vermeintlichen Star
auf eine Karte gekritzelt wurde. Im Gegenteil: Die Kopie der Star-Unter-
schrift enthält eine Aura, weil die bekannte Person sie selber geschrieben hat,
sie erlangt so sogar Sammlerwert.

als Ausdruck von »Charakter, Gesundheitszustand und Identität«[10] bezeichnete: die eigene Handschrift. Es lassen sich
weitere Felder benennen, auf denen die Kopie das Lernen unterstützt und ermöglicht: beim Spracherwerb[11] wie beim Vo-
kabelnlernen, ja sogar beim Auswendiglernen wichtiger, etwa
religiös bedeutsamer, Textpassagen kommt der Kopie eine zentrale Rolle zu. Eine, die sie übrigens auch ganz profan in der
Küche einnimmt – was mir auffiel, als ich die im Supermarkt
gekauften (und mit einer Kopie bezahlten) Lebensmittel zu
einem Abendessen verarbeiten wollte: Wo ist hier das Original zu suchen? In dem von mir nach einem Rezept gefertig-
ten Gericht? In dem niedergeschriebenen Rezept, das ich in
einem Internetforum gefunden hatte? Oder bei dem- oder der-
jenigen, der oder die eben diese Zutaten in dieser Reihenfolge
zum ersten Mal kombinierte, dies aber vielleicht gar nicht aufgeschrieben hat?

Man muss weder die Kulturgeschichte des Kochens[12] noch die

10 Alexander Stirn, »Handschrift«, in: *Süddeutsche Zeitung-Wissen* (12. April
2008), S. 22-34, S. 22.
11 Die Kraft der Kopie macht der Mensch schon im jüngsten Alter für sich
nutzbar, wie Olaf Tarmas anhand der Aneignung der Sprache erläutert: »Kinder erwerben diese zwar leichter, aber nach anderen Gesetzmäßigkeiten als
Erwachsene: Sie lernen keine Grammatikregeln und pauken keine Vokabeln,
sondern erschließen sich eine Sprache intuitiv, durch Zuhören und Nachahmung. Das funktioniert jedoch nur, wenn Kinder der Sprache regelmäßig
und intensiv ausgesetzt sind.« Vgl. Olaf Tarmas, »Sprachlabor Deutschland«,
in: *GEO-Wissen* Nr. 40 10/07, S. 46-48, S. 47. Experten sprechen dabei vom
sogenannten Sprachbad, mit dessen Hilfe sich Kinder auch in einer neuen
Sprache (die nicht ihre Muttersprache ist) wie im Wasser bewegen sollen:
»Statt eine zweite Sprache im herkömmlichen Sinne zu lernen«, erläutert
Susanne Simon in der *Zeit*, »tauchen die Kinder schon im Kindergarten in
ein ›Sprachbad‹ ein, lernen in konkreten Situationen, jedes Kind in seinem ei-
genen Tempo. Je früher dieser Prozess beginnt, heißt es, desto mehr ähnelt
der Spracherwerb dem Erlernen der Muttersprache.« Vgl. Susanne Simon,
»Sprachbad«, in: *Die Zeit* (19. Januar 2007).
12 Veronika Grimm erläutert dazu in ihrem Beitrag »Zum leckerbereiteten
Mahle« in dem kulinarischen Standardwerk *Essen – eine Kulturgeschichte des
Geschmacks*, herausgegeben von Paul Freedman, Darmstadt: Primus 2007,
S. 63-98, S. 90: »Es muss viele römische Kochbücher gegeben haben; leider

besonderen Finessen der sogenannten Fusion-Cuisine bemü-
hen, die Tex-Mex mit Stäbchen anbietet oder Schweinebraten
mit Fish und Chips kombiniert:[13] In jeder gewöhnlichen Ein-
bauküche wird nach dem Prinzip von Kopie und Zitat gekocht.
Es geht immer ums Weiterreichen und Neukombinieren – ein
Prinzip, das der Gastroexperte Wolfram Siebeck im März 2010
in seiner Kochkolumne im Magazin der *Zeit* so beschrieben
hat: »Rezepte, ob neu oder alt, sind immer abgeschrieben. Weil
es nur ein halbes Hundert Originalrezepte gibt, welche von
Küche zu Küche weitergegeben und dabei natürlich verändert
werden. Folgerichtig ist heute jedes neue Gericht nur eine Weiterentwicklung eines bereits bestehenden Gerichts.« Es ist,
möchte man ergänzen, also stets eine Kopie. Siebeck kommt
zu dem Schluß: »In der Literatur mag man sich wochenlang darüber streiten, ob ein Plagiat sträflich ist und der Text eines anderen Autors unantastbar. In der Küche wurden Rezepte seit je
betastet und profanisiert, damit sie dem Geschmack der Zeit
entsprechen. So bleibt die Kochkunst lebendig.«[14]
Die Kopie gehört also in vielen Bereichen zu unserem All-

wurden nur von einem, der Rezeptsammlung des Apicius namens *De re
coquinaria* (*Über die Kochkunst*) Abschriften erstellt.« Aber nicht nur das
im »späten Vulgärlatein des 4. oder 5. Jahrhunderts« verfasste Buch basiert
auf einer Kopie, auch das »sogenannte erste ›moderne‹ Kochbuch mit dem Titel *Libro de arte coquinaria* (*Das Buch der Kochkunst*)« verdankt seinen Erfolg
der Kopie. Es wurde, berichtet Brian Cowan in seinem Beitrag »Neue Welten,
neue Geschmäcker«, in: ebd., S. 197-232, S. 199, »fast vollständig von dem hu-
manistischen Schriftsteller Bartolomeo Sacchi übernommen, der unter einem
lateinischen Pseudonym schrieb: Platina. Er übernahm die meisten Rezepte,
ergänzt um medizinische und moralische Erläuterungen antiker Experten
wie Apicius. Das Resultat war ein enorm populäres Buch, das gleichermaßen
praktisches Kochbuch, diätischer Ratgeber für gute Gesundheit und eine Philosophie des Essens war.«
13 Angelika Arians-Derix, »Shrimps im Shaker. Die Cocktails 2007 kommen nicht länger aus dem Flaschenregal, sondern aus der Küche«, in: *Handelsblatt* (12. Januar 2007). In diesem Artikel wird die »von Promi-Köchen wie
Jamie Oliver propagierte« Küche als Esskultur beschrieben, in der »Aromen
und Einflüsse aus den unterschiedlichsten Küchen aller Welt verschmelzen«.
14 Wolfram Siebeck, »Die hohe Kunst des Plagiats«, in: *Zeit-Magazin*
(18. März 2010).

tag, die britische Publizistin und Psychologin Susan Blackmore spricht gar von der »Kopiermaschine Mensch«.[15] Wollte man eine berühmte Formulierung des Kommunikationswissenschaftlers Paul Watzlawick verfremdend kopieren, könnte man sagen: »Man kann nicht nicht kopieren.«[16]

Besonders erstaunlich ist dies in einem Bereich, in dem besonderer Wert auf Originalität und Eigenständigkeit gelegt wird: in der Mode. »Der Charakter des Modischen«, schreibt der Philosoph und Kunstkritiker Thomas Khurana,

> »zeigt sich daran, dass die moderne Kommunikation allgemein dem Prinzip einer vorübergehenden und verändernden Nachahmung folgt. Weil sich die Mode ständig verschiebt, kann das Kopieren also paradoxerweise Originalität generieren; und weil die Originalitätssuche über eine bestimmte Form der Nachahmung läuft, wird trotz all der Veränderung weiter Ordnung aufgebaut.«[17]

Man kann mit der italienischen Soziologin und Modeexpertin Elena Esposito von »kopierter Originalität« sprechen, die sie als eine der grundlegenden »Paradoxien der Mode« beschreibt: »Das Individuum folgt der Mode, um die eigene Einzigartig-

15 Susan Blackmore im Interview mit Martin Meister et al., »Die Tyrannei der Meme«, in: *Geo Magazin* 12/2003, S. 82-86, S. 84.

16 Der Hirnforscher Ernst Pöppel beschreibt dies so: »Wenn immer wir etwas planen oder eine Aufgabe zu lösen haben, finden in unserem Gehirn zwei parallel laufende Vorgänge statt. Zum einen wird ein Programm der Ausführung in Gang gesetzt, die Aufgabe wird in Angriff genommen; zum anderen wird eine Kopie des exekutiven Programms gemacht, und diese Kopie wird laufend mit dem Status verglichen, in dem sich die Aufgabe gerade befindet. Wir sind also immer darüber informiert, wie weit wir sind. Dieses Prinzip hat noch eine weitere Bedeutung hinsichtlich unserer kreativen Potenziale. Wir sind von Natur aus in der Weise konstruiert, dass wir Dinge zum Abschluss bringen müssen: wir können dies als ›Prinzip der Vollendung‹ bezeichnen. Solange eine Aufgabe noch nicht erledigt ist, bleibt eine Restspannung in uns erhalten. Erst wenn die Aufgabe vollendet ist, tritt Ruhe und manchmal Zufriedenheit ein.« Ernst Pöppel, »Ein Einfall ist kein Zufall« in: *SZ-Magazin* (22. Juni 2007).

17 Thomas Khurana, »Immer nur das eine, immer nur das andere«, in: *Texte zur Kunst* 56/2004, S. 164-167, S. 164f., online verfügbar unter: ⟨www.texte zurkunst.de/56/immer-nur-das-eine-immer-nur-das-andere⟩ (Stand Februar 2011).

keit durchzusetzen und unter Beweis zu stellen, und es tut
dies, indem es sich nach einer allgemeinen Tendenz ausrichtet.
Das Individuum macht also, was die anderen machen, um anders zu sein.«[18] Dass dies nicht nur auf der individuellen Ebene
ein funktionierendes Prinzip ist, sondern auch wirtschaftlich
Bedeutung für die Modeindustrie hat, stellt Matt Mason mit
Verweis auf die Arbeit der Juristen Kal Raustiala und Chris
Sprigman heraus. Er schreibt, dass der »Remix in dieser Industrie Wachstum stimuliert. Weil Designs schnell kopiert werden und Stile sich in einem Massenmarkt ausbreiten, verlieren
die Original-Produkte ihren Reiz und erzeugen so einen Be-
darf nach neuen Trends.«[19]

So paradox dies zunächst klingt, an dem alltäglichen Beispiel
der Mode und des Modischen lässt sich zeigen, wie kreativ
und schöpferisch die Kopie sein kann. Elena Esposito fasst dies
so zusammen:

> »In einer Gesellschaft, in der Originalität hochgehalten wird, ist
> die Befolgung der Mode die einzige (oder letzte?) noch verfügbare
> Form von Nachahmung. Was ehedem Nachahmung der *autores*
> der Vergangenheit war, transformiert sich nun in die paradoxe
> Nachahmung von Zeitgenossen, an die man sich hält, um anders

18 Elena Esposito, *Die Verbindlichkeit des Vorübergehenden: Paradoxien
der Mode*, Frankfurt am Main: Suhrkamp 2004, S. 19.
19 Matt Mason, a. a. O. (S. 53, Anm. 71), S. 95; Raustiala und Sprigman unterstreichen in ihrem »The Piracy Paradox« betitelten Artikel die grundlegende
Bedeutung der Kopie und des Remix für die Mode-Branche: »Wenn die Kopie
verboten wäre, würde sich der Mode-Zirkus sehr viel langsamer drehen«, stellen sie fest und zitieren Prada-Chefin Miuccia Prada mit den Worten: »Wir lassen andere unsere Produkte kopieren. Und wenn sie es tun, lassen wir sie aus-
laufen.« Vgl. ⟨http://papers.ssrn.com/sol3/papers.cfm?abstract_id=878401
&rec=1&srcabs=379201⟩ (August 2010). Mit Verweis auf die Mode-Desig-
nerin von Prada, die in einem Pariser Secondhandladen eine Jacke entdeckt,
diese kauft und kopiert, betont auch Johanna Blakley die Bedeutsamkeit eines
zurückhaltenden Urheberrechts für die Bekleidungswirtschaft. Denn nur so
sei es möglich, Trends zu entwickeln und Neues entstehen zu lassen. Sie
kommt zu dem Schluss: »Im Bereich der Mode herrscht eine Kultur des Kopierens.« Vgl. ⟨www.ted.com/talks/johanna_blakley_lessons_from_fashion_
s_free_culture.html⟩ (August 2010).

zu sein. Darin besteht das Paradoxe des ›homme-copie‹: die ›falsche Mimesis‹, die nach Balzac die Bestrebung verbirgt, es den anderen nie gleich zu tun und scheinbar doch genau dies zu tun. Hieraus erklärt sich die Aporie der Mode, die von vielen als unlösbarer Kontrast zwischen dem Wunsch, gleich zu sein, und dem, anders zu sein, oder genauso anders zu sein wie alle anderen, beschrieben worden ist. Hieraus erklärt sich aber auch der Sinn der Inhaltslosigkeit der Mode, die bewirkt, dass bei der Nachahmung, abgesehen von der Nachahmung als solcher, nichts nachgeahmt wird.«[20]

Dass die Nachahmung nicht nur ein modisches Prinzip ist, stellte ich fest, als ich nach dem kopierend gekauften und kopierend gekochten Abendessen den Fernseher einschaltete. Ich sah Menschen, die andere Menschen imitierten. Doch die Parodie ist nicht nur im TV-Kabarett (wie in dem konkreten Fall bei Mathias Richling, der optisch und stimmlich in die Rolle von z. B. Angela Merkel schlüpft) eine Form der Stilkritik, wie der Literaturwissenschaftler Hans Reinhard Schatter betont. Schatter definiert die Parodie als »eine Kritik an darstellerischen Schwächen, am Ungestalteten, an der Machart. Natur lässt sich nicht parodieren, aber Unnatur, mangelnde Natürlichkeit. Parodie ist also nicht Stilkopie und nicht Polemik, sondern Stilkritik.«[21] Diese Umdeutung findet auf der Theaterbühne[22] genauso statt wie im Fernsehkabarett und in moder-

20 Elenea Esposito, a. a. O., S. 156f.
21 Hans Reinhard Schatter, »Zu den Parodien«, in: *Scharf geschossen. Die deutschsprachige Parodie von 1900 bis zur Gegenwart*, herausgegeben von Hans Reinhard Schatter, Bern/München/Wien: Scherz 1968, S. 7-11, S. 7.
22 Im Sommer 2008 inszenierte der Regisseur Patrick Wengenroth beispielsweise eine Kopie der ARD-Talkshow *Beckmann* aus dem Jahr 2006. Damals diskutierten Alice Schwarzer, Hugo Egon Balder, Gregor Gysi, Florian Langenscheidt, Til Schweiger und Matthias Matussek über »die neue Lust am Nationalstolz«. Wengenroth übertrug die Diskussion unter dem Titel »Der braune Rucksack« wortwörtlich auf die Bühne und ließ sie von Schauspielern nachsprechen. Dabei kopierten die Darsteller, was bereits im Jahr 2006 im Fernsehen gesendet worden war; vgl. dazu auch: Elisabeth Nehring:

nen Formen der Aktionskunst, etwa in der gefälschten – auf den 4. Juli 2009 datierten – Ausgabe der *New York Times*, in der das Aktionskunstduo The Yes Men im November 2008 das Ende des Irak-Kriegs vorhersagte. In dieser Form eingesetzt, wird die Kopie zur politischen Meinungsäußerung,[23] die in der tagespolitischen Debatte ständig auftaucht – auch wenn sie auf den ersten Blick nicht als Kopie erkennbar ist.

Sehr viel präsenter ist die Kopie im Alltag in ihrer Archiv- und Sicherungsfunktion. Sie lagert in Kartons im Regal und versammelt in Form alter Fotos oder von Duplikaten alter Zeugnisse Vergangenes, das auf Zugriff wieder präsent wird. Und wenn diese Archivkopien nicht bei mir im Regal, sondern im Barbarastollen im Schwarzwald gelagert werden, genießen sie sogar staatliche Förderung: Der »Zentrale Bergungsort der Bundesrepublik Deutschland« wird auf der entsprechenden Website wie folgt beschrieben:

> »Die geologische Struktur des Stollens besteht aus Granit und Gneis. Der Stollen wurde mit Schalbeton ausgekleidet und mit Drucktüren abgesichert. Dieser Stollen steht als einziges Objekt

»Talkshow im Theater«, Sendung im *Deutschland Radio Kultur* (10. Juli 2008).

23 Dass die Nachahmung nicht nur in westlichen Ländern als Mittel der politischen Artikulation angewandt wird, zeigt das Beispiel des sogenannten Shanzhai in China. Der Begriff bezeichnet eine politische Subkultur, die durch Produktimitationen bekannt wurde. In Nanjing, der Hauptstadt der Provinz Jiangsu, soll es sogar eine ganze Shanzhai-Straße geben, in der leerstehende Ladenlokale mit leicht veränderten Logos großer amerikanischer Ketten versehen wurden. Die Ladenzeile mit »Pizza Huh« und »McDonald's« erinnert an die von Mathias Faldbakken in *Macht und Rebell* beschriebenen Szenen. Die China-Expertin Wei Zhang erkennt darin politisches Potenzial. In der *Neuen Zürcher Zeitung* schrieb sie im Frühjahr 2009 über die »dem Raubkopie-Wesen anverwandte ästhetische Subkultur«: »Immer neue Sprossen der *shanzhai*-Subkultur schießen aus der Erde: von *shanzhai*-Büchern über *shanzhai*-Bibliotheken bis hin zu selbstgebastelten Fernsehprogrammen, in denen eine volkstümliche, heterodoxe Interpretation der offiziellen Darstellung des staatlichen Fernsehens präsentiert wird. Die von den *shanzhai*-Produkten inspirierte Subkultur ist ihrem Wesen nach gegen die elitäre, offizielle Kultur des Parteiestablishments gerichtet.«

in der Bundesrepublik Deutschland unter Sonderschutz nach den Regeln der Haager Konvention. Dies wird durch das dreifach angeordnete blauweiße Kulturgutschutzzeichen über dem Stolleneingang kenntlich gemacht.«[24]

Schalbeton, Drucktüren, Sonderschutz: Hier werden 200 Meter unter der Erde Kopien gelagert. Der Journalist Bernd Dörries nannte den Stollen in der *Süddeutschen Zeitung* die »Schatzkammer dieses Landes«, in der in rund 1200 Edelstahlbehältern das aufbewahrt wird, »was die Archivare in Deutschland für das Wertvollste gehalten haben, das in ihren Kellern liegt.«[25]

Doch dass wir Kopien aufbewahren, dient nicht nur der Sicherung, die Kopie hat auch eine identitätsstiftende Funktion. Diesen Prozess der Selbstvergewisserung kann man stets dort beobachten, wo Menschen zum Beispiel im Urlaub Fotos machen, um diese anschließend ihren Freunden zu zeigen oder ins Netz zu stellen.[26] Die Reproduktion in Form eines Urlaubsbildes wird so zu einem konservierenden, aber auch zu einem identitätsstiftenden Prozess,[27] der darüber hinaus auch Orien-

24 Weitere Informationen zum Stollen sind online verfügbar unter: ⟨www.bbk.bund.de/cln_027/nn_402294/DE/02_Themen/12_Kulturgutschutz/06_ZentralerBergungsort/ZentralerBergungsort_node.html_nnn=true⟩ (Stand November 2010).

25 Bernd Dörries, »Geschichte, reif fürs Fass«, in: *Süddeutsche Zeitung* (2. Januar 2006).

26 Als im Herbst 2007 der Flickr-Nutzer »yukesmooks« das damals zweimilliardste Bild (ein Foto eines Gummibaums) in der Foto-Community ins Netz stellte, beschrieb ich für die *Süddeutsche Zeitung* »die Veränderungen, die Flickr in der Kommunikationskultur nicht nur des Internet ausgelöst hat«, und notierte: »An diesen Online-Bilderbergen lässt sich eine Menge über eine (digitale) Gesellschaft ablesen, deren kollektive Selbstvergewisserung vor allem über Bilder funktioniert. Das Prinzip des klassischen Urlaubsfotos, das später als Beweis nicht nur dafür dient, dass man auch wirklich verreist war, sondern auch als Beleg dafür, dass es erholsam gewesen sein muss, hat alle Gesellschaftsbereiche erfasst. Wirklich erscheint nur noch das, was man im Bild sehen kann. Denn nur dann kann man die Botschaft verbreiten, es also veröffentlichen und Freunden Links zu den Bildern schicken.« Dirk von Gehlen, »Sieh mal einer an«, in: *Süddeutsche Zeitung* (20. November 2007).

27 Dieses Phänomen der Veredelung der Umwelt durch ein technisches Ar-

tierung schafft. Denn nur in einer Welt, die man kennt, kann man sich zurechtfinden. Dass sich dies nicht nur auf brüchig gewordene historische Dokumente bezieht, erläutert Jonathan Lethem. »Die Welt«, schreibt er,

> »ist eine Wohnung, übersät mit Produkten der Pop-Kultur und deren Emblemen. Beim Aufwachsen wurde ich überschwemmt mit den Parodien auf Originale, die mir unbekannt und geheimnisvoll waren – ich kannte die Monkees früher als die Beatles und Belmondo früher als Bogart. Ich stehe nicht allein damit, dass ich rückwärts geboren bin, hinein in ein chaotisches Reich der Texte, Produkte und Bilder – in eine Kommerz- und Kultur-Umwelt, die unsere natürliche Umwelt zugleich ergänzt und auslöscht. Sie gehören mir genauso wenig wie die Gehsteige oder die Wälder der Welt, dennoch wohne ich darin.«[28]

Der Prozess, den Lethem als Rückwärts-geboren-Werden beschreibt, lässt sich an zahlreichen popkulturellen Beispielen belegen. Am eindeutigsten hat dies aber wohl der Zeichner Jamie Hewlett im Jahr 2005 in einem Interview mit dem Magazin *Wired* auf den Punkt gebracht. Hewlett, Miterfinder der Band Gorillaz, antwortete damals auf die Frage, wieso

---

rangement ist indes alles andere als neu. Bereits im 18. Jahrhundert nutzten Menschen eine ähnliche Methode, um ihre Welt wahrzunehmen: Das sogenannte Claude-Glas (ein meist getönter, konvexer kleiner Spiegel) diente als Filter zur Betrachtung der Umwelt. Dieser nach dem bekannten Landschaftsmaler Claude Lorrain benannte Spiegel sollte die Umwelt in Gemälde verwandeln. Wolfgang Ullrich schreibt über diese besondere Form der Kopie: »Idealerweise geriet das Bild auf dem Claude-Glas also zum Double eines Gemäldes, vermittelt über die reale Natur. Die im Spiegel reproduzierte Landschaft war dann allein deshalb edler als ihr Original, weil sie den Kriterien der Kunst entsprach und zum Bild geworden war.« Nicht selten – und hier lässt sich eine weitere Parallele zur heutigen Fotografie ablesen – nutzten die Betrachter die Bilder des Claude-Glases als Vorlage für eigene Skizzen und Gemälde, die sie konservieren und mitnehmen konnten. Für Wolfgang Ullrich ist dieses Phänomen deshalb bedeutsam, weil es das Verhältnis von Original und Reproduktion umkehrt: »[D]iese war nicht länger Abklatsch und jenes dafür nur noch Rohstoff. Der Reproduktionsprozess geriet zum Raffinerieprozess.« Wolfgang Ullrich, a. a. O. (S. 16, Anm. 8), S. 66.
28 Jonathan Lethem, a. a. O. (S. 22, Anm. 9), S. 60.

seine Band Ideen von überall einsammle und zu Neuem for-
me:

>»Das Tollste daran ist, dass die Kids die Referenzen, die wir in
unsere Musik und Visuals stecken, bei uns kennenlernen und
dann losgehen und die Quellen unserer Inspiration suchen. Das
Ergebnis wird sein, dass die nächste Generation der Künstler
und Autoren womöglich sagen werden: ›Ich habe eine Menge ge-
lernt, indem ich die Gorillaz gehört habe, als ich 15 war‹.«[29]

Die Band, die Hewlett gemeinsam mit *Blur*-Sänger Damon Albarn aufgebaut hat, besteht aus vier Comic-Figuren (2D, Mur-
doc, Noodle und Russel) und ist nach Einschätzung des Pop-
kritikers Tobias Rapp »eine der wenigen Konzeptbands mit
wirklichem Massenappeal. Comicfiguren, die Albarn sogar live
auftreten ließ – und bei der Grammy-Verleihung 2006 spielten
sie als bewegte Hologramme zusammen mit einer virtuellen
Madonna.« Anlässlich der Veröffentlichung des als letzte Platte angekündigten Albums *Plastic Beach* urteilte Rapp im *Spiegel*: »Albarn und Hewlett haben eine Band geschaffen, deren
Herkunft kein Land mehr ist, sondern die globale Popkultur
selbst. Entstanden ist eine Musik, die nicht nur – wie damals
die der Beatles – überall verstanden und geliebt wird. Die Musik der Gorillaz bezieht ihre Klänge und Einflüsse selbst aus
allen Kontinenten.«[30] Wie diese Referenzen und Bezüge funktionieren, beschrieb Albarn in einem Gespräch mit *Wired* im
Jahr 2005 so: »Ich verstehe das Songwriting als eine Art Sampling ohne digitales Sampling. Ich nehme alles, was ich höre, filtere es und schaffe was Neues. Wir machen Musik und Kunst
als Produkt all der Einflüsse, die auf uns einwirken.«[31]
Die wirkenden Einflüsse sind im Bereich der Musik bei sogenannten Coverversionen besonders augenfällig.[32] Man kann

29 Neil Gaiman, »Keeping it (Un)real«, Interview mit Damon Albarn und
Jamie Hewlett, in: *Wired* (Juli 2005).
30 Tobias Rapp, »Plasticpop«, in: *Der Spiegel* 09/2010.
31 Neil Gaiman, a. a. O.
32 Über diese schreibt Marc Pendzich im *Tagesspiegel*, dass es sie schon im-

dieses Hit-Recycling als einfallslos beklagen, es lassen sich aber zwei interessante Tendenzen daran ablesen: Die Musikindustrie, die oft und gerne gegen das Kopieren wettert, covert selbst Bekanntes und legt es neu auf – wenn sich damit Geld verdienen lässt. Und zweitens: Original-Lieder werden oftmals erst durch diese selbstverständliche Form der Adaption (wieder) bekannt. Im Jahr 1998 belegte ein Song sieben Wochen lang Platz eins der deutschen Charts, der nach den gängigen Vorstellungen von Original und Kopie niemanden hätte interessieren dürfen: Es war die Coverversion von Herbert Grönemeyers Lied »Flugzeuge im Bauch« aus dem Jahr 1984. Oli P.s Version des wiederverwerteten Songs verkaufte sich zwei Millionen Mal. Man kann den ehemaligen Soap-Star schelten, weil das nicht sonderlich kreativ gewesen sein mag, man muss aber mit Jonathan Lethem eingestehen: Hätte es Oli P. nicht gegeben, wären viele »rückwärts geborene« junge Hörer gar nicht oder erst sehr viel später mit dem Originalsong Grönemeyers in Kontakt gekommen. Wenn man so will, stellt die Coverversion also die popkulturelle Variante des Modells der kulturellen Tradition dar. Wo gesellschaftlich relevante (Stammes-)Rituale oder prägende habituelle Handlungen durch Wiederholung und Nachahmung über Generationen weitergege-

mer gegeben habe: »So war der erste Hit der Rolling Stones, ›I wanna be your man‹, von Lennon/McCartney geschrieben worden – wenn auch erst später von ihnen selbst veröffentlicht. Legendär auch Jimi Hendrix' Interpretation von ›All along the watchtower‹, mit der er Bob Dylans Original in eine wütend-elektrische Gewaltorgie verwandelte. Doch blieben die Bestenlisten von 1965 bis 1987 von Zweitverwertungen dieser Art weitgehend frei. Lediglich sechs Prozent aller Singles speisten sich in der ersten Hälfte der Achtziger aus älterem Material.« Diese Entwicklung habe sich in der jüngeren Vergangenheit aber enorm beschleunigt, analysiert Pendzich, immer mehr Coverversionen fänden ihren Weg in die Charts: »Nirgendwo«, stellt er fest, »ist der Hang zur Kopie so ausgeprägt wie im Popgeschäft.« Er meint damit nicht Tauschbörsen-Nutzer oder sogenannte Musikpiraten, sondern die Produzenten selber: »Coverversionen sind zum Allheilmittel geworden.« Vgl. Marc Pendzich, »Man trifft sich immer zweimal«, in: Der Tagesspiegel (10. Januar 2005).

ben wurden, bedienen sich die rückwärts geborenen Menschen in der Popkultur eines ähnlichen Prinzips: der Coverversion.

Doch auch das Mashen und (Re-)Mixen ist keinesfalls eine neue Entwicklung, die erst mit der Digitalisierung aufgetreten wäre. Bezüge, das belegt Mathias Modica in einer Besprechung des Albums *This Is Happening* von James Murphys LCD Soundsystem, werden in der klassischen Musik genauso hergestellt wie in der Popmusik:

> »Das Zitieren geht so weit, dass man den Song ›All I want‹ eigentlich für eine Interpretation von David Bowies Klassiker ›Heroes‹ halten muss. Dem popmusikalisch extrem informierten Murphy hier, wie geschehen, Einfallslosigkeit oder sogar Diebstahl zu unterstellen, ist natürlich Unsinn. Gekonntes Zitieren und Weiterdenken vorhandener Ideen ist meist innovativer als das orientierungslose musikalische Stochern vieler längst wieder vergessener Pseudoavantgardisten. Man denke nur an Bach, der sich regelmäßig bei Vivaldi und Monteverdi bediente, und Mozart, dessen Ouvertüre der ›Zauberflöte‹ detailgetreu einer Sonate Muzio Clementis entspricht.«[33]

Der Wert der Kopie für die Musik[34] zeigt sich also epochenübergreifend. Um dies herauszustellen, wählt Felix Stalder wie auch Modica das Beispiel des Musikgenies Mozart, den er als Mashup-Künstler beschreibt: »Es steht außer Frage«, schreibt er, dass

> »Mozart ein Ausnahmetalent von historischer Dimension [war]. Aber sogar in diesem einzigartigen Werk lässt sich eine kaum zu überblickende Vielzahl von Bezügen und direkten Übernahmen feststellen. Allein in einem einzigen Werk, der *Zauberflöte*, wurden mehrere Dutzend Stellen identifiziert, die aus anderen Wer-

---

33 Mathias Modica, »Auftrag erledigt«, *Süddeutsche Zeitung* (15. Mai 2010).
34 Wie tief dieses Phänomen des Reproduzierens, Wiederholens und auch Imitierens in die Popkultur eingegraben ist, zeigt übrigens auch der Erfolg des Computerspiels »Guitar Hero« (und vergleichbarer Produkte), das einzig darauf beruht, dass der Spieler an seiner Konsole einen Rockstar auf der Bühne zu imitieren versucht.

ken stammen, sei es aus Mozarts eigenen oder aus Werken Dritter [...]. Es ist zu vermuten, dass diese Bezüge für das damalige Publikum wesentlich offensichtlicher waren als für ein modernes und dass sie einen wesentlichen Aspekt seiner breiten Popularität ausmachten.«[35]

Auch der Journalist und Autor Malte Welding beschreibt den Mashup-Künstler Mozart, der Bach-Fugen bearbeitete und »die den Fugen voranstehenden Präludien durch für Streicher geeignete Eigenkompositionen« ersetzte. »Er remixte Bach. Er mashte ihn, er fledderte die toten Noten und schuf etwas Neues.«[36]

Im 18. und 19. Jahrhundert wurde die Kultur der Bezugnahme in der Musik unter den Namen Flickoper und Pasticcio bekannt, die Heinz Josef Herbort wie folgt beschreibt:

> »Ein Pasticcio: eine Pastete, jenes mit feinem Teig umhüllte, raffiniert gewürzte Fleisch- oder Fischgericht, in das edelste Ingredienzen, Trüffeln etwa, eingearbeitet sind. Musikalisch manchmal eine Komposition, an der mehrere Autoren mitwirkten (Mozart etwa an der ›Schuldigkeit des ersten Gebots‹, Schumanns und Brahms' Anteil an der ›Joachim‹-Sonate).«

Er stellt fest, dass diese Praxis, »die heutzutage den Staatsanwalt beschäftigte und die GEMA, die sich als ›Plagiat‹ bezichtigt und mit Schadensersatzklagen bombardiert sähe«, zur Zeit beispielsweise Georg Friedrich Händels durchaus üblich gewesen sei, »und dies nicht nur unter erfolglosen Karrieristen«.[37]

Als die Techniken des Pasticcios zu Beginn des 21. Jahrhundert von einem jungen DJ aus Los Angeles angewandt wurden, überschlug sich die Musikpresse vor Begeisterung. Der *Rolling Stone* hielt das Ergebnis für »gewitzt und mitreißend«, der

---

35 Felix Stalder, a. a. O. (S. 22, Anm. 6), S. 10.
36 Malte Welding, »Mozart brauchte kein Copyright«, in: *Netzeitung*, online abrufbar unter: ⟨www.netzeitung.de/internet/1028837.html⟩ (Stand Februar 2011).
37 Heinz Josef Herbort, »Für Feinschmecker«, *Die Zeit* (4. Oktober 1985).

britische *NME* nannte es »den wahren Beginn der Popmusik des 21. Jahrhunderts«, und selbst der selten überschwängliche *Spiegel* schloss sich an: »Das ist ausnahmsweise kaum übertrieben.«[38] Auslöser dieser Lobeshymnen war Brian Burton. Dem damals 26-Jährigen war beim Putzen die Idee gekommen, das im Hintergrund laufende *White Album* der Beatles mit dem *Black Album* des Rappers Jay-Z zu vermengen. Die Rede ist von dem mittlerweile weltbekannten DJ Danger Mouse, der Anfang 2004 Schwarz und Weiß zu Grau zusammenmischte: Er brachte das *Grey Album* auf den Markt. Den Sprechgesang vom *Black Album* des Rappers Jay-Z kombinierte er mit Samples des *White Album* der Beatles. Anfangs kursierten nur wenige Exemplare des Mischalbums. Trotzdem wurde dieses Mashup innerhalb kurzer Zeit so populär, dass er ins Fadenkreuz der Anwälte von EMI Music geriet, die Plattenfirma der Beatles ging rechtlich gegen Danger Mouse vor. Doch die Abmahnungen führten nicht dazu, dass das Album verschwand – im Gegenteil: Das *Grey Album* wurde für einige Musikkritiker zum ersten sogenannten Bastard-Pop-Album der Musikgeschichte und zu einem exemplarischen Fall für die Freiheit oder aber (je nach Sichtweise) für die Unkontrollierbarkeit des Netzes. Am 24. Februar 2004, dem sogenannten Grey Tuesday, stellten zahlreiche Websites die Remixes von Danger Mouse zum Download zur Verfügung. Das Album wurde bald zu einem Politikum. Dabei ging es einerseits um Fragen des Urheberrechts und der Freiheit der Kunst, andererseits aber auch um das Verhältnis der Hautfarben – ganz so, als sei das Farbenspiel Weiß, Schwarz und Grau bewusst gewählt. Immerhin unternahm das Label des schwarzen Rappers Jay-Z keine rechtlichen Schritte gegen den schwarzen DJ Danger Mouse. Die Rechtsanwälte der EMI Music, die die Rechte an den Stücken der weißen Musiker der Beatles halten, allerdings schon. Der Netzaktivist Cory

38 »Illegaler Bestseller«, in: *Der Spiegel* 13/2004.

Doctorow kritisierte im Gespräch mit dem *Deutschlandfunk*:
»Die Beatles haben die Bluesakkordfolge und den Rock'n'Roll-Sound schwarzer Künstler genommen und daraus Neues kreiert. Heute haben Sie schwarze Künstler wie DJ Danger Mouse, der mit dem Computer Beatles-Stücke mit anderer Musik vermischt und daraus auch Neues schafft.«[39]

Wie sehr solche innovativen Experimente die gängigen Vorstellungen von Kunst und ihrer Verbreitung auf den Kopf gestellt hat, beweist diese Rechnung, die der Kulturhistoriker Siva Vaidhyanathan in dem Film *Good Copy Bad Copy* aus dem Jahr 2007 aufmacht:

> »Danger Mouse hat keinen Cent mit diesen Remixes verdient, niemand, der die Songs kopiert und verbreitet hat, hat einen Cent daran verdient. Die Beatles haben keinen Cent daran verdient und auch Jay-Z nicht. Die Einzigen, die an der ganzen Sache Geld verdient haben müssen, sind die Anwälte der Beatles. Sonst niemand.«[40]

Es ist aus einem weiteren Grund auffällig, dass es die Rechteinhaber des *Weißen Albums* waren, die den Erfolg des schwarzen DJs Danger Mouse stoppten. Es gibt nicht wenige Popkritiker, die dieses Muster als typisch für die westliche Popmusik betrachten. Sie beziehen sich damit auf die sogenannten Minstrel Shows des 19. Jahrhunderts. Auch diese rassistischen Vorführungen lebten von den Prinzipien der Imitation und Kopie. Sie kamen, so kann man in dem Standardwerk *The Enduring Vision. A History of the American People* nachlesen, »in den 1840er Jahren auf, als weiße Männer, die sich die Gesichter geschwärzt hatten, einen Abend lang Lieder, Tänze und Sketche vorführten. Dabei gab es Anleihen bei der authentischen afro-

---

39 »Science-Fiction-Autoren sind schlecht darin, die Zukunft vorherzusagen«, Interview mit Cory Doctorow im *Deutschlandfunk* am 26. April 2008, online abrufbar unter: ⟨http://breitband.dradio.de/science-fiction-autoren-sind-schlecht-darin-die-zukunft-vorherzusagen⟩ (Stand Februar 2011).
40 Interview mit Siva Vaidhyanathan in dem Film *Good Copy Bad Copy*.

amerikanischen Kultur.«[41] Christoph Fellmann nimmt in der *NZZ* Bezug auf diese Shows, wenn er den Aufstieg Elvis Presleys und den Erfolg des Rappers Eminem beschreibt, die beide als Weiße mit schwarzer Musik erfolgreich wurden:

> »1954 nahm der Hillbilly-Sänger Elvis Presley den Bluessong ›That's all right‹ auf und lancierte damit nach gängiger Lesart die Popmusik. Der Anklang an die Minstrels ist offensichtlich – erst recht, wenn man das berühmte Zitat von Presleys Produzenten Sam Phillips hinzuzieht: ›Ich dachte darüber nach, wie viele Platten ich verkaufen könnte, wenn ich einen weißen Performer fände, der in derselben, aufregenden Art wie ein Schwarzer singen und spielen könnte.‹ Ein Zusammenhang, auf den auch der weiße Rapper Eminem auf seiner letzten CD hinwies: ›I am the worst since Elvis / To do black music so selfishly / And use it to get myself wealthy / If I was black I woulda sold half‹.«[42]

»Musik wird frei wie Luft zum Atmen.«
David Dewaele von Soulwax über Kopien in der Musik

Wie wichtig die Kopie in der populären Musik zur Entwicklung von Neuem war und ist, beweisen die beiden belgischen Brüder David und Stephen Dewaele seit Mitte der neunziger Jahre. Unter den Namen Soulwax, Flying Dewaele Brothers oder 2 Many DJs sind die beiden als Musiker und DJs aktiv. Sie gelten als Erfinder des musikalischen Mashups, einer Kunstform, bei der aus unterschiedlichen Liedern neue Songs geschaffen werden. Für ihr Album *Nite Versions*, das 2005 erschien, remixten sie sogar ihre eigenen Songs. Ein Gespräch über die Kopie in der Musik.

41 Paul S. Boyer et al., *The Enduring Vision – a history of the american people*, Boston: Houghton Mifflin 2008, S. 365.
42 Christoph Fellmann, »Verbrannter Kork, goldene Radkappen«, *NZZ am Sonntag* (12. März 2006).

Ihr geltet als die Erfinder des Mashups oder Bootlegs …

… darum ging es uns damals gar nicht. Wir haben einfach getan, was uns Spaß macht.

Ihr habt Samples aus unterschiedlichen Liedern zu neuen verbunden.

Damals gab es weder den Begriff Mashup, noch gab es viele Leute, die das machten. Wir haben immer von »Mixes« gesprochen. Und dann kamen andere Leute und haben es »Bastard-Pop« genannt oder »Mashups« oder »Bootlegs«. Aber für uns waren das immer Mixes.

Ist es nicht merkwürdig, dass die Mixes anfangs verboten waren, dass nach einer Weile aber sogar Künstler wie Kylie Minogue zu euch kamen und fragten, ob ihr nicht einen Mix ihrer Songs machen könnt?

Es ist ja noch immer nicht erlaubt. Wenn ich jetzt einen Song der Rolling Stones nehme und ihn mit einem Stück von Missy Elliot mixe, ist das immer noch verboten. Das Spannende ist aber, dass die Plattenfirmen nach einer Weile gemerkt haben: »Die Leute finden das ja cool. Damit können wir Geld verdienen.«

Trotzdem musst du fragen, wenn du ein Stück mixen willst.

Klar, aber das ist auch okay. Denn wenn wir was mixen, dann hat das ja auch damit zu tun, dass wir das Stück oder den Künstler gut finden.

Hältst du es für Diebstahl?

Überhaupt nicht, das ist doch ein normaler Vorgang in der Kunst. Schau dir die Popart von Andy Warhol und seine Campbell-Dosen an. Das Gleiche gilt auch für Musik.

Es geht also um Inspiration, die man aus der Kunst anderer zieht?

Ja klar, man muss schon hinterm Mond leben, um sich der Inspiration durch andere zu entziehen. Andererseits wusste ich nicht viel über Dance-Musik als wir anfingen mit dem Auflegen. Ehrlich gesagt hat's mich auch nicht interessiert. Der einzige Grund, warum es spannend war – manche sagen sogar, warum es eine Revolution wurde –, ist, dass wir keinen Respekt vor Bestehendem hatten. Wir haben die Sachen genommen, die uns gefallen haben, und daraus was Neues geschaffen. Ich glaube, wenn Leute zu viel Respekt haben, trauen sie sich nicht, etwas Neues zu machen.

Es gibt lautstarke Kampagnen, die das Gegenteil fordern. Sie heißen »Kopieren ist keine Kunst« und verdammen das Kopieren.

Was heißt dabei Kopieren? Es geht um Downloads oder?

Vermutlich.

Klar, diese Argumente gab es schon, als das Radio aufkam, und es gibt sie jetzt wieder. Das ist vielleicht ein normaler Reflex.

Aber stimmt es auch? Tötet das Kopieren die Musik?

Kopieren sicher nicht. Aber Filesharing tötet ziemlich viele schlechte Dinge am Musikbusiness. Es tötet allerdings auch eine Sache, auf die wir eigentlich nicht verzichten können. Dass nämlich die Leute, die Bands Verträge geben, keine Risiken mehr eingehen. In den Achtzigern gab es für jede Mainstream-Band auch eine ungewöhnliche, neue Band, die sich die Plattenfirmen geleistet haben, allein um das Label im Gespräch zu halten. Das gibt es nicht mehr. Wenn du heute nicht innerhalb von zwei Alben die Größe von Coldplay erreicht hast, bist du raus. Und irgendwie scheint das niemanden zu stören. Nicht mal die Bands. Das ist schon komisch, denn so ist ziemlich viel neue Musik entstanden.

Ist das die Prognose für die Zukunft?

Na ja, in Großbritannien gibt es das schon noch. Da gibt es die Klaxons oder Hot Chip. Das sind neue Bands, die nicht zwingend nur auf den Mainstream angelegt sind. Da entsteht durchaus Neues. Aber es ändert sich.

Wie meinst du das?

Musik wird frei wie Luft zum Atmen. Und das finde ich eigentlich großartig. Als wir vor zehn Jahren angefangen haben, hat uns die Plattenfirma bezahlt, damit wir auf Tour gehen, um unser Album zu bewerben. Heute ist es genau umgekehrt: Wir machen Alben, damit wir auf Tour gehen können, weil der Plattenverkauf total in den Keller gegangen ist.

Aber ihr spielt ausverkaufte Konzerte überall auf der Welt.

Was uns anbelangt, sind wir in einer sehr komfortablen Situation. Wir machen Alben und wir verkaufen sie auch, aber es gibt da ein massives Missverhältnis. Auf der kommenden Tour, die von April bis August läuft, werden wir dreimal so viele Leute mit unseren Konzerten erreichen, wie wir Alben verkaufen. Das heißt: Die Leute wollen nicht mehr 15 Euro für ein Album zahlen, aber sie zahlen offenbar sehr gerne 30 Euro für ein Konzert und haben einen guten Abend. Am Ende ist es für uns gut, weil es uns unabhängig macht von Plattenfirmen. Wir haben die Freiheit zu tun, was wir wollen.

Hörst du eigentlich selber Mashups?

Selten. Mich langweilt das mittlerweile. Es ist zu einer Art Sport geworden. Dabei geht es dann weniger um Kunst als nur noch um die Technik. Wenn du Notorious B. I. G. nimmst und unter die Sex Pistols legst, ist das vielleicht eine schöne Sache, aber das reicht mir nicht. Ich will, dass was wirklich Neues entsteht.

Ist das der Grund, warum ihr angefangen habt, euch auf dem Album Nite Versions *selbst zu remixen?*

Vielleicht. Wir hatten die Idee, das auszuprobieren; aber ich kann gar nicht erklären, warum wir drauf gekommen sind. Wir wollten was Neues machen. Aber so wie man es in den Achtzigern gemacht hat. Also nicht einfach einen neuen Gesang drauflegen, das kann heute ja jeder. Wir wollten neue Arrangements aus einer Quelle machen. Und dann kamen wir auf die Idee: »Hey, das könnten wir ja auch live spielen!« Und so entstand *Nite Versions*.

Was kommt als Nächstes: Nachdem Ihr euch selbst geremixt habt?

Das ist eine gute Frage. Denn wenn alles möglich ist und wenn man alles kombinieren kann: Was soll danach noch kommen? Man könnte jetzt mit etwas völlig anderem beginnen, vielleicht Folk-Musik. Aber im Ernst: Was ich wirklich sehe, ist das clevere Wiederverwenden von Dingen, die es schon mal gab. Und das ist ja im Kern, was wir damals gemacht haben: Wir haben Dinge aus der Vergangenheit genommen und sie in einen neuen Zusammenhang gesetzt. So ist was Neues entstanden.

Das Prinzip, das David Dewaele für die Musik beschreibt, lässt sich auf nahezu alle Kunstrichtungen übertragen. Goethe brachte dies wohl am deutlichsten zum Ausdruck, als er, auf seine Inspirationsquellen angesprochen, sagte:

> »[...] man könnte eben so gut einen wohlgenährten Mann nach den Ochsen, Schafen und Schweinen fragen, die er gegessen und die ihm Kräfte gegeben. Wir bringen wohl Fähigkeiten mit, aber unsere Entwickelung verdanken wir tausend Einwirkungen einer großen Welt, aus der wir uns aneignen, was wir können und was uns gemäß ist.«[43]

Die Metaphorik dieses Goethe-Zitats ist dem Bienengleichnis sehr ähnlich, das dem römischen Philosophen Seneca zugeschrieben wird. Der rät dem Künstler, es der Biene gleichzutun und sich an unterschiedlichen Quellen (Blüten) zu bedienen, um einen guten Honig herzustellen. Dies gilt für die klassischen Künste ebenso wie für moderne Darstellungsformen, beispielsweise im Film. Hier gibt es das Remake[44] und

43 Johann Wolfgang von Goethe, a. a. O. (S. 24, Anm. 14), S. 293.
44 »Die Filmgeschichte ist auch eine Geschichte des Remakes«, schreibt Manfred Hobsch in seinem Buch *Mach's noch einmal – das große Buch der Remakes*, Berlin: Schwarzkopf & Schwarzkopf 2002, S. 7, und stellt auf Seite 6 fest: »Remakes sind eine schier unendliche Geschichte, die mit diesem Lexikon längst nicht erschöpft ist.«

neuerdings das sogenannte Sweden[45] von Szenen oder ganzen Filmen. In der Architektur werden Stadtschlösser und Kirchen originalgetreu nachgebaut (also kopiert), und in der Malerei ist das Kopierzimmer[46] ein bedeutsamer Ort der Ausbildung. Insofern verwundert es nicht, wenn Hillel Schwartz zu dem Schluss kommt: »Die Geschichte der Kunst ist eine Geschichte der Kopierrituale, der Transformationen, die beim Akt des Kopierens vor sich gehen. Wenn Künstler andere kopieren, dann doch immer wieder sich selbst, um die Idee ihres Originals zu vertiefen.«[47]

Die Kopie ist in der Kunst also nicht nur notwendige Voraussetzung, sondern sie wird zunehmend zu einer rechtspolitischen Frage. Als der schon zitierte Cory Doctorow im November 2007 eine Ausstellung in der National Portrait Gallery in London besuchte, stellte er fest, wie sich der Umgang mit Kopien in der Kunst verändert hat. Ausgestellt wurden Werke der Pop-Art-Künstler Larry Poons, Robert Rauschenberg und Andy Warhol, die ihre Kunst in den sechziger und siebziger Jahren selbst kopierend erstellt hatten: »Sie zerschnitten Magazine, kopierten Comic-Bücher, zeichneten markenrechtlich geschützte Comic-Figuren wie Minnie Mouse nach, reproduzierten Titelseiten des *Time Magazine* oder übermalten Bilder von James Dean und Elvis Presley.« Die Ausstellung selbst

---

45 Die Kulturtechnik der Imitation, bei der Sequenzen oder ganze Filme nachgedreht und imitiert werden, wird als Sweden oder Schweden bezeichnet. In *Be Kind Rewind* (*Abgedreht*), der 2008 in die Kinos kam, thematisiert Regisseur Michel Gondry genau dieses Nachdrehen einzelner Szenen. Das bekannteste Beispiel ist jedoch der Film *Indiana Jones – Jäger des verlorenen Schatzes* (1981), den die drei Teenager Eric Zala, Chris Strompolos und Jayson Lamb aus Biloxi in den USA im Jahr 1982 komplett nachdrehten und somit »swedeten«, als es den Begriff noch gar nicht gab. Siehe dazu ausführlich Sascha Westphal, »Im Käfer auf der Suche nach dem verlorenen Schatz«, in: *Die Welt* (16. November 2004).

46 Als Kopierzimmer werden in Ateliers und Galerien die Räumlichkeiten bezeichnet, in denen im Rahmen der Künstlerausbildung Kopien alter Meisterwerke angefertigt werden.

47 Hillel Schwartz, a. a. O. (S. 37, Anm. 33), S. 261.

war jedoch darauf bedacht, solcher Freiheit, wo immer möglich, einen Riegel vorzuschieben. Cory Doctorow beschreibt seinen Besuch so: »Es scheint, als sei jeder Quadratzentimeter in der National Portrait Gallery urheberrechtlich geschützt. Es war mir nicht mal gestattet, das Schild mit der Aufschrift ›Fotografieren verboten‹ zu fotografieren. Ein Mitarbeiter erklärte mir, die Schriftart und das Layout des Schilds seien urheberrechtlich geschützt.«[48]

»Kopieren ist eine politische Willensäußerung.«

Gerfried Stocker, der künstlerische Leiter des Festivals Ars Electronica, über das Grundrecht aufs Kopieren

Gerfried Stocker ist seit 1995 künstlerischer Leiter des Ars Electronica Festivals in Linz. Der Medienkünstler und Musiker hat in dieser Funktion Schwerpunktthemen wie »Infowar« (1998), »Next Sex« (2000) oder »Hybrid – Living in Paradox« (2005) für dieses renommierte Festival zur digitalen Kunst entwickelt. Die Schwerpunkte 2007 und 2008 widmete er den – wie er sagt – entscheidenden Fragen der Zivilgesellschaft in der Gegenwart: »Privacy« (2007) und »Copyright« (2008). In der Ausschreibung zum Festival im Jahr 2008, das unter dem Titel »A New Cultural Economy« stand, hieß es: »Das Zeitalter von Copyright und geistigem Eigentum ist abgelaufen. Eine Entwicklung, die sich schon in den technischen Grundlagen des Internet manifestiert hat, ist in den Nutzungspraktiken der jungen Generation zum Leben erwacht und bringt eine neue Ökonomie des Teilens und des offenen Zugangs hervor.« Ein Gespräch über die politische Dimension der Kopie.

48 Cory Doctorow, »Warhol is turning in his grave«, in: *The Guardian* (13. November 2007).

Sie sagen, das Urheberrecht hat sich überlebt. Ist das eine politische Provokation oder eine Realitätsbeschreibung?

Ich denke, dass es zu einem guten Teil schon heute unsere Realität geworden ist. Im Grunde genommen kostet es nichts mehr, digitale Informationen von einem Ort zum anderen zu bringen. Das ist eine Realität, die unheimlich starke Auswirkungen haben und letztlich auch die Verschiebung mit sich bringen wird, dass wir in Zukunft nicht mehr so sehr von der Marktdominanz der Distribution und Verteilung ausgehen müssen, sondern dass es so etwas wie eine Marktdominanz der Content-Produktion geben wird.

Das ist Ihre Prognose.

Ja, vielleicht auch ein bisschen eine utopische Sicht von jemandem, der aus dem Bereich der Kunst und der Kultur kommt und der mit dem Festival, das wir machen, auch immer wieder die Anliegen der Künstler, also wenn man so sagen will, der Content-Produzenten, vertreten will.

Es gibt Menschen, die argumentieren, die Kunst werde ohne Urheberrecht sterben, weil die Künstler dann nichts mehr verdienen.

Genau darum geht es uns. Künstler haben natürlich ein Anrecht darauf, für ihre Kunst entlohnt zu werden. Wenn wir sagen: »Das Copyright, wie wir es zurzeit haben, hat sich überholt«, dann geht es darum, die angesprochene Verschiebung nachzuvollziehen, die zurzeit praktische Realität wird. Bisher ist unser Urheberrecht darauf orientiert, den Markt des Vertriebs zu bedienen, zu unterstützen und zu ermöglichen. Aber dieser Markt hat sich aufgelöst.

Was schließen Sie daraus?

Jetzt muss auf dem Gebiet des Copyrights nachgezogen werden. Dabei soll natürlich nicht die Idee aufgegeben werden, dass der Urheber daran verdient, wenn er ein tolles Werk geschaffen hat. Das Copyright soll so verändert und adaptiert werden, dass es zur neuen Realität passt.

Das ist eine politische Forderung.

Ganz klar. Vor allem weil wir uns hier auf die Position stellen: Diese Frage der Anpassung des Urheberrechts sollte nicht ausschließlich von den Juristen diskutiert werden. Das ist eine Frage, die auf einer breiten gesellschaftlichen Basis diskutiert werden muss. Es geht nicht darum, bestehende Gesetzestexte mehr oder weniger richtig oder mehr oder weniger falsch zu interpretieren. Es geht um ein gesellschaftliches, kulturelles Bewusstsein, dass sich das Verhältnis von Produktion und Distribution in der Kultur geändert hat. Die Chancen, von denen alle sprechen, wenn sie von der Wissensgesellschaft schwärmen, können nur dann wahrgenommen werden, wenn wir die Rechtssysteme dieser neuen Realität anpassen.

Es gibt eine starke Lobby, die da klar anderer Meinung ist. Nämlich diejenigen, die mit dem bisherigen System Geld verdienen ...

... eine große Industrie, die kurz vor dem Abgrund steht und sehr lange ganz und gar ignoriert hat, dass sich überhaupt etwas ändert. Deshalb hat sie es versäumt, neue Ideen und Modelle zu entwickeln, und steht heute mit dem Rücken zur Wand. Da darf man sich nicht täuschen: Das ist nicht nur die Musikindustrie, und das sind nicht nur die Verwertungsgesellschaften. Da gehört auch der ganze Fernseh- und Rundfunkbereich dazu. Dabei geht es um die Kontrollhoheit über die Kanäle, das ist ein paradigmatischer Kampf.

Wenn man diesen Kampf konkret machen will, könnte man sagen: Zu kopieren ist unter diesen Umständen eine politische Willensäußerung.

Im Kopieren manifestiert sich zurzeit sicher auch so etwas wie eine politische Willensäußerung. Man muss da nicht unbedingt von Protestverhalten sprechen, das klingt mir zu sehr nach 68, aber es ist definitiv eine politische Äußerung. Dabei ist der entscheidende Punkt der der Aneignung.

Können Sie das erklären?

Es geht nicht um das Gut, das ich mir aneigne, sondern es geht darum, dass ein Recht darauf manifestiert wird, Zugang zu haben. Und in dem Ausmaß, in dem sich die Infrastruktur und die Zugänglichkeit von Informationen grundsätzlich geändert haben, entsteht letztlich auch so etwas wie ein gesellschaftlicher Anspruch darauf. Aber auch hier gilt: Wenn das Verschaffen von Zugang nicht mehr die enormen Kosten verursacht, dann fällt in einer gewissen Weise auch das moralische Recht weg, diesen Zugang nur gegen Geld zu verkaufen. Und das ist eine Frage der Bewusstseinsbildung und der Aneignung – wohlgemerkt: der Aneignung des Rechts auf Zugang.

Hatten Sie bei der Konzeption des Festivals mit politischen Widerständen zu kämpfen?

Nein. Wir haben hier in Linz eher Rückenwind gespürt. Das liegt aber auch daran, dass Linz zu den Kommunen zählt, die sich dafür einsetzen, Open-Source-Produkte in der Verwaltung zu verwenden. Man hat hier begonnen, an den städtischen Schulen Open Office dem Microsoft Office vorzuziehen. Dabei geht es nicht nur ums Geld, sondern auch um die Geste. Linz hat zum Beispiel vor Jahren schon eine Hotspot-Initiative gegründet. Auf Kosten der Stadt wird im öffentlichen Raum Wireless LAN angeboten. Es gibt zudem ein Projekt, bei dem es darum geht, jeder Bürgerin und jedem Bürger der Stadt Linz eigenen Webspace auf einem öffentlichen Server der Stadt zur Verfügung zu stellen. Es gibt hier ein starkes politisches Bewusstsein dafür, dass freies Wissen eine der entscheidenden Ressourcen der Zukunft ist.

Wie wird der Kampf ausgehen?

Ich glaube, dass er auf jeden Fall im Sinne der Öffnung und Deregulierung ausgehen wird. Das ist nicht den intellektuellen Utopien und Bemühungen zu verdanken, sondern schlichtweg den großen kommerziellen Interessen, den Umgang mit Copyright zu vereinfachen und zu flexibilisieren. Denn viele Marktchancen, die im Verbreiten von Information im Internet liegen, können nicht genutzt werden, solange wir so eine rigide kleinteilige Regelstruktur haben.

Wie meinen Sie das?

Wenn Sie als junger Unternehmer eine tolle Idee haben, wie Sie beispielsweise in Österreich Content verbreiten können, müssen Sie sich erst monatelang darum kümmern, die Rechte zu klären. Für Deutschland müssen Sie sie dann extra klären. Und bis Sie dann mit allem fertig sind, ist die Idee schon anders umgesetzt. Allein deshalb wird ein massiver Druck entstehen, das Regelwerk zu vereinfachen.

Es gibt, von Schweden ausgehend, eine politische Bewegung, die sich Piratenbewegung nennt und die auf der politischen Ebene für eine Veränderung des Urheberrechts kämpft. Glauben Sie, dass eine solche Bewegung dauerhaft Gewicht haben wird – vielleicht vergleichbar mit der Friedens- und Umweltbewegung?

Um eine solche Kraft zu entwickeln, muss eine Verbindung der zwei ganz entscheidenden Themen der Zivilgesellschaft gelingen. Das ist die Frage von Überwachung und Datenschutz auf der einen und die von Zugang und Urheberrecht auf der anderen Seite.

Die Themen Ihrer Veranstaltungen 2007 und 2008 …

Genau. Im Grunde genommen sind das die zwei ganz großen Themen der nächsten zehn Jahre. Die derzeitigen Entwicklungen im Bereich der Privatsphäre und der Überwachung stellen eine dermaßen große Bedrohung für die von der Zivilgesellschaft erkämpften Errungenschaften dar, dass es eine politische Antwort geben muss. Und in der Verbindung zum Thema Copyright muss sie auf dem Bewusstsein basieren, dass Information, die vorhanden ist, auch zugänglich sein muss. Dass es so etwas wie ein Gemeingut und ein allgemeines Anrecht darauf gibt, dies auch nutzen zu können. Dass es auch moralische Grenzen, für Patentschutz zum Beispiel, geben muss. In der Generika-Debatte ist es keinem normalen Menschen erklärbar, wie es dazu kommt, dass Menschen eher sterben, als dass man ihnen erlaubt, ein Medikament zu kopieren, das ihnen das Leben retten würde. Das moralische Recht auf Zugriff und Zugang sowie auf Kopieren im Bereich der Informationstechnologie mag etwas abstrakter sein, im Bereich der Pharmazie ist es hingegen sehr leicht nachvollziehbar. Für mich zählt das jedoch zu den Grundrechten, die die Zivilgesellschaft für sich in Anspruch nehmen muss.

Sie sagen, wenn die Themen Urheberrecht und Überwachung zusammenkommen, kann das eine politische Entwicklung auslösen. Das waren Ihre Themen 2007 und 2008 bei der Ars Electronica. Bringen Sie beide in Zukunft dann selbst zusammen?

(Lacht) Ich denke, dass das in der Funktionslogik eines Festivals nicht angelegt ist. Die Aufgabe des Festivals ist es, die Themen auf den Tisch zu bringen und Bewusstsein zu schaffen. Aber nicht notwendigerweise den nächsten Schritt zu machen und diese Bürgerbewegung zu gründen.

Also muss es doch die Piratenbewegung machen?

Bei der Piratenbewegung ist die Agenda zu schmal und das provokative Element zu groß, um auf einer breiteren gesellschaftlichen Basis Fuß zu fassen. Und das ist notwendig, um wirklich Einfluss zu nehmen. Aber es hat auch sehr lange gedauert, bis die grüne Bewegung wirklich zu einer politischen Bewegung wurde. Es waren auch da unterschiedliche Strömungen, die sich gesammelt haben – von Leuten, die rein an der Bewahrung der Natur und der Verhinderung des sauren Regens interessiert waren, bis zu Menschen, die eine gesellschaftspolitische Agenda hatten. Auch hier mussten mehrere dieser Vektoren zusammenkommen, um zu dieser politischen Kraft zu werden, die sie zum Glück geworden ist. Das Gleiche gilt für den Bereich der Informationstechnologie. Mit ihren griffigen verbalen Formulierungen und mit dem Mythos der Piraterie und des Freibeutertums wird die Piratenpartei sicher dazu beitragen, das Thema in die Öffentlichkeit zu bringen.

Dass Kopien noch auf eine ganz andere Weise politisch sein können, spricht Gerfried Stocker mit Blick auf die Aids-Therapie mit sogenannten Generika (Nachahmermedikamenten) an. Petra Steinberger hat die Problematik in der *Süddeutschen Zeitung* folgendermaßen zusammengefasst:

> »Ein westlicher Pharmakonzern stellt ein Medikament her oder besitzt ein Patent darauf. Es ist viel zu teuer für die Kranken und Gesundheitsämter der Dritten Welt. Also werden solche Medikamente dort in den Pharmalabors als sogenannte Generika nachgebaut. Manchmal legal als Lizenzprodukt. Meist unerlaubt und ohne Patentgebühren zu zahlen. Diese Generika werden dann in diesem Land zu einem weit günstigeren Preis verkauft. Oder in andere arme Länder, die sich das Original ebenfalls nicht leisten könnten. Diese Praxis ist überlebenswichtig für die Patienten in den armen Teilen der Welt.«[49]

Der amerikanische Wirtschaftswissenschaftler Joseph Stiglitz hat vorgerechnet, dass »Generika für Aids-Medikamente im Jahr 2000 die Behandlungskosten [...] fast 99 Prozent gesenkt« haben.[50] Erst diese Kostensenkung habe es möglich gemacht, Hunderttausende Menschen mit überlebenswichtigen Medikamenten zu versorgen. Eine zentrale Rolle nimmt in diesem Bereich Indien ein, die *tageszeitung* hat das Land bereits als »Apotheke der Entwicklungsländer« bezeichnet, da dort

---

49 Petra Steinberger, »Gesundheit Marke Eigenbau. Medikamentenforschung ist teuer, doch die Bedürftigen in der Dritten Welt haben keine Mittel dafür: Das moralische Dilemma der Pharmabranche«, in: *Süddeutsche Zeitung* (1. Juni 2007).
50 Joseph E. Stiglitz, »Preise statt Patente«, in: *Der Standard* (24. März 2007).

70 Prozent aller Nachahmermedikamente hergestellt werden, die in Entwicklungsländern zum Einsatz kommen.[51]

Hintergrund dieser Problematik ist das Patentrecht, das forschenden Pharmafirmen einen Anreiz bieten soll, innovative Arzneimittel zu entwickeln – und diese anschließend auch entsprechend vermarkten zu können. Kritiker halten den Befürwortern solcher Patente vor, ihr Modell sei einseitig und damit ungerecht. So weist Petra Steinberger darauf hin, dass westliche Pharmakonzerne einerseits »oft Milliarden mit Medikamenten durch Patente in Entwicklungsländern verdienen«, dass zugleich jedoch »weltweit jährlich 2000 Patente ausgestellt werden, die auf traditionellen indischen Heilmitteln basieren. Ohne Kompensation für Indien.«[52]

Statt des bestehenden Patentsystems schlägt Joseph Stiglitz daher ein Preissystem vor, das auf Wettbewerb beruht, um so die »Preise zu senken und die Früchte des Wissens so vielen wie möglich zugänglich zu machen. Mit besser gesteuerten Anreizen (mehr Forschungsgelder für vordringliche Krankheiten, weniger Geld für Marketing) könnten wir Gesundheit zu geringeren Kosten erlangen.«[53]

»Das Medikamenten-Mashup bietet große Vorteile.«
Oliver Moldenhauer, Koordinator der Medikamentenkampagne von Ärzte ohne Grenzen, über die Bedeutung von Generika

»Generika sind nicht alles in der Aids-Therapie«, sagt Oliver Moldenhauer von Ärzte ohne Grenzen, »aber ohne Generika ist alles nichts.« Was das genau bedeutet, erläu-

51 Tarik Ahmia, »Das Urteil wird Millionen Menschen retten«, in: *die tageszeitung* (7. August 2007).
52 Petra Steinberger, a. a. O.
53 Joseph E. Stiglitz, a. a. O.

tert Moldenhauer, dessen Organisation in Entwicklungsländern 100 000 Aids-Patienten mit antiretroviralen Medikamenten versorgt, im folgenden Gespräch.

Während des G8-Gipfels in Heiligendamm haben Sie 2007 auf einem Schiff symbolisch eine überdimensionierte Pille aufgehängt, und zwar so hoch, dass die Menschen sie nicht erreichen konnten und ins Wasser fielen. Warum haben Sie das gemacht?
Auf dem G8-Gipfel ging es um Afrika und um das Thema der geistigen Eigentumsrechte. Und wir fanden, dass sich die G8 und vor allem die Bundesregierung dazu recht widersprüchlich äußern. Einerseits sagen sie zu, Afrika stärker zu helfen, und andererseits erschweren sie den Menschen in Afrika den Zugang zu Medikamenten.
Deshalb die Aktion mit dem Schiff und der Pille?
Genau. Noch vor wenigen Jahren galt es als unbezahlbar, HIV medikamentös zu bekämpfen, also den Patienten sogenannte antiretrovirale Medikamente zu geben, die das Virus ursächlich bekämpfen. Ärzte ohne Grenzen hat damals gegen den Common Sense verstoßen und Kranke behandelt, obwohl die Pillen im Jahr noch 10 000 Dollar pro Patient gekostet haben. Heute haben wir die Möglichkeit, günstige Generika-Produkte einzusetzen, die pro Patient gerade einmal 80 Dollar kosten.
Das heißt, ohne Generika, also ohne Kopien, könnten Sie nicht arbeiten?
Kopien sind für die gesamte HIV/Aids-Behandlung in ärmeren Ländern unverzichtbar. Mehr als 85 Prozent der HIV/Aids-Medikamente, mit denen Ärzte ohne Grenzen Patienten behandelt, sind indische Generika.
Und diese Kopien sind genauso gut wie die Originale?
Ich würde sogar sagen: Die Kopien sind besser als die Originale.
Das müssen Sie erklären.
HIV wird immer mit einer Kombination von mindestens

drei verschiedenen medizinischen Wirkstoffen gleichzeitig therapiert, weil das Virus so außerordentlich wandlungsfähig ist. In Deutschland nimmt man dafür drei unterschiedliche Präparate, insgesamt sechs oder zehn Pillen am Tag. In Indien, wo es keine Patente auf die älteren HIV/Aids-Medikamente gibt, werden Kombinationstabletten produziert, die drei verschiedene Wirkstoffe enthalten. Bei der HIV/Aids-Therapie, die wir in Afrika durchführen, ist das von unschätzbarem Vorteil: Denn das Wichtigste ist, dass die Leute pünktlich und wirklich zuverlässig jede einzelne ihrer Pillen nehmen. Und das ist natürlich viel einfacher, wenn man nur zwei Pillen am Tag nehmen muss ...

... als wenn man neun nehmen muss ...

... und womöglich auch noch morgens und abends unterschiedliche. Deshalb sind die Kopien in diesem Falle für uns besser geeignet als die Originale. So kann man sie auch nicht mehr trennen. Sie müssen sich bewusst machen: Die Nebenwirkungen der HIV-Medikamente sind sehr unangenehm. Bei mehreren Pillen könnte der Patient auf die Idee kommen, zum Beispiel die blaue Pille wegzulassen, weil sie zur Folge hat, dass er seine Füße nicht mehr spürt. Denn einige Medikamente haben heftigere Nebenwirkungen als andere. Lässt man diese weg, geht es einem zwar kurzfristig besser. Ein paar Monate später entstehen dann eventuell Resistenzen, und Patienten können dadurch früher sterben. Das will man natürlich therapeutisch vermeiden.

Warum gibt es diese Kombinationen in Deutschland nicht?

Es gibt sie, aber nur in sehr geringem Maße, weil sich die Produkthersteller in diesem Punkt erst einigen müssten. Sie müssten sich zum Beispiel auf einen Namen einigen und darauf, wie sie die Profite verteilen. Da das oft nicht funktioniert, müssen die Aids-Patienten hier oft mehr Pillen einnehmen als in Afrika.

Und die sind auch noch teurer. Woran liegt das?

An den patentbasierten Monopolen. Wenn es nur einen Hersteller gibt, kann er die Preise so setzen, wie er möchte. Wenn es hingegen mehrere Hersteller gibt, treten diese miteinander in Wettbewerb. In Indien gibt es nicht nur einen Generika-Hersteller für diese Medikamente, sondern eher ein halbes Dutzend – das sorgt für einen Preiswettbewerb.

Und diese Kopisten machen nicht nur Originale nach, sie verbessern sie auch?

Das ist so ähnlich wie in der Musik, beim Sampling oder Remix.

Viele Mashup-Künstler behaupten, dass sie im Remix Neues schaffen. Kann man diese Parallele für Medikamente ziehen?

Da ist in der Tat eine Parallele: Das »Medikamenten-Mashup«, wenn man es so nennen will, bietet große Vorteile. Und genau wie bei der Musik besteht das Problem, dass man alle einzelnen Rechte zusammentragen muss. Deshalb ist das in solchen Bereichen viel einfacher, wo keine Patentrechte geklärt werden müssen. Theoretisch könnten das auch Pharmafirmen hier schaffen, aber der Aufwand für drei Firmen, sich zu einigen, scheint oft zu hoch zu sein.

Aber es gibt ja Generika, also scheint das Problem gelöst?

Nein, ist es nicht. Die HIV-Behandlung funktioniert so: Hat man bei jemandem die Infektion diagnostiziert, wird geschaut: Wie viele Immunzellen hat dieser Mensch noch im Blut? Nach ein paar Jahren sinken die Immunzellen so weit, dass die Behandlung einsetzen muss. Dann bekommt der Patient antiretrovirale Medikamente. Das funktioniert aber oft nur ein paar Jahre, dann müssen die Medikamente abgesetzt werden, weil entweder das Virus Resistenzen herausgebildet hat oder die Nebenwirkungen zu stark geworden sind. Dann muss auf die sogenannte zweite Therapielinie gewechselt werden. Diese besteht aus neueren Medikamenten, und schon stehen wir wieder vor einem Problem: Denn diese Medikamente sind entweder nicht generisch zu erhalten oder die Generikaproduktion ist durch Patentanträge bedroht.

Deshalb ist diese zweite Therapielinie auch teurer?

Sie kostet heute rund 800 Dollar pro Patient und Jahr. Das liegt daran, dass die enthaltenen Wirkstoffe in Indien teilweise nur vorübergehend patentfrei sind. Indien hat erst im Jahr 2005 Patente auf Pharmawirkstoffe eingeführt. Das war eine Auflage der Welthandelsorganisation (WTO). Das indische Patentgesetz hat versucht, die Vorgaben der WTO aus dem sogenannten TRIPS-Abkommen zum Nutzen ihrer Patienten sehr flexibel umzusetzen. Deshalb gibt es verschiedene Klauseln – zum Beispiel eine, die besagt, dass nichts patentiert werden kann, was vor Gründung der WTO im Jahr 1995 entdeckt wurde. Aber für alle Medikamente, die zwischen 1995 und 2005 entwickelt wurden, können Patentanträge gestellt werden. Und dazu gehören die wichtigsten Medikamente der zweiten Therapielinie. Die Patentanträge auf diese wichtigen Medikamente werden derzeit bearbeitet und es besteht die Gefahr, dass einige von ihnen durchkommen.

Das Argument für den Patentschutz, das auch die WTO benutzt, lautet: Forschung ist sehr teuer. Wenn jemand ein neues Original findet, muss er es, schon allein aus wirtschaftlichen Gründen, schützen können. Können Sie dieses Argument – gerade mit Blick auf die Medikamente der zweiten Therapielinie – nachvollziehen?

Ich kann nachvollziehen, dass es einen ökonomischen Anreiz geben muss. Um zur Musik zurückzukommen: Nur vielleicht eines von 1000 Stücken, die Hobby-Bands schreiben, ist wirklich gut. In der Musik ist das nicht schlimm. Bei Medikamenten ist das natürlich anders. Bevor wir ein Generika-Medikament einsetzen, muss es mehrere Tests durchlaufen. Und die sind teuer. Aber sind Patente der einzige Weg, um an dieses Geld zu kommen? Ich glaube, nein.

Welche Alternativen gibt es?

In der Weltgesundheitsorganisation werden derzeit andere Anreizstrukturen diskutiert. Denn ein Fehler, den viele begehen, die für sehr strikte geistige Eigentumsrechte eintreten, besteht darin, zu behaupten, ohne Monopole gäbe es keine Anreize für Kreativität. Das ist falsch. Bei Medikamenten gibt es eine große öffentliche Förderung: Bei den sogenannten vernachlässigten Krankheiten, für die es im Norden keinen Markt gibt, wie zum Beispiel Tuberkulose und die afrikanische Schlafkrankheit, ist die öffentliche Förderung ein sehr wichtiger Antrieb.

Können Sie ein weiteres Beispiel aus Ihrer Arbeit geben?

Wir bräuchten zum Beispiel einen Tuberkulose-Schnelltest, der mit einem Tropfen Blut ein Ergebnis zeigt. Dafür könnte man sogenannte Forschungsprämien einsetzen: Wer zuerst einen solchen Test entwickelt und die Ergebnisse der Allgemeinheit zur Verfügung stellt, bekommt 50 Millionen Dollar. Das ist eine sehr spannende Idee, die von Barbados in die Diskussion eingebracht wurde.

Die Pharmaindustrie argumentiert, dass es beispielsweise in Indien nicht nur Arme, sondern auch sehr viele Reiche gibt.

Es ist sicherlich richtig, dass es in Indien, absolut gesehen, mehr reiche Leute gibt als beispielsweise in manchem europäischen Land. Indien hat schließlich mehr als eine Milliarde Einwohner. Wenn man jetzt aber auf Basis des Patentsystems Medikamente in Indien entwickelt, dann ergeben sich Preise für die vielleicht 50 Millionen Menschen der Mittelschicht. Das heißt aber, dass 950 Millionen auf der Strecke bleiben. Das ist für uns nicht akzeptabel. Wir glauben, dass es andere Wege geben muss: Man könnte beispielsweise sagen, Indien bleibt patentfrei, muss dafür jedoch einen prozentualen Anteil seines Bruttoinlandsprodukts in die globale Pharmaforschung stecken. So ist die indische Mittelschicht finanziell beteiligt, aber ohne die 950 Millionen Menschen auszuschließen, die nicht zur indischen Mittelschicht zählen.

Sie sind also – zumindest in ärmeren Ländern – klar gegen Patente auf Medikamente?

Bei lebensnotwendigen Medikamenten ist es aus unserer Sicht nicht zu rechtfertigen, dass mithilfe von Patenten die Produktion von Generika unterbunden wird. Wir wollen einen Wettbewerb zugunsten der Armen.

Ärzte ohne Grenzen ist eine humanitäre Organisation, die Menschen direkt helfen will. Ist es nicht merkwürdig, dass Sie sich mit diesen juristischen und politischen Fragen befassen müssen?

Ärzte ohne Grenzen arbeitet nicht daran, das Weltwirtschaftssystem umzukrempeln. Wir leisten humanitäre Nothilfe. Daher war es für uns als Organisation auch ein großer Schritt, als wir hinsichtlich des Zugangs zu lebensnotwendigen Medikamenten zu quasi politischer Kampagnenarbeit übergegangen sind. Denn es ist für uns eben nicht akzeptabel, dass Menschen vom Zugang zu lebensnotwendigen Medikamenten ausgeschlossen sind. Das Recht auf Gesundheit ist immerhin ein Menschenrecht.

Deshalb sind Sie zum Lobbyisten fürs Kopieren geworden?

Ich mag das Wort »Lobbyist« nicht gerne. Mit dem Kopieren von Medikamenten, mit dem Kopieren von Behandlungsmethoden habe ich aber überhaupt keine Probleme. Es hilft uns und unseren Patienten.

Zum Abschluss: Wie geht es weiter mit der Aids-Therapie?

Die Generika-Versorgungslage bei den neueren Medikamenten wird sich deutlich verschlechtern. Es wird sicher noch einige Jahre dauern, bis alle vorliegenden Patentanträge in Indien bearbeitet wurden. Danach werden zügig weitere Medikamente bereits vor der Markteinführung in Indien patentiert werden. Das wird den Generika-Markt sehr behindern.

Was kann man dagegen tun?

Wenn die zweite Therapielinie nicht günstiger wird, ist die Aids-Therapie in ärmeren Ländern zum Scheitern verurteilt. Dagegen helfen nur Generika-Medikamente. Deshalb fordern wir von den Pharma-Unternehmen: Verzichtet auf eure Patente in Indien oder gebt freiwillig kostenlose Lizenzen! Indien muss seine rechtlichen Regelungen zur Vereinfachung der Generika-Produktion unbedingt aufrechterhalten. Dabei muss Indien gegen den Druck aus den USA und der EU unterstützt werden.

Nachtrag: Im Sommer 2010 setzte das Aktionsbündnis gegen Aids vor der Internationalen Aids-Konferenz in Wien einen Vorschlag auf die öffentliche Agenda, der unter dem Titel »Patent-Pool« einen Ausweg aus der Debatte um Patente und Aids-Medikamente sucht. Auf seiner Website erklärt das Aktionsbündnis den Vorschlag so:

> »Ein Patentpool bedeutet, dass mehrere Patente von verschiedenen Patentinhabern (Firmen, Universitäten, staatlichen Institutionen) zusammengelegt werden. So können Dritte (z. B. Generika-Hersteller) nach der Zahlung einer Lizenzgebühr diese Patente nutzen. Durch ein solches System ist der gleichzeitige Zugriff auf mehrere Patente einfacher – sozusagen ein ›Patent-One-Stop-Shop‹.«[54]

In einem Interview mit dem *Deutschlandfunk* wies Oliver Moldenhauer auf dieses Modell hin und erläuterte, warum ein solcher Pool notwendig ist: »Der größte Teil des Geldes mit Aids-Medikamenten wird in den USA und in Europa gemacht. Deshalb meinen wir, die große Pharma-Industrie sollte auf die ohnehin spärlichen Profite im Süden verzichten und den Weg frei machen für die Generika-Firmen.«[55]

---

54 Aktionsbündnis gegen Aids, »Ein ›Patentpool‹ für Medikamente«, online verfügbar unter: ⟨www.aids-kampagne.de/materialien/dossiers/patentpool/⟩ (Stand März 2011).
55 »Medikamente für alle«, Interview mit Oliver Moldenhauer auf: *dRadio Wissen* (16. Juli 2010), online abrufbar unter: ⟨http://wissen.dradio.de/hiv-medikamente-fuer-alle.33.de.html?dram:article_id=4215⟩ (Stand Februar 2011).

IV Das Gesetz der vagabundierenden Kopie

>You can't steal a gift.
Bird gave the world his music,
if you can hear it you can have it.«
Dizzy Gillespie

Will man den Unterschied zwischen der produktiven Referenzkultur auf der einen und dem Kopieren als reine Reproduktionstechnik auf der anderen Seite herausarbeiten, lohnt ein Blick ins Gesetz. Das deutsche Urheberrechtsgesetz (UrhG) verwendet für Letzteres den Begriff der Vervielfältigung. In Paragraph 16, Absatz 1 heißt es dazu: »Das Vervielfältigungsrecht ist das Recht, Vervielfältigungsstücke des Werkes herzustellen, gleichviel ob vorübergehend oder dauerhaft, in welchem Verfahren und in welcher Zahl.« Gesetzlich geregelt wurde dieses Recht, weil es, wie Hillel Schwartz schreibt, ein gesellschaftliches Entsetzen angesichts »vagabundierender Kopien« gibt. Diesem Entsetzen versucht das Urheberrecht entgegenzuwirken, das eben dem Schutz der Urheber vor solchen vagabundierenden Kopien dienen soll.[1] Das Wort geht auf das Lateinische *vagabundus* zurück, was so viel heißt wie »unstet« oder »umherschweifend«. Und genau das sind Kopien, wenn der Umgang mit ihnen nicht geregelt wird: unstet und vor allem schwer zu kontrollieren.[2]

So logisch es aus heutiger Sicht scheinen mag, die umherschweifenden Kopien zu reglementieren: Das Urheberrecht ist ein

1   Dort heißt es im ersten Paragraphen: »Die Urheber von Werken der Literatur, Wissenschaft und Kunst genießen für ihre Werke Schutz nach Maßgabe dieses Gesetzes.« Vgl. *Urheber- und Verlagsrecht*, herausgegeben von Hans-Peter Hillig, München: DTV [13]2010, S. 9.
2   Das gilt übrigens keineswegs nur für digitale Kopien.

vergleichsweise junges Rechtsgebiet. Im Zuge seiner Entstehung stellte es die »Juristen und Literaten des 18. Jahrhunderts« vor große Herausforderungen, wie der Literaturwissenschaftler Thomas Weitin schreibt:

> »Für sie war das Urheberrecht im Sinne eines ›geistigen‹ Eigentums am Werk eine ungewohnte Vorstellung, über die sich noch Goethe lustig machte. Wie sollte sich der Geist des Autors als Träger des Besitzanspruchs am Werk in demselben nachweisen lassen? Wie war die Verletzung seines Anspruchs konkret festzustellen?«[3]

Um diese Verwunderung über das Urheberrecht und die ihm zugrunde liegende Vorstellung eines geistigen Eigentums zu verstehen, muss man etwas weiter zurückgehen – genauer: bis in die Renaissance. Damals entstand die oben bereits skizzierte Vorstellung vom Originalgenie, das Werke im Sinne des heutigen Urheberrechts als »persönliche geistige Schöpfungen«[4] herstellt und daran dem materiellen Eigentum vergleichbare Rechte hält. Arnold Hauser stellt in seiner *Sozialgeschichte der Kunst und Literatur* fest, dem Mittelalter sei der Geniebegriff noch »vollkommen fremd« gewesen. Die frühere Haltung, die »in der Originalität und Spontaneität des Geistes keinen eigenen Wert erkannte, die Nachahmung für empfehlenswert und das Plagiat für zulässig hielt«, habe sich erst ab dem späten 14. Jahrhundert gewandelt: »Das grundlegend Neue an der Kunstauffassung der Renaissance ist die Entdeckung des Geniebegriffs und die Konzeption der Idee, daß das Kunstwerk die Schöpfung der selbstherrlichen Persönlichkeit sei, daß diese Persönlichkeit über Tradition, Lehre und Regel, ja über dem Werk selber stehe.« Aus diesem veränderten Kunstverständ-

---

3 Thomas Weitin, »Eigentümlich genial«, in: *Der Standard* (27./28. Februar 2010).
4 In Paragraph 2, Absatz 2 UrhG heißt es dazu: »Werke im Sinne dieses Gesetzes sind nur persönliche geistige Schöpfungen.« Vgl. *Urheber- und Verlagsrecht*, a. a. O., S. 9.

nis erwächst zunächst eine Konkurrenzsituation[5] und dann, darauf aufbauend, ein verstärktes Bewusstsein für den Status des Kunstwerks als Ware. Hauser weiter:

> »Die Entwicklung des Geniebegriffs beginnt mit der Konzeption des geistigen Eigentums. Im Mittelalter fehlte sowohl diese Vorstellung als auch der Wille zur Originalität; die beiden hängen miteinander unmittelbar zusammen. Solange die Kunst nichts als die Darstellung der Idee Gottes und der Künstler nur das Medium ist, durch welches die ewige, übernatürliche Ordnung der Dinge sichtbar wird, kann weder von einer Autonomie der Kunst noch von dem Eigentum des Künstlers an seinem Werk gesprochen werden.«

Dieser Wandel legt den Grundstein für eine geistesgeschichtliche Veränderung,[6] die auch mit einer neuen Marktsituation zusammenhängt. Denn: »Der Typus des ›Originalgenies‹ erscheint erst im 18. Jahrhundert, als die Künstlerschaft bei dem Übergang vom Mäzenatentum zum offenen, schutzlosen Markt um ihre materielle Existenz einen härteren Kampf zu führen hat als je zuvor.«[7] Das »Vagabundieren der Kopien« wird also nicht nur durch den technischen Fortschritt, auf den ich im Folgenden eingehen werde, zu einer Herausforderung, sondern auch durch die veränderte Rolle des Künstlers, der nun zu einem freien Akteur auf dem Kunstmarkt wird.

Man muss diese beide Komponenten kennen, auf denen das heutige Urheberrecht basiert: die Idee vom kreativen Kunstschöpfer und das Ziel, dessen Werke, ähnlich dem materiellen Eigentum, rechtlich in den Griff zu bekommen. Die Politikwissenschaftlerin Jeanette Hofmann spricht unter Verweis auf den Medienrechtler Viktor Mayer-Schönberger von einem »ur-

---

5 Hauser schreibt in diesem Zusammenhang: »Der Wille zur Originalität wird zu einer Waffe im Konkurrenzkampf.« Vgl. Arnold Hauser, *Sozialgeschichte der Kunst und Literatur*, München: C. H. Beck 1983, S. 348.
6 Bei Hauser heißt es dazu: »Für das Mittelalter hatte das Kunstwerk nur einen gegenständlichen Wert, die Renaissance legte ihm auch einen Persönlichkeitswert bei.« Arnold Hauser, a. a. O., S. 351.
7 Arnold Hauser, a. a. O., S. 348.

heberrechtlichen Narrativ«,[8] das sich in der Vorstellung ausdrückt,[9] »dass sich kulturelle Werke einzelnen Produzent/in-
nen zuordnen lassen und dass diese Schöpfer-Werk-Bezie-
hung eigentumsähnliche Verfügungsrechte begründet. Dem
wiederum liegt die Annahme zugrunde, dass Informationsgü-
ter in ähnlicher Weise eigentumsfähig sind wie materielle Dinge auch.«[10] Ich werde unten noch ausführlicher auf die Kritik
an dieser Vorstellung eingehen. Um die historische Entstehung
des Urheberrechts nachzuvollziehen, will ich jedoch zunächst
den Blick auf etwas richten, das für Thomas Weitin den »Geburtshelfer des modernen Urheberrechts« darstellt: die Fixierung auf das Genie. Dieses, so Weitin,

> »ist originell – oder es ist nicht.[11] Wenn es nachahmt, dann nur
> seine eigenen, ihm eigentümlichen Gefühle. Bis zur Mitte des
> 18. Jahrhunderts wurde das Adjektiv ›eigentümlich‹ besitzanzei-
> gend gebraucht. Erst mit dem Genie entsteht die Idee der Eigen-
> tümlichkeit im Sinne einer sozialen Identität. Sie ist es, die Ori-
> ginalität auf Seiten des Künstlers wie seines Werks bezeichnet

---

8 Vgl. Viktor Mayer-Schönberger, »In Search of the story: Narratives of intellectual property«, in: *Virginia Journal of Law and Technology* 10/11 (2005),
S. 1-19.
9 Auch Jonathan Lethem geht in seinem Essay auf diesen Aspekt ein. Er
weist darauf hin, dass vermutlich »nur wenige das zeitgenössische Konstrukt
des Urheberrechts infrage stellen« werden, weil sie darin eine Art eines »uni-
versell anerkannten moralischen Absolutums« erkennen, vergleichbar etwa
dem »Gesetz gegen Mord«, oder »eines Naturgesetzes, wie [dem] Gesetz
der Schwerkraft. Tatsächlich aber ist das Copyright weder das eine noch
das andere. Es ist viel eher Gegenstand anhaltender sozialer Verhandlungen,
unentwegt wird an ihm weitergesponnen, es wird unendlich revidiert und
ist doch in jeder Inkarnation unvollkommen.« Jonathan Lethem, a. a. O.
(S. 22, Anm. 9), S. 60f. Lethem schreibt weiter: »Hinter jedem James Joyce,
Woody Guthrie oder Walt Disney, der seinem Werk eine Fülle von Stimmen
einverleibt hat, steht ein Unternehmen oder eine Nachlass-Verwaltung, einzig
darauf erpicht, die Flasche zuzustöpseln: Kulturelle Anleihen strömen herein,
aber nicht hinaus. Diesen Trend könnte man ›Quellen-Heuchelei‹ nennen.«
Ebd., S. 62.
10 Jeanette Hofmann, a. a. O. (S. 56, Anm. 74), S. 18.
11 Auf die binäre Opposition originell/nicht originell werde ich im Schlusskapitel noch einmal eingehen.

und daher geistigen Besitz als das Eigentum des Eigentümlichen begründen kann.«[12]

Diese geistesgeschichtliche Entwicklung geht einher mit einem technologischen Fortschritt, der der Entstehung des Urheberrechts aus eher pragmatischen Gründen den Weg bahnt, wie der Jurist Theodor Enders erläutert: »Mit der Erfindung des Buchdruckes im 15. Jahrhundert sowie der Holzschneidekunst und des Kupferstiches wurden größere Auflagen möglich. Damit kam der Berufsstand Verleger und Drucker auf den Markt, mit dem Bedürfnis nach Schutz vor Nachdrucken.« Die Kulturwirtschaft tritt somit an die Stelle des Mäzenatentums, das auf dem Gedanken, der *artes liberales* basierte,

> »wonach nur ein freier Mensch der Ausübung höherer Kunst würdig war. Nach der damit einhergehenden Ethik hatte dies unentgeltlich zu erfolgen. Der nicht betuchte Kulturschaffende war auf die Gunst eines Mäzens angewiesen. Dieser sorgte für die Verbreitung seines Werkes und sicherte den Lebensunterhalt. Dafür durfte der Mäzen mit dem Kunstwerk verfahren, wie er wollte, insbesondere durch Sklaven Vervielfältigungen vornehmen lassen.«[13]

Die Möglichkeit, schnell und kostengünstig zu drucken, führte nicht nur zu einer rascheren Verbreitung des Wissens. Sie schuf auch das Problem ungenehmigter Nachdrucke. Diesem begegnete man mit sogenannten Druckprivilegien. Der vielleicht bekannteste Inhaber eines solchen Privilegs war der Buchdrucker Johannes von Speyer, der sich 1469 in Venedig niederließ und dort fortan als einziger Bürger drucken durfte. Gerd Hansen weist jedoch darauf hin, dass »vom Beginn des 16. bis ins späte 18. Jahrhundert die Lösung für Rechte an immateriellen Gütern fast ausschließlich in Form von ausnahmsweise gewährten Privilegien« bestand, »die an die Druck- und

---

12 Thomas Weitin, a. a. O.
13 Theodor Enders, *Beratung im Urheber- und Medienrecht*, Bonn: Deutscher Anwaltsverlag, S. 25.

nicht die Geisteswerke anknüpften«.[14] Zudem, schreibt der Journalist Rudolf Walther in der *tageszeitung*, hatten die Druckprivilegien »den Nachteil, dass sie nur in einem Land galten, was in den kleinen deutschen Staaten der frühen Neuzeit keinen wirksamen Schutz vor Nachdrucken bot. Bücherschmuggel war während Jahrhunderten ein ebenso lukratives Geschäft wie in neuerer Zeit der Schmuggel von hoch besteuerten Zigaretten.« Er kommt zu dem Schluss: »An den Schutz der Rechte von Autoren dachte auch zwischen dem 15. und dem 18. Jahrhundert niemand.«[15]

Unter anderem wohl auch deshalb wird der Beginn dessen, was wir heute als Urheberrecht verstehen, auf das London des 18. Jahrhunderts datiert. Zwar hatte, so der Journalist und Informatiker Robert A. Gehring, »Königin Mary I. bereits 1557 ein privat verwaltetes Urheberrechtssystem geschaffen, für das die ›Company of Stationers of London‹ zuständig war. Dieses System bestand bis 1709, als es durch das erste moderne Urheberrechtsgesetz, das ›Statute of Anne‹, abgelöst wurde.«[16] Das von Königin Anne erlassene Gesetz trat am 10. April 1710 in Kraft. Der erste Satz betont explizit die Absicht, das Wissen und Lernen zu fördern. Er lautet: »An act for the encouragement of learning, by vesting the copies of printed books in the authors or purchasers of such copies, during the times therein mentioned.«[17]

Aus Anlass seines 300. Geburtstags erinnerten im Frühjahr 2010 zahlreiche, vor allem angelsächsische Medien an dieses

14 Gert Hansen, a. a. O. (S. 38, Anm. 35), S. 14.
15 Rudolf Walther, »Eine kleine Geschichte des Urheberrechts«, in: *die tageszeitung* (8. September 2009).
16 Robert A. Gehring, »Einführung ins Urheberrecht«, in: *Urheberrecht im Alltag*, herausgegeben von Valie Djordjevic et al., Bonn: Bundeszentrale für politische Bildung 2008, S. 239-251, S. 241.
17 Zitiert nach Adrian Johns, *Piracy. The intellectual property wars from Gutenberg to Gates*, Chicago: University of Chicago Press 2009, S. 143, online nachzulesen unter: ⟨http://copyrighthistory.com/anne.html⟩ (Stand März 2011).

Gesetz, das »erstmalig dem Autor eines Werks das Recht auf die Herstellung von Kopien für begrenzte Zeit« zusprach.[18] Benedikt Rubbel schreibt dazu in einem Beitrag auf der Website der attac-Arbeitsgruppe »Wissensallmende«, dieses Recht sei

> »im 18. Jahrhundert eingeführt [worden], um die Produktion von Kulturgütern, wie Bücher, Zeitschriften oder Musikstücke [sic!] zu fördern. So gibt beispielsweise die Verfassung der USA von 1787 dem Kongress das Recht ›to promote the progress of science and useful arts, by securing for limited time to authors and inventors the exclusive right to their respective writings and discoveries‹.«[19]

Auf diese Stelle der US-Verfassung bezieht sich auch der kanadische Journalist Jim Lebans, der in einer Sendung im kanadischen Radio *CBC* die Geschichte des Urheberrechts nachzeichnete. Dabei betont er, das Urheberrecht sei auch eingeführt worden, um das gesellschaftliche Lernen anzuregen: »Die Öffentlichkeit hat ein Interesse am Fortschritt des Wissens und an kultureller Entwicklung. Um Künstler, Musiker und Wissenschaftler zu motivieren, einen Wert für die Allgemeinheit zu schaffen, wurde dieses zeitlich begrenzte Urheberrecht eingeführt.«[20]

Die noch jungen USA folgten dem britischen Vorbild des *Statute of Anne* ebenso wie Frankreich und, mit einiger Verspätung, Deutschland. Robert A. Gehring schreibt über die Entwicklung:

> »Als erstes deutsches Land führte 1810 Baden im neuen Landrecht ein angepasstes Urheberrecht nach französischem Vorbild

18 Robert A. Gehring, a. a. O., S. 241.
19 Benedikt Rubbel, »Urheberrecht/Copyright«, online verfügbar unter: ⟨http://www.attacmarburg.de/wissensallmende/digital/urheberrecht.php⟩ (Stand März 2011).
20 Jim Lebans, »Who owns ideas?«, ausgestrahlt am 10. September 2008 auf *CBC* Kanada, online abrufbar unter: ⟨http://castroller.com/podcasts/Ideas/255697-Who%20Owns%20Ideas⟩ (Stand Februar 2011).

ein. […] Mit dem ›Gesetz zum Schutz des Eigenthums an Werken der Wissenschaft und Kunst in Nachdruck und Nachbildung‹ setzte Preußen 1837 eines der modernsten und umfassendsten Urheberrechtsgesetze der damaligen Zeit in Kraft.«[21]

Der Verweis auf das französische Vorbild ist deshalb wichtig, weil sich bereits im 18. Jahrhundert zwei unterschiedliche Interpretationen des Urheberrechts herausbildeten:

> »Das im angloamerikanischen Rechtsraum entstandene Copyright-Regelwerk hatte das öffentliche Interesse an Wissensproduktion und -verbreitung zum Ausgangspunkt eines zeitlich und umfänglich beschränkten, exklusiven Rechts am Kopieren von Werken. Das kontinentale, französische Modell hingegen setzte den Schöpfer und seine Persönlichkeitsrechte an den Anfang.«[22]

Ausgehend von dem *Statute of Anne* hatte sich das Urheberrecht in der westlichen Welt also in unterschiedliche Richtungen entwickelt, sodass man heute juristisch zwischen der angelsächsischen Variante des Copyrights und der kontinentaleuropäischen Tradition des Droit d'auteur[23] unterscheidet. Allerdings weist Gerd Hansen (in Bezug auf beide Ansätze) darauf hin, dass der Schutz des Urhebers in der Geschichte des Rechtsgebiets nicht immer im Mittelpunkt gestanden habe:

> »Ideengeschichtlich ist die Gleichsetzung des Urheberrechts mit dem Schutz des Urhebers keineswegs zwingend vorgegeben – im Gegenteil […] war die Schutzgewährung zunächst für den Verleger, später dann aber unter dem Eindruck der Aufklärung auch für den Urheber und noch später in Zeiten der Weimarer Republik aufgrund der Annahme der Sozialgebundenheit des Urheberrechts mal stärker, mal weniger stark ausgeprägt stets auch von nutzen- und nutzerorientierten Schutzerwägungen getragen, die über das Schutzsubjekt des Urhebers (bzw. des Verlegers) deutlich hinauswiesen.«[24]

21 Robert A. Gehring, a. a. O., S. 243.
22 Ebd.
23 Dieser französische Begriff bedeutet so viel wie »Anrecht des Autors«, siehe dazu ausführlicher die Anmerkungen im Glossar.
24 Gerd Hansen, a. a. O. (S. 38, Anm. 35), S. 39.

Die Differenz zwischen den beiden urheberrechtlichen Her-
angehensweisen lässt sich sehr anschaulich am Beispiel der
Rechte an den Songs der Beatles illustrieren: »Wenn Beatles-
Titel im Radio gespielt oder ein weiteres Mal durch Internet-
Musikläden als MP3 verkauft werden, verdienen die noch le-
benden Beatles Paul McCartney und Ringo Starr keinen Cent
daran. Die Kasse klingelt dann bei dem Verlag, der die komplet-
ten Rechte der Beatles-Songs innehat«, erläutert der Journalist
Sebastian M. Krämer in der SWR2-Sendung »Gemein-Freiheit – Vorboten einer freien digitalen Kultur« in Bezug auf
die angelsächsische Copyright-Tradition. Er fährt fort:

> »Der Verkauf aller Rechte eines geistigen Werkes ist im konti-
> nental-europäischen Recht nicht möglich. Wären Paul McCart-
> ney und Ringo Starr französische oder deutsche Staatsbürger,
> hätten sie immer noch über die Nutzung der Beatles-Musik be-
> stimmen und auch daran verdienen können. Das kontinental-eu-
> ropäische Urheberrecht, wie es in Frankreich, Deutschland oder
> in der Schweiz gilt, ist vom humanistischen Gedanken der fran-
> zösischen Revolution geprägt: Ein Werk ist geistiger und kreati-
> ver Ausdruck eines Individuums.«

Und an diesem schöpferischen Individuum hängen nach diesem Verständnis die Urheberrechte – sogar über den Tod des
Urhebers hinaus: Siebzig Jahre dauert es nach aktueller Geset-
zeslage, bis ein Werk den urheberrechtlichen Schutz verliert
und gemeinfrei wird. »Das anglo-amerikanische ›public domain‹[25] ist in Deutschland nicht möglich. Der deutsche Autor
kann nur Nutzungsrechte an einen Verleger vergeben, der seine Werke verbreiten und verwerten soll.«[26]

25 Der Begriff aus dem amerikanischen Urheberrecht beschreibt eine Form
der Gemeinfreiheit eines Werkes. Es handelt sich also um Werke, die keinen
urheberrechtlichen Schutz genießen bzw. bei denen der Autor darauf verzichtet. Siehe dazu auch die Anmerkung im Glossar.
26 Sebastian M. Krämer, »Gemein-Freiheit. Vorboten einer freien digitalen
Kultur«, S. 11, online verfügbar unter: ⟨www.swr.de/swr2/programm/sendun
gen/wissen/-/id=5420028/property=download/nid=660374/1tkzzzs/swr2-
wissen-20091102.pdf⟩ (Stand März 2011).

Der zweite Unterschied zwischen dem angelsächsischen und dem kontinentaleuropäischem Modell steckt in der Möglichkeit des sogenannten Fair Use, das das amerikanische Copyright kennt, das deutsche Urheberrecht jedoch nicht. Krämer erläutert: »Als Fair Use bezeichnet man in der anglo-amerikanischen Rechtstradition, wenn geistige Werke für Bildungszwecke wie auch als Inspirationen für eigene Ideen verwendet werden. Hierbei muss man den Autor nicht um Erlaubnis fragen.«[27] Das kontinentaleuropäische Urheberrecht kennt allerdings Regelungen, die dem Fair Use ähneln. »Im deutschen Urheberrecht«, schreibt Helmut Merschmann, »gibt es vergleichbare Ausnahmeklauseln, wie etwa die genehmigungsfreie Übernahme von Texten in Schulbücher, das Recht auf eine Privatkopie oder die Wiedergabe an elektronischen Lesegeräten.«[28] Diese Ausnahmen werden als »Schrankenbestimmungen« bezeichnet. Sie regeln beispielsweise das Kopieren für private Zwecke (Privatkopie-Schranke, § 53 UrhG) oder das Zitieren (§ 51 UrhG), also »die Vervielfältigung, Verbreitung und öffentliche Wiedergabe eines veröffentlichten Werkes zum Zweck des Zitats.«

Breitere öffentliche Aufmerksamkeit wurde dem Thema Fair Use im Rahmen der Pläne des US-amerikanischen Suchmaschinenanbieters Google zuteil, Bücher einzuscannen, Ausschnitte daraus ins Netz zu stellen und dort als elektronisch durchsuchbare Dateien anzubieten. Es war genau dieses Prinzip, auf das sich der Konzern dabei berief.[29]

Das Thema bekommt in der Geschichte des Urheberrechts vor allem durch das Aufkommen des sogenannten »Prosumenten«, also des vormals passiven, nun selbst aktiv gewordenen Nutzers, immer größere Bedeutung. In der lessigschen »Read-

27 Sebastian M. Krämer, a. a. O., S. 7.
28 Helmut Merschmann, »Wir lieben euch doch alle«, in: *Der Freitag* (8. Oktober 2009), online verfügbar unter: ⟨www.freitag.de/pdf-archiv/Freitag-2009-41.pdf⟩ (Stand März 2011).
29 Siehe dazu die Anmerkungen zum »Heidelberger Appell« im Glossar.

write-Society« wird schließlich jeder Nutzer selbst zu einem potenziellen Urheber und stellt somit die bisherige Rechtsauffassung infrage. Vermutlich deshalb hat sich auch der Blickwinkel des heutigen Rechts verschoben. Für den Medienrechtler Till Kreutzer ist längst evident, dass die Entwicklung des Urheberrechts zur Bekämpfung von »Piraterie« im Internet dient und einseitig den Interessen der Verwerter, der Film- und Musikindustrie, Softwareunternehmen und Verlage folgt. Er fordert deshalb, es sei höchste Zeit, »sich von der Grundentscheidung zu verabschieden, dass das Urheberrecht nur dem Rechteinhaber und dem Schutz seiner ausschließlichen Rechtsposition diene«.[30] Nur so könne gelingen, was auch Gerd Hansen in seinem Buch vorschlägt: die Entwicklung eines modernen Urheberrechts, das auch die Rolle der Öffentlichkeit und der Nutzer angemessen berücksichtigt. Denn genau das ist eine der Funktionen dieses Rechtsgebiets: »die aktive und passive Teilnahme am kulturellen Leben einer Gemeinschaft und die Teilhabe an den Errungenschaften der Wissenschaft zu ermöglichen«.[31]

Trotz der Unterschiede zwischen dem kontinentaleuropäischen und dem angelsächsischen Ansatz wurden im Lauf der Zeit internationale Vereinbarungen auf diesem Gebiet geschlossen. Als »Mutter aller Urheberrechtskonventionen« und »bedeutendster internationaler Vertrag zum Urheberrecht« gilt dabei die sogenannte *Revidierte Berner Übereinkunft* (RBÜ), die bereits 1886 getroffen und zuletzt 1979 überarbeitet wurde. Zwar hat diese Konvention heute nahezu weltweit Geltung, dennoch, so warnt Till Kreutzer, könne man nicht von einem weltweit einheitlichen Urheberrecht sprechen: »Die Welt hat

---

30 Till Kreutzer, »Den gordischen Knoten zerschlagen. Ideen für ein neues Urheberrechtskonzept«, in: *Copy. Right. Now! – Plädoyer für ein zukunftsfähiges Urheberrecht*, herausgegeben von der Heinrich Böll Stiftung, Berlin 2010, S. 45-55, S. 50.
31 Dirk von Gehlen, »Kreativität fördern«, Interview mit Gerd Hansen, in: *Süddeutsche Zeitung* (3. November 2009).

viele Urheberrechtsgesetze und die weichen zum Teil stark voneinander ab.«[32]

Es gibt allerdings abseits der konkreten Paragraphen auf einer abstrakteren Ebene eine allgemeine Tendenz, die in den unterschiedlichen Gesetzen zu beobachten ist. So ist »das Kopieren nicht nur der Ort kultureller Produktion«, schreibt die Publizistin Mercedes Bunz,

> »sondern auch der Ort ihrer Verwertung, ihrer Distribution, einer Distribution, die im Übrigen heutzutage ebenso zum Werksein dazugehört – andernfalls wäre es ja nur eine Privatkopie. Die Kopie ist also gleichzeitig ein kultureller wie ökonomischer Faktor, sie ist nicht nur ein Ort der Schöpfung, sondern auch einer der Abschöpfung; diese Abschöpfung regelt das Recht.«[33]

Auch Robert A. Gehring stellt diese Ausrichtung auf die Abschöpfung ökonomischer Gewinne fest. Er fasst die jüngsten rechtlichen Entwicklungen im Urheberrecht folgendermaßen zusammen: »Insgesamt betrachtet gehörten die Rechteinhaber zu den Siegern und die Werknutzer zu den Verlierern.«[34] Diese Entwicklung gehe einher mit einer immer strikteren Auslegung des Urheberrechts. »Es gab in den letzten siebzig Jahren keinen einzigen Moment, in dem das Urheberrecht zurückgenommen worden wäre«, stellt dazu der an der Duke Law School lehrende Jurist James Boyle fest, im Gegenteil: »Die Rechte-Inhaber haben festgestellt, dass sie mit ihren Werken länger Profite machen können. So wurde die Zeitspanne, in

---

32 Till Kreutzer, »Internationale Zusammenhänge. Der Traum von einem weltweit einheitlichen Urheberrecht«, in: *Urheberrecht im Alltag*, herausgegeben von Valie Djordjevic et al., Bonn: Bundeszentrale für politische Bildung 2008, S. 256-262, S. 259.
33 Mercedes Bunz, »Zum Projekt einer Economical Correctness. Das Urheberrecht und die Kopie als künstlerisches Konzept«, in: *Originalkopie – Praktiken des Sekundären*, herausgegeben von Gisela Fehrmann et al., Köln: DuMont 2004, S. 304-309, S. 307.
34 Robert A. Gehring, a. a. O., S. 250.

der das Urheberrecht gilt, immer weiter ausgedehnt.«[35] Diese Tendenz zur Verschärfung illustriert Jim Lebans am Beispiel von Walt Disney und dessen längst zur »Marke« gewordenen geistigen Schöpfung Mickey Mouse:

> »Walt Disney baute sein Unternehmen darauf auf, dass er Geschichten erzählte, die nicht mehr vom Urheberrecht geschützt und also gemeinfrei waren, wie Pinocchio oder Schneewittchen. Zudem nutzten die frühen Disney-Filme auch gemeinfreie Musik, weil man so keine Komponisten bezahlen musste. Aber die Verschärfungen des Urheberrechts in den vergangenen Jahrzehnten haben dazu geführt, dass bisher keines der Werke aus dem Disney-Konzern frei verfügbar wurde. Diese Verschärfungen kamen beispielsweise immer genau zum richtigen Zeitpunkt für Mickey Mouse. Als Mickey im Jahr 1928 erfunden wurde, galt der Urheberrechtsschutz für 56 Jahre, also bis zum Jahr 1984. Aber im Jahr 1976 wurde das Urheberrecht verändert und ausgedehnt, und Mickey wurde bis zum Jahr 2003 eingesperrt. Aber im Jahr 1998 wurde das Copyright erneut verlängert. Mickey befindet sich jetzt bis zum Jahr 2023 im exklusiven Eigentum der Firma Disney. Die Ironie dieser Entwicklung liegt darin, dass Firmen wie Disney von öffentlichem, also gemeinfreiem Wissen profitiert haben, durch die Verschärfung des Urheberrechts selbst jedoch nichts dazu beitragen. Sie benutzen selbstverständlich die Arbeit und Kreativität anderer, aber niemand kann dasselbe mit ihrer Arbeit machen.«[36]

Gegen diese einseitige Auslegung des Urheberrechts formierte sich natürlich auch Protest. Mitte der siebziger Jahre sorgte beispielsweise der Cartoonist Dan O'Neill mit Mickey-Mouse-Kopien für Aufsehen, die er unter dem Titel »Air Pirates« in Comicbüchern veröffentlichte. Der Disney-Konzern ging dagegen juristisch vor, und O'Neill und seine Mitstreiter gründeten die »Mouse Liberation Front«: »Die Front zur Befreiung der Maus war als propagandistische Bewegung gegen

35 So äußerte sich James Boyle in der Radiosendung »Who owns ideas?«, vgl. Jim Lebans, a. a. O.
36 Jim Lebans, a. a. O.

›den General Motors der Comicwelt‹ gedacht und trat vor allem bei Comicfestivals auf. Aus Solidarität mit den Pirates fertigten zahlreiche andere Zeichner illegale disney- und mausifizierte Arbeiten an«, erzählt Michael Hüners in seiner lesenswerten Geschichte der Mausbefreier, die bei weitem nicht alleine waren:

> »Die bekannteste ›illegitime‹ Disney-Parodie dürfte Wally Woods *The Disney Memorial Orgy* sein, eine doppelseitige Illustration, welche 1966 kurz nach dem Tod von Walt Disney erschien und eine erfolgreiche Unterlassungsklage des Disneykonzerns nach sich zog. Es zeigt eine Reihe von X-rated Handlungen in Disneyland: Während Micky sich einen Schuss setzt, vergnügt sich Goofy mit Minnie, die Sieben Zwerge penetrieren derweil Schneewittchen, und über all dem fliegt Dumbo, der Elefant, und kommentiert die Szenerie, indem er seinen Dung abwirft.«

Die Mouse Liberation Front scheiterte übrigens vor Gericht. »Angesichts der geringen finanziellen Möglichkeiten der Beklagten sah Disney aber größtenteils von einer Entrichtung ab.«[37] Die Kritik an Disney und den sich ständig ausdehnenden Schutzfristen blieb. Die Autoren des Buchs *Wissensallmende* konzentrieren sich dabei auf den Begriff des geistigen Eigentums selbst, den sie für irreführend halten. Sie schreiben:

> »Wir lehnen den Begriff des ›geistigen Eigentums‹ als Kampfbegriff der Befürworter der Ausweitung geistiger Monopole ab. Zum einen steht ›Eigentum‹ juristisch für eine Breite an Rechten, die für das ›geistige Eigentum‹ glücklicherweise (noch) nicht durchgesetzt ist. Die positive Konnotation des Begriffs ›Eigentum‹ dient zum anderen dazu, solchen Rechten einen Anschein von Legitimität zu verschaffen.«[38]

37 Michael Hüners, »Die Linie gehört uns«, in: *Frankfurter Rundschau* (13. November 2003).
38 Oliver Moldenhauer/Benedikt Rubbel/Sebastian Bödeker, *Wissensallmende. Gegen die Privatisierung des Wissens der Welt durch »geistige Urheberrechte«*, Hamburg: VSA 2005, S. 9, online verfügbar unter: ⟨www.attacmarburg.de/wissensallmende/basistext/AttacBT_15_Wissensallmende_niedrig.pdf⟩ (Stand März 2011).

In dieselbe Richtung geht die Kritik, die der Münsteraner Jurist Thomas Hoeren im Rahmen der öffentlichen Anhörung der Enquete-Kommission »Internet und digitale Gesellschaft« des Bundestags im Sommer 2010 formulierte:

> »Bitte, bitte verzichten Sie auf den dummen Begriff des geistigen Eigentums. Der kommt aus der Diskussion um etwa 1810 bis 1830, als die Preußen einen Kampfbegriff brauchten, um das Urheberrecht zu pushen und den ›dummen‹ Politikern irgendwie klarmachen mussten: Wir brauchen das jetzt. Das haben die dann verstanden und haben gesagt: Ach, das ist so was wie Eigentum, also geistiges Eigentum.«[39]

Dieser Vergleich mit dem Begriff des materiellen Eigentums sei allerdings irreführend. Wenn man von geistigem Eigentum spräche,[40] »würde auch die Sozialbindung des Eigentums greifen. Daran denken viele gar nicht.«[41] Einen weiteren Unter-

---

39 Thomas Hoeren in der Vierten Sitzung der Enquete-Kommission »Internet und digitale Gesellschaft« am 5. Juli 2010 in Berlin, online aufrufbar unter: ⟨www.bundestag.de/internetenquete/mediathek/index.jsp⟩ (Stand Februar 2011).

40 Zum Unterschied zwischen materiellem und immateriellem Eigentum äußert sich auch Jim Lebans in seiner Sendung »Who owns ideas?«: »Die Erfinder des Urheberrechts hielten die zeitlich begrenzten Monopole der Urheber für ein notwendiges Übel. Sie gingen davon aus, dass Urheber ihre Werke nicht besitzen sollten, wie sie zum Beispiel Land besitzen. Veröffentlichte Ideen sollten, auch der Öffentlichkeit gehören.« Jim Lebans, a. a. O.

41 Thomas Hoeren, a. a. O. Zum Gedanken der Sozialbindung des geistigen Eigentums führt Patrick von Braunmühl in dem Interview »Geistiges Eigentum verpflichtet«, online verfügbar unter: ⟨www.bpb.de/themen/MUCP 42,0,0,Geistiges_Eigentum_verpflichtet.html⟩ (Stand März 2011), aus: »Verfassungsrechtlich gesprochen, gibt es beim körperlichen Eigentum die Sozialbindung des Eigentums – ›Eigentum verpflichtet‹. Die gleiche Sozialbindung muss es auch für das geistige Eigentum geben. Das Problem ist allerdings die Ausgestaltung dieser Sozialbindung. Bei klassischem Eigentum ist sie rechtlich sehr weit ausdifferenziert, da sie sich seit vielen hundert Jahren herausgebildet hat. Darüber besteht ein breiter gesellschaftlicher Konsens. Im Urheberrecht ist die Sozialbindung noch mit vielen Unsicherheiten behaftet. Die einen beklagen, dass die Wertschätzung und Akzeptanz des geistigen Eigentums hinter dem klassischen Eigentumsbegriff zurückbleibt; die anderen, dass es Exzesse im Urheberrecht gibt, weil die Sozialbindung noch nicht ausreichend entwickelt und ausdifferenziert wurde. Aus Verbrauchersicht sehen

schied zwischen materiellen und immateriellen Gütern beschreibt der Jurist Hauke Möller:

> »Geistige Güter sind nicht knapp. Jeden körperlichen Gegenstand gibt es nur einmal. Natürlich können von einer Sache mehrere Exemplare existieren. Dann aber kann jedes Exemplar einen anderen Eigentümer haben. Ein bestimmtes Stück kann nicht von beliebig vielen Menschen gleichzeitig benutzt werden. Die Verwendung eines geistigen Gutes kann dagegen Dritte von seiner faktischen Nutzung nicht ausschließen. Der Erfinder verliert seine Idee nicht, wenn auch andere sie sich zunutze machen. Verloren geht ihm allenfalls die Exklusivität.«[42]

Zudem gibt es ein grundsätzliches Problem, wenn man immaterielle und materielle Güter in Bezug auf den Eigentumsbegriffs vergleicht. Da die Kopie (in Form einer vervielfältigten Musikdatei oder eines per Mail verschickten Zeitungsartikels) für den Kopierenden mit geringen bzw. überhaupt keinen Kosten verbunden ist, wird sie nicht nur zu einer alltäglichen Selbstverständlichkeit, sondern gar zu einer sozialen Tätigkeit.[43] Wo ohne Schaden und ohne direkte Kosten identische Duplikate erstellt werden können, sind ethisch begründete Verbote nur schwer durchsetzbar – im Gegenteil: Dem Menschen, der als soziales Wesen den Austausch sucht, scheint praktisch von Natur aus ein Drang zum Teilen innezuwohnen. Es lohnt sich, diese revolutionäre Verschiebung bei der Bewertung des Vervielfältigungsvorgangs in den Blick zu nehmen. Nicht das Kopieren erscheint unter diesen Voraussetzungen als moralisch fragwürdig, sondern die Weigerung, es zu tun.[44]

wir die Notwendigkeit für eine stärkere Sozialbindung beziehungsweise eine Klarstellung, was die Sozialbindung im Bereich Verbraucherschutz konkret bedeutet.«

42 Hauke Möller, »Art. 14 GG und das ›geistige Eigentum‹«, online verfügbar unter: ⟨http://www.jurpc.de/aufsatz/20020225.htm⟩ (Stand März 2011).

43 Vgl. dazu das Interview mit Urs Gasser im ersten Kapitel.

44 Auch André Spiegel weist in seinem Buch *Die Befreiung der Information. Gnu, Linux und die Folgen*, Berlin: Matthes & Seitz 2006, S. 150, auf diesen

Darauf basiert ein grundlegendes Problem bei der Beschreibung und Bewertung des kopierenden Verbrauchers, ein Phänomen, das ich als »Diebstahl-Dilemma« bezeichnen möchte und das den Kern dessen ausmacht, was immaterielle Güter von materiellen unterscheidet. Damit beziehe ich mich auf den Vorwurf, das Anfertigen von »Raubkopien« in Tauschbörsen erfülle den Tatbestand des Diebstahls. Zunächst einmal sind beide Begriffe juristisch nicht korrekt. Darüber hinaus sind sie meiner Einschätzung nach untauglich, um konstruktive Antworten auf die Frage zu finden, wie man auf die Veränderungen im Zuge der Digitalisierung reagieren soll.[45] Wie bereits erwähnt, findet sich der Begriff »Raubkopierer« in keinem deutschen Gesetz. Konsultiert man das Strafgesetzbuch, um herauszufinden, was genau man sich unter Raub vorzustellen hat, stößt man in Paragraph 249 auf folgende Beschreibung des Tatbestands:

> »Wer mit Gewalt gegen eine Person oder unter Anwendung von Drohungen mit gegenwärtiger Gefahr für Leib oder Leben eine fremde bewegliche Sache einem anderen in der Absicht wegnimmt, die Sache sich oder einem Dritten rechtswidrig zuzueignen, wird mit Freiheitsstrafe nicht unter einem Jahr bestraft.«

Umstand hin, wenn er schreibt: »Wer die Bitte ›Machst du mir mal 'ne Kopie davon?‹ mit dem Hinweis auf die Rechtslage ablehnen würde, dürfte für ziemlich wunderlich gehalten werden, wenn er nicht sogar riskiert, einen Freund zu verlieren. Den Zugriff auf eine Ressource zu verweigern, mit der keine erkennbaren Kosten verbunden sind, scheint sehr grundlegenden menschlichen Instinkten zu widersprechen.« Das Buch ist auch online verfügbar: ⟨www.die-befreiung-der-information.de/download/befreiung.pdf⟩ (Stand Februar 2011).

45 In Karl Marx' Artikel zum Streit um das Holzdiebstahlgesetz im 19. Jahrhundert findet sich ein Argument, das sich auch in der heutigen Diebstahldebatte um die digitale Kopie anbringen ließe: »Das Volk sieht die Strafe, aber es sieht nicht das Verbrechen, und weil es die Strafe sieht, wo kein Verbrechen ist, wird es schon darum kein Verbrechen sehen, wo die Strafe ist. Indem ihr die Kategorie des Diebstahls da anwendet, wo sie nicht angewendet werden darf, habt ihr sie auch da beschönigt, wo sie angewendet werden muß.«, Karl Marx, »Debatten über das Holzdiebstahlgesetz«, in: *Marx Engels Werke*, Band 1, Berlin: Dietz 1976, S. 109-147, S. 113.

Selbst der juristische Laie sieht sofort: Da beim Erstellen und Verteilen digitaler Kopien oder beim Brennen von CDs keinerlei Gewalt ausgeübt wird, ist der Begriff »Raub« hier eigentlich fehl am Platz. Auch darüber, ob das Tatbestandsmerkmal »eine fremde bewegliche Sache« erfüllt ist, ließe sich trefflich streiten. Das noch offensichtlichere Problem betrifft jedoch das Merkmal des »Wegnehmens«, schließlich setzt dieses voraus, dass ein Objekt weg, also nicht mehr da ist. Die kopierte Datei ist aber nicht verschwunden – im Gegenteil: Sie wurde dupliziert und existiert nun – mindestens – doppelt.[46] Deshalb kann man dem Richter Franz Schmidbauer nur zustimmen, der anlässlich des Prozesses gegen den BitTorrent-Tracker The Pirate Bay in einem Interview mit dem *ORF* sagte: »Ein solcher Vervielfältigungsvorgang kann aber auch dann, wenn er nach dem Gesetz nicht zulässig ist, niemals als Diebstahl angesehen werden, weil nichts weggenommen wird.«[47]

Damit soll dieser Vorgang nicht verharmlost werden. Ich halte es aber für bedeutsam, im Rahmen der Diskussion um das Urheberrecht auf die juristisch korrekten Begriffe hinzuweisen. Nur so kann es gelingen, die Situation zunächst angemessen zu beschreiben, um sie zu verstehen und anschließend Lösungen, zum Beispiel für eine angemessene Vergütung, zu finden. Denn ob die vergütungsfreie Nutzung urheberrechtlich geschützter Werke in Tauschbörsen juristisch und moralisch in Ordnung ist oder nicht, steht an dieser Stelle gar nicht zur Debatte. Hier geht es vielmehr um die Frage, wie man das Problem der vagabundierenden Kopien regeln kann. Ich halte es daher

---

46 Am 13. Februar 2010 wurde die bayerische Justizministerin Beate Merk im *Münchner Merkur* mit folgenden Worten zitiert: »Da Daten anders als Autos oder Handys keine Sachen sind, kann man sie nicht stehlen. Und wo es keine gestohlene Ware gibt, da gibt es auch keine Hehlerei.« Merk wollte mit diesem Argument den Ankauf einer CD mit gestohlenen Bankdaten rechtfertigen, mithilfe derer Steuerhinterzieher entlarvt werden sollten.

47 Patrick Dax, »Urheberrecht und Verbrechen«, Interview mit Franz Schmidbauer, online verfügbar unter: ⟨http://futurezone.orf.at/stories/1502 953/⟩ (Stand März 2011).

für sinnvoll, mit Michael Hutter von »erschleichen« statt von »stehlen« zu sprechen. Auch Hutter, Direktor der Abteilung »Kulturelle Quellen von Neuheit« am Wissenschaftszentrum Berlin für Sozialforschung, hatte im Frühjahr 2010 im Rahmen der Debatte um Helene Hegemann in der *Süddeutschen Zeitung* darauf hingewiesen, man könne geistige Inhalte nicht stehlen: »Ich schlage vor, mit der Schauermär vom geistigen Diebstahl aufzuhören. Geist wird nicht gestohlen. Geist wird schlimmstenfalls erschlichen – so, wie man in ein Konzertzelt schleicht und mithört, ohne dafür bezahlt zu haben.« Hutters Begründung ähnelt dabei den von mir oben skizzierten Argumenten:

> »Geistige Inhalte – Geschichten, Lieder, Bilder in allen möglichen Kombinationen – sind nicht weg, wenn sie erschlichen worden sind. Die Bilder und die Bücher sind noch an ihrem Platz, und die Spiele-Software läuft auf der ersten Kopie so gut wie auf allen weiteren Kopien. Geistige Inhalte sind öffentliche Güter, das heißt, sie können von vielen gleichzeitig genutzt und sie können leicht erschlichen werden. Darin liegt ein Problem. Aber dieses Problem lässt sich erst lösen, wenn die falsche Rede vom Diebstahl einer Sache aufhört.«[48]

Daran anschließend lehnen Urheberrechtsexperten wie Thomas Hoeren den Begriff des geistigen Eigentums ab und sprechen stattdessen vom Immaterialgüterrecht.[49] Zu ähnlichen Schlüssen kommen die Autoren des Buchs *Wissensallmende*: »Wissen sollte [...] gerade kein exklusives Eigentum sein, sondern der Allgemeinheit dienen. Viel treffender ist daher der Begriff der *geistigen Monopolrechte*.«[50]

Man muss diese Kritik am Begriff des Eigentums nicht teilen, ihr Auslöser ist aber unbestritten: Das Urheberrecht ist in der

48 Michael Hutter, »Fremdzündung«, in: *Süddeutsche Zeitung* (26. März 2010).
49 Vgl. Thomas Hoeren, a. a. O.: »Das Ding heißt Immaterialgüter-Recht, das ist die übergeordnete, neutrale Formulierung.«
50 Oliver Moldenhauer/Benedikt Rubbel/Sebastian Bödeker, a. a. O., S. 9.

jüngeren Vergangenheit immer mehr zu einem Recht der Verwerter geworden, die Regeln wurden beständig strenger, und der Geist der Freiheit und der Kreativität wurde in gleichem Maße zurückgedrängt.[51] Die Begründung für diese Entwicklung lautet häufig: Dies geschehe zum Nutzen der Urheber. Doch ob diese Verbindung tatsächlich stimmt, ob ein starkes Urheberrecht also auch wirklich von großem Nutzen für die Urheber ist, zieht der Wirtschaftsjurist Eckhard Höffner in Zweifel. Für sein Buch *Geschichte und Wesen des Urheberrechts* hat er den Buchmarkt in Großbritannien und Deutschland um 1800 verglichen. Das Besondere dabei: In Großbritannien gab es damals schon urheberrechtlichen Schutz, in Deutschland noch nicht. Gemäß der gängigen Annahme müsste also die Situation für Autoren in Deutschland viel schlechter gewesen sein als in Großbritannien. Höffner kam aber zu anderen Ergebnissen, wie er in einem Interview erläutert:

»Während in Großbritannien 1800 vielleicht 700 neue Bücher auf den Markt kamen, waren es im vergleichsweise armen Deutschland über 4000. Und wenn man bei den britischen Honoraren einmal unter die goldene Oberfläche schaut, da sah es dann ganz bitter aus. Fünf bis zehn Pfund war das Durchschnittshonorar für einen Roman, schreibt beispielsweise St. Clair. Im Ergebnis musste ich nach den Vorteilen des Urheberrechts mit der Lupe suchen und würde selbst dann kaum fündig. Das Ergebnis ist überraschend, zeigt es doch, dass das Urheberrecht im 18. und 19. Jahrhundert sich ausschließlich nachteilig auf die Autoreneinkommen, Anzahl der Titel, Bücherpreise etc. auswirkte. Nur der Interessensgruppe der führenden Verleger und einer Handvoll Bestsellerautoren nutzte es. Die Wirklichkeit hatte überhaupt nichts mit der praktisch unbestrittenen Theorie zum geistigen Eigentum zu tun. Diese Theorie kann man als Jurist beispielswei-

---

51 Thomas Darnstädt beschreibt im *Spiegel*, wie aus dem »Recht des freien Geistes [...] in Wahrheit das Recht eines Milliardenmarktes« wurde, »den wenige Global Player der Ideenverwertung unter sich aufgeteilt haben«, Thomas Darnstädt, »Die Gratis-Kultur«, in: *Spiegel Spezial*, 3/2007, S. 70-73, S. 73.

se regelmäßig in den Richtlinienbegründungen der Europäischen Union nachlesen. Aufgrund dieser Umstände habe ich mich dann vollständig auf den Buchmarkt konzentriert.«[52]

Angesichts dieser Auswertungen liegt der Schluss nahe, das Urheberrecht nicht ausschließlich als Werkzeug zum Schutze des Urhebers zu interpretieren, sondern anzuerkennen, dass es zu weiten Teilen auch ein Vewerterrecht zu sein scheint.

Dass es auch andere Formen geben kann, auf die Herausforderung der vagabundierenden Kopien zu reagieren, zeigt das Beispiel der sogenannten Creative-Commons-Lizenzen, die im Jahr 2001 von Lawrence Lessig entwickelt und unten im Gespräch mit Markus Beckedahl im Detail vorgestellt werden. Mit ihrem modularen Lizenzmodell (vom »all rights reserved« zum »some rights reserved«) werfen sie die Frage auf: Welchen Stellenwert will eine Gesellschaft der Freiheit der Kunst und der Kreativität sowie dem damit verbundenen Recht aufs Kopieren einräumen? Lawrence Lessig kritisiert, »die erstaunlich weit gefassten Regulierungen, die sich hinter dem Namen ›Urheberrecht‹ verbergen«, brächten »Rede und Kreativität zum Schweigen«.[53] Er geht sogar noch einen Schritt weiter und sagt: »In dieser Welt muss man sich schon eine gewisse Blindheit angeeignet haben, um weiterhin an ein Leben in einer freien Kultur zu glauben.«[54] Darin besteht auch das Ziel dieses Buches: Trotz der revolutionären Neuerung der digitalen Kopie

52   Martin Posset, »Wem nutzt das Urheberrecht?«, Interview mit Eckard Höffner, online verfügbar unter: ⟨www.heise.de/tp/r4/artikel/33/33092/1.html⟩ (Stand Februar 2011).

53   Lawrence Lessig, *Freie Kultur*, a. a. O. (S. 29, Anm. 26), S. 187. Auch Gerd Hansen äußert die Sorge, »dass der urheberrechtliche Schutz, den wir derzeit haben, Kreativität zunehmend blockieren könnte. Die im Zuge der digitalen Revolution freigesetzten Aktivitäten bedeuten eine aktive Teilhabe am kulturellen Leben, eine Partizipation, die es aus meiner Sicht zu bewahren gilt, weil sie Freiheit, autonome Selbstbestimmung, individuelle Persönlichkeitsentfaltung und kulturelle Vielfalt fördert. Und das Urheberrecht ist auch dazu da, diese Werte zu fördern.« Gerd Hansen, »Kreativität fördern«, a. a. O. (S. 111, Anm. 31).

54   Lawrence Lessig, a. a. O. (S. 29, Anm. 26), S. 187.

die Verhältnismäßigkeit der Mittel nicht aus den Augen zu verlieren – und so den Rahmen für freie Kultur im digitalen Raum zu erhalten bzw. zu schaffen.

So richtig und nötig der Versuch ist, vagabundierende Kopien zu regeln: Das Beispiel von Disney illustriert nicht nur die Tendenz zur Verschärfung des Urheberrechts, man kann daran prinzipiell auch zeigen, dass ein (Kultur-)Produkt mit seiner Veröffentlichung aus dem exklusiven Besitz seines Schöpfers heraustritt, ja heraustreten muss. Denn versteht man den Begriff der »Veröffentlichung« nicht ausschließlich im Sinne der Logistik und Verbreitung, steckt darin ja auch eine Angabe über die Besitzverhältnisse: Ein Lied, ein Buch, ein Bild wird veröffentlicht, es ist also nicht mehr rein privat, und das bedeutet, dass die Öffentlichkeit daran Anteil und auf eine gewisse Art auch Besitz davon nimmt.[55] Dieses Prinzip beschreibt Gerd Hansen so:

> »Als übergeordnete Zielvorstellung für das Urheberrecht schwebt mir die Verwirklichung einer ›offenen Kultur‹ vor. In einer offenen Kultur findet eine breitestmögliche Partizipation aller am Prozess und an den Resultaten kreativen Schaffens statt. Voraussetzung dafür ist, dass Urheber vergütet werden und zugleich aber der Schutz auch nicht so weit ausgedehnt wird, dass dadurch kreatives Schaffen Dritter verhindert wird. Es geht daher um eine Kultur, in der möglichst viele Werknutzungen zustimmungsfrei, aber vergütungspflichtig sind. Leitbild einer solchen offenen Kultur ist für mich neben dem Urheber der aktive und selbstbestimmte Nutzer, der die im Zuge der digitalen Revolution freigesetzten Möglichkeiten kreativ ausschöpft.«[56]

---

55 Das deutsche Urheberrechtsgesetz definiert den Vorgang der Veröffentlichung in § 6 so: »Ein Werk ist veröffentlicht, wenn es mit Zustimmung des Berechtigten der Öffentlichkeit zugänglich gemacht worden ist [...]. Ein Werk ist erschienen, wenn mit Zustimmung des Berechtigten Vervielfältigungsstücke des Werkes nach ihrer Herstellung in genügender Anzahl der Öffentlichkeit angeboten oder in Verkehr gebracht worden sind.«
56 Gerd Hansen, »Kreativität fördern«, a. a. O.

Das hier angestimmte *Lob der Kopie* ist also alles andere als ein Abgesang auf das Urheberrecht und auch kein Plädoyer für die vergütungsfreie Nutzung kultureller Erzeugnisse. Mir geht es nur darum zu betonen, dass es fruchtbar sein kann, sich von einem übersteigerten Originalbegriff zu lösen, die sprachlichen Probleme mit dem Konzept des geistigen Eigentums zu benennen und darauf hinzuweisen, dass nur ein Urheberrecht, das sich als Immaterialgüterrecht versteht und die Veränderungen der Read-write-Society und des kopierenden Verbrauchers berücksichtigt, seine gesellschaftliche Legitimation wieder erlangen und somit auch seine eigentliche Intention erfüllen kann: Kreativität zu fördern.[57] »Leitvorstellungen für das Urheberrecht«, fordert Rainer Kuhlen, Professor für Informationswissenschaft an der Universität Konstanz, »sollten wissensökologische Prinzipien von Entwicklung und Nachhaltigkeit sein, nicht Verwertung und Verknappung.«[58] Auch der Berliner Medienrechtler Volker Boehme-Neßler hält das Urheberrecht in seiner derzeitigen Form für nicht mehr angemessen:

> »So wie es im Augenblick konzipiert ist, kann das Urheberrecht seine Funktion immer weniger erfüllen. [...] Sicher ist nur eines: Die statischen Schlüsselbegriffe Urheber und Werk haben ausgedient. Im Zentrum werden die – dynamischen und wechselhaften – kreativen Prozesse und interaktiven Beziehungen zwischen Produzenten und Rezipienten stehen.«[59]

---

57 Juristisch gesehen, scheint dem zumindest nichts im Wege zu stehen, wie Hauke Möller zeigt: »Die Institutsgarantie des Art. 14 GG ließe es zu, das ›geistige Eigentum‹ insgesamt deutlich zurückzunehmen.« Hauke Möller, a. a. O. (S. 116, Anm. 42).

58 Rainer Kuhlen, *Erfolgreiches Scheitern – eine Götterdämmerung des Urheberrechts?*, Boizenburg: Verlag Werner Hülsbusch 2008, S. 22, online verfügbar unter: ⟨www.kuhlen.name/MATERIALIEN/RK2008_ONLINE/files/HI48_Kuhlen_Urheberrecht.pdf⟩ (Stand Februar 2011).

59 Volker Boehme-Neßler, »Das Ende des Urheberrechts? Die Zukunft des Urheberrechts in der digitalen Welt«, online verfügbar unter: ⟨www.heise.de/tp/r4/artikel/12/12137/1.html⟩ (Stand Februar 2011).

Dieser aktive Rezipient soll durch das vorliegende Buch stärker ins Blickfeld gerückt werden, und auch der Jurist Gerd Hansen teilt diese Stoßrichtung:

> »Das geltende Urheberrecht ist von der Theorie her urheberzentriert und in der Praxis eher verwerterorientiert. Was fehlt, ist eine Nutzerschutzdoktrin. Dort, wo ein Nutzerschutzparadigma einen Gegenpol zum traditionell urheber- und faktisch verwerterzentrierten Paradigma bilden sollte, klafft in der Urheberrechtstheorie bislang eine Leerstelle.«[60]

Damit einher geht natürlich auch die Frage der Vergütung der Urheber. Lessig weist in seinem Buch *Freie Kultur* darauf hin, die Rechteinhaber seien oft nicht identisch mit den Kreativen. Insofern laute die Frage auch nicht, »ob Künstler bezahlt werden sollten, sondern ob Institutionen, die sicherstellen, dass Künstler bezahlt werden, auch die Kontrolle über die Entwicklung der Kultur ausüben müssen.«[61] Lessig verneint dies entschieden. Denn diese Reglementierung kann, so Cory Doctorow, zu einer großen Gefahr für die kulturelle Vielfalt werden: »Das Urheberrecht sollte den Kreativen so viel Kontrolle über ihr Werk geben, dass sie in der Lage bleiben, kreativ zu sein. Aber diese Kontrolle sollte nicht so weit gehen, dass nachfolgende Künstlergenerationen behindert werden.«[62] Die Frage lautet also: Wie können diese beiden Ansprüche zusammengeführt werden?

---

60 Gerd Hansen, »Kreativität fördern«, a. a. O. (S. 111, Anm. 31).
61 Lawrence Lessig, *Freie Kultur*, a. a. O. (S. 29, Anm. 26), S. 129.
62 Cory Doctorow, »Science-Fiction-Autoren«, a. a. O. (S. 86, Anm. 48).

»Ich lebe in einer Remix-Kultur. Aber das Urheberrecht ver-
bietet das Remixen.«
Markus Beckedahl über das Konzept von Creative Commons

Im Jahr 2001 begann eine Arbeitsgruppe um den amerikanischen Juristen Lawrence Lessig an der Stanford Law
School mit der Entwicklung von Lizenzmodellen, die die
Verbreitung kreativer Inhalte vereinfachen und an die
Anforderungen der Digitalisierung anpassen sollten. In
Deutschland wurden erste entsprechende Lizenzen im Jahr
2004 entwickelt. 2009 machte US-Präsident Barack Oba-
ma Creative Commons in der breiteren Öffentlichkeit bekannt, als er nach seinem Amtsantritt die Inhalte der Website des Weißen Hauses unter eine CC-Lizenz stellen ließ.
Die Organisation Creative Commons wird hierzulande von
einer Doppelspitze geleitet, die sich um den rechtlichen
Teil und die Öffentlichkeitsarbeit kümmert. Rechtlich wird
die Organisation dabei von der Europäischen EDV-Akademie des Rechts (EEAR) in Merzig sowie vom Institut
für Rechtsinformatik der Universität des Saarlandes unterstützt. Um die Öffentlichkeitsarbeit kümmert sich Markus Beckedahl, der auch das bekannte Blog netzpolitik.org
betreibt. Im Frühjahr 2011 gründete er zudem den Verein
»Digitale Gesellschaft e. V.«. Er sagt über sich, er fungiere
als »Mittler und Botschafter« für ein anderes Urheberrecht.

Was ist die Idee hinter Creative Commons?
Creative Commons (CC) ist eine Non-Profit-Organisation, die durch vorgefertigte Lizenzverträge einen alternativen Rahmen für die Veröffentlichung und Verbreitung
digitaler Medieninhalte anbietet und weiterentwickelt. CC
ist dabei selbst weder als Verwerter noch als Verleger von
Inhalten tätig und genauso wenig als Vertragspartner von

Urhebern und Rechteinhabern, die ihre Inhalte unter CC-Lizenzverträgen verbreiten wollen.

Welche Arten von Lizenzen exisiteren in diesem Bereich?

Im Grunde genommen gibt es nur zweieinhalb Wahlmöglichkeiten bei der Auswahl einer Lizenz. Die Mehrheit wählt in Deutschland eine »nicht kommerzielle« Nutzungsfreiheit, statt gleich auch eine »kommerzielle« Nutzung zu erlauben. Bei der zweiten Wahlmöglichkeit sieht es eher ausgeglichen aus: Sowohl »keine Weiterbearbeitung erlaubt« als auch eine »Weiterbearbeitung erlauben (Remixen)« kommen ähnlich oft vor, bei letzterer Auswahl oft verbunden mit der Zusatzoption »Weitergabe unter gleichen Bedingungen«, ähnlich dem »Copyleft« aus der Welt von Wikipedia und der Freien Software.

In welchem Verhältnis stehen Creative Commons und die Freie-Software-Bewegung?

Die Idee von Creative Commons stammt aus der Freie-Software-Bewegung, das Verhältnis ist daher gut. Wie jede Bewegung ist aber auch die Freie-Software-Bewegung sehr heterogen, und es gibt kleine Teile, denen Creative Commons nicht weit genug geht, und die kritisieren, dass in einigen Lizenzen nicht ausreichend Freiheit gewährt wird. Aber immer mehr freie Software-Projekte verwenden CC-Lizenzen für Dokumentationen, Artwork und alle Inhalte außerhalb des Software-Codes.

Und wie verhält es sich mit sogenannten Open-Access- oder Open-Rights-Gruppen?

Es handelt sich ja erst mal um zwei verschiedene Gruppierungen: Die Open Rights Group aus England ist eher mit dem Chaos Computer Club in Deutschland vergleichbar. Creative Commons sieht sich hingegen als Dienstleister, um standardisierte Lizenzen für einen flexibleren und zeitgemäßeren Umgang mit dem Urheberrecht anzubieten. Diese werden häufig von Open-Access-, aber auch Digital-Rights-Gruppen genutzt. Gleichzeitig sind sehr viele CC-

Aktivisten in die globale Access-to-Knowledge-Bewegung (A2K) eingebunden, sodass man auch ein gemeinsames Ziel mit diesen anderen Gruppen hat.

Wer engagiert sich bei Creative Commons?

Die meisten mir bekannten Aktivisten und Unterstützer sind meist jünger und bewegen sich in einer digitalisierten Welt. Viele haben einen akademischen Hintergrund. Alle engagieren sich, weil das derzeitige Urheberrechtssystem nicht an das digitale Zeitalter angepasst ist und dem Austausch von Kreativität und Wissen eher schadet bzw. ihn behindert, als ihn zu unterstützen.

Was stört dich persönlich am derzeitigen deutschen Urheberrecht?

Es ist unflexibel und verhindert viel Kreativität. Ich muss wegen allem fragen, sonst laufe ich Gefahr, abgemahnt oder als Krimineller verurteilt zu werden. Gleichzeitig lebe ich in einer Remix-Kultur, und das aktuelle Urheberrecht verbietet zunächst das Remixen, es sei denn, ich hole die Erlaubnis ein. Verbraucherrechte wurden in den letzten Jahren immer weiter abgebaut. Als junger Mensch war es ganz normal für mich, im Radio Musik aufzunehmen und die Kassetten auf dem Schulhof zu tauschen. So habe ich Musik kennengelernt und mich mit anderen darüber ausgetauscht. Wenn junge Menschen das heute machen, werden sie wie Verbrecher behandelt.

Was ist der Nutzen der CC-Lizenzverträge?

Diese Verträge geben den Kreativen und Urhebern ein Mehr an Optionen. Vorher hatten sie in der Regel nur die Wahl, ihre Inhalte entweder überhaupt nicht oder aber unter der Prämisse »alle Rechte vorbehalten« zu veröffentlichen, sofern sie nicht selber die Expertise besaßen, differenzierte Lizenzverträge zu entwerfen. In Zeiten digitaler Medien und des Internet hat diese eingeschränkte Auswahl Kreativität immer stärker behindert. Das wird auch für Künstler spätestens dann spürbar, wenn sie mit ihren

Arbeiten selber auf digitalen Inhalten anderer aufbauen wollen.

Kannst Du ein Beispiel für den erfolgreichen Einsatz von CC in Deutschland nennen?

Es gibt eine Vielzahl an spannenden Projekten. Besonders interessant finde ich das OpenStreetMap-Projekt, das global agiert, aber eine starke Community in Deutschland hat. Da werden kollaborativ freie Straßenkarten erstellt. Diese Daten stehen unter Creative-Commons-Lizenzen und können zum Beispiel in GPS-Geräten oder vollkommen legal auf Webseiten genutzt werden. Ein sehr wichtiges und spannendes Projekt.

Du engagierst dich ehrenamtlich für Creative Commons. Was sind die persönlichen Beweggründe?

Meiner Meinung nach ist das Urheberrecht der zentrale legislative Bereich der Informationsgesellschaft, quasi die Magna Carta. Leider klaffen die sozialen Realitäten und die immer schärferen Urheberrechtsregeln weit auseinander, und ich sehe Creative-Commons-Lizenzen sozusagen als Mittelweg aus dem Dilemma.

V Der kopierende Verbraucher: Umweltschutz des Informationszeitalters

»Wir brauchten eine Umweltschutzbewegung für die Köpfe,
eine Politik für das Informationszeitalter.«
James Boyle

Kopien vagabundieren. Sie sind nur schwer unter Kontrolle zu bringen. Das allein ist noch keine neue Entwicklung. Durch die Digitalisierung und die Möglichkeiten der digitalen Kopie wird diese jedoch enorm beschleunigt – aus mindestens zwei Gründen: Zum einen lassen sich Kopien nun viel schneller verbreiten, und zum anderen kann dies fast jeder mit nur geringen technischen Hilfsmitteln und fast ohne Kosten tun. Ob wir wollen oder nicht, wir werden zu kopierenden Verbrauchern. Welche Auswirkungen dies mit sich bringt, werde ich im Folgenden am Beispiel der Entwicklung in der Musik skizzieren, die nun etwas später auch andere Bereiche erfasst.[1]

Was also geschieht nun eigentlich genau, wenn man sich die Platte seiner Lieblingsband kauft? Juristisch kann man diese Frage ganz einfach beantworten: Man erwirbt »sachenrechtliches Eigentum am Schallträger und seiner Verpackung und ein stark eingeschränktes Nutzungsrecht an der darauf gespeicherten Musik (ähnlich eingeschränkt ist im Übrigen das Nut-

---

1 Die Entwicklungen im sogenannten 3D-Druck zeigen, dass in naher Zukunft die Fragen rund um das Urheberrecht in der Read-write-Society nicht mehr nur den digitalen Raum betreffen werden. Wenn Menschen mittels dem Drucker vergleichbarer Technologien Gegenstände daheim erstellen und die Bauanleitungen dafür verbreiten und modifizieren können, stellt das die Vorstellungen von geistigem Eigentum und Urheberrecht vor Herausforderungen, die vermutlich noch größer sind als all das, was wir heute unter dem Stichwort Digitalisierung kennen. Siehe dazu auch den Begriff RepRap-Machine im Glossar.

zungsrecht am Cover und an den Texten)«, erläutert Franz
Schmidbauer:

> »Eingeschränkt deswegen, weil man sie eigentlich nur im priva-
> ten Kreis wiedergeben darf. Auch kopieren darf man sie nur für
> private Zwecke, und das auch nur dann, wenn dabei kein Kopier-
> schutz verletzt wird. Auf keinen Fall wiedergeben darf man sie in
> der Öffentlichkeit, weder in der realen Welt (das Aufdrehen des
> Radios in einem Gasthaus oder Geschäft ist bereits eine geneh-
> migungspflichtige öffentliche Wiedergabe) noch im Internet (und
> sei es nur ein Takt eines Liedes als Eingangsmusik auf einer Home-
> page). Sogar das Pfeifen eines Liedes auf der Straße ist genau ge-
> nommen eine öffentliche Aufführung, die nur mit Genehmigung
> der Rechteinhaber erfolgen darf.«[2]

Die Beschreibung zeigt, wie strikt die rechtlichen Vorgaben
für den Umgang mit der auf einem »Schallträger« erworbenen
Musik sind. Diese Vorgaben treffen auf eine Realität, in der es
ohne großen Aufwand möglich ist, die Musik zu vervielfältigen und mithilfe des Internet zu veröffentlichen und zu verbreiten. Viele Menschen tun dies, sie bieten Musik in Tauschbörsen an und laden dort selbst Songs herunter. Sie kopieren
Lieder, um sie auf unterschiedlichen Geräten (zum Beispiel im
Auto, im Wohnzimmer und bei der Arbeit) hören zu können
oder weil sie ihre Freunde und Bekannten daran teilhaben lassen wollen. Genau an diesem Punkt wird der kopierende Verbraucher zum Problem für all diejenigen, die mit der Musik,
mit deren Vermarktung sowie Vertrieb und vor allem mit den
Verwertungsrechten Geld verdienen.
Um diese Veränderung zu verstehen und Lösungsvorschläge
zu erarbeiten, muss man zunächst die Akteure benennen, die
sich durch den kopierenden Verbraucher vor Probleme gestellt
sehen.[3] Dass dabei Künstler und Verwerter nicht zwingend die

2 Franz Schmidbauer, »Konsument oder Urheberrechtsverbrecher?«, online verfügbar unter: ⟨www.internet4jurists.at/news/aktuell97.htm⟩ (Stand
März 2011).
3 Der Jurist Thomas Hoeren weist dabei darauf hin, dass man zwischen

gleichen Interessen verfolgen, hat Martin Kretschmer, Jurist vom Center for Intellectual Property Policy and Management der Universität Bournemouth, mit seinem Kollegen Philip Hardwick in der größten Studie zum Einkommen von Autoren in Deutschland und Großbritannien belegt.[4] In einem Interview interpretiert Kretschmer ihr Ergebnis so, »dass das Einkommen von Kreativen nicht vom Schutz abhängt, den das Urheberrecht gewährt, sondern in erster Linie von den Verträgen mit Verwertern, also Verlagen, Musikfirmen und anderen.« Weiter führt er aus:

> »Seit 150 Jahren wird die Debatte über das Urheberrecht von einer Leitidee bestimmt: Ohne Schutz kein Lohn. [...] Doch seither benutzen die Verwerter von Rechten – Verlage, Produzenten und Medienunternehmen – den Topos des armen Künstlers, um die Rechte in ihrem Sinne zu gestalten. Längst schützt das Urheberrecht die Verwerter, nicht die Urheber.«[5]

Die Herleitung des Urheberrechts als Schutzrecht für Künstler und Kreative ist also schwer mit der Realität in Einklang zu bringen.[6] Darüber hinaus ist durchaus ein großer Unterschied zwischen Künstlern und Verwertern zu diagnostizie-

den Musikern, Kreativen und Künstlern einerseits und den Verwertern andererseits unterscheiden müsse: »Gerade die Musikindustrie ist dafür bekannt, dass sie durch sogenannte Rechte-Buy-Out-Verträge den Künstlern sämtliche Rechte wegnimmt und auf sich übertragen lässt. Deshalb hat die Musikindustrie, unter dem Vorwand, sich für die Künstler einzusetzen, nur ihren eigenen Vorteil im Sinn. Das nannte ein Kollege von mir – der frühere Chef des Max-Planck-Instituts – mal den Wandel des Urheberrechts zu einem reinen Wirtschaftsrechts der Verwerter.« Vgl. Dirk von Gehlen, »In ihrer Not ruft die Musikindustrie nach dem Staat«, Interview mit Thomas Hoeren, online verfügbar unter: ⟨http://jetzt.sueddeutsche.de/texte/anzeigen/431043⟩ (Stand März 2011).

4   Martin Kretschmer/Philip Hardwick, *Authors' Earnings from Copyright and Non-Copyright Sources: A Survey of 25.000 British and German Writers*, online vefügbar unter: ⟨www.cippm.org.uk/publications/alcs/ACLS%20Full%20report.pdf⟩ (Stand Februar 2011).

5   Matthias Spielkamp, »Da ist etwas grundfaul«, Interview mit Martin Kretschmer, in: *Süddeutsche Zeitung* (11./12. Oktober 2008).

6   Siehe hierzu Martin Posset, a. a. O. (S. 121, Anm. 52).

ren, wie ein Zitat des ehemaligen Geschäftsführers der BMG Entertainment GSA/Eastern Europe Thomas M. Stein belegt. Der soll einmal gesagt haben: »Manchmal beneide ich Manager aus der Auto- oder Lebensmittelindustrie. Weder Autos noch Joghurts wollen dabei mitreden, wie sie produziert, verpackt und vermarktet werden.«[7]

Die deutsche Band Die Ärzte will sich offenbar nicht wie eine Karosse oder ein Milchprodukt vermarkten lassen. Jedenfalls haben die Berliner für ihr Album *Jazz ist anders* ein Lied geschrieben, das sich unter dem Titel »Tu das nicht« sehr ironisch mit dem kopierenden Verbraucher auseinandersetzt. Darin heißt es:

> »Du raubkopierst und saugst dir die Musik / Dass du dich nicht
> genierst. Da draußen, da herrscht Krieg / Du nimmst dir die
> Songs für umsonst und für lau / Die Polizei jagt dich und die
> steckt dich in den Bau / Zu Mördern, Terroristen. Und du merkst
> schnell / Hier kommst du nicht mehr raus, das ist deine Klientel /
> Für dich, du Schwein, ist jetzt alles zu spät / Das kommt davon,
> wenn man illegal Musik runterlädt.«

Doch nicht nur musikalisch reagieren die drei Berliner auf den kopierenden Verbraucher – auch beim Vertrieb ihrer Kunst haben sie auf die sich ändernden Gegebenheiten reagiert und verzichten zum Beispiel auf Kopierschutz für ihre Songs – die sie allerdings auch als besondere CD- und Vinyl-Version verkaufen. Beim Album *Jazz ist anders* erhielt der Käufer die in der Anmutung eines Pizzakartons gestaltete CD (bzw. Schallplatte) inklusive Bonusmaterial, das in der digitalen Version fehlte. Die Einstellung der Band zu dem Thema formulierte Bassist Rodrigo González, genannt Rod, im Winter 2007 in mehreren Interviews. Dem *Gießener Anzeiger* sagte er:

---

7 Zitiert nach: Detlef Diederichsen, »Zukunftsmusik«, in: *Copyright. Musik im Internet*, herausgegeben von Reinhard Flender und Elmar Lampson, Berlin: Kadmos 2001, S. 15-35, S. 16.

»Bereits in den 70er Jahren wollte uns die Plattenindustrie weismachen: ›Hometaping is killing music.‹ Dabei war die Mix-Kassette die beste Werbung überhaupt. Mit Einführung der CD hat sich dieser Vorgang wiederholt. Dass die Industrie den Verbraucher jetzt für rückläufige Umsätze verantwortlich macht, ist genau der falsche Weg. Deswegen verzichten wir auf einen Kopierschutz und stellen dem Nutzer frei, was er mit der Musik macht.«[8]

In der *Frankfurter Allgemeinen Zeitung* erläuterte er: »Die Musikindustrie will mit ihren Massenabmahnungen die Leute bestrafen, die sich überhaupt noch für Musik interessieren. Sie wollen den Schwarzen Peter dem Verbraucher zuschieben und nicht einsehen, dass sie es eigentlich zum größten Teil selbst verbockt haben.«[9]

In den Zitaten kommt eine klare Kritik am Vorgehen der Musikindustrie zum Ausdruck, die auf die digitale Kopie vor allem reagiert hat, indem sie versuchte, diese zu unterbinden. Die bisherige Strategie lässt sich meiner Meinung nach in drei Phasen einteilen: Phase eins zeichnet sich dadurch aus, dass mit einem Untergangsszenario gedroht wird, demzufolge die Zukunft der Musik als Ganzes infrage steht. In der zweiten Phase (die durchaus zeitgleich ablaufen kann) versucht man dann, durch technische Mittel wie das sogenannte Digitale Rechtemanagement (DRM) nicht nur das Vagabundieren der Kopien, sondern das Kopieren an sich zu unterbinden; und schließlich gehen die Konzerne dazu über, juristische Schritte gegen den kopierenden Verbraucher einzuleiten, um so ein Klima der Abschreckung zu schaffen. Diese dritte Phase ist verbunden mit Lobbyarbeit bei Politikern und Parlamentariern, die diese für eine Verschärfung des Urheberrechts gewinnen

8   N. N., »Wir feiern nicht mehr so viel wie früher«, Interview mit Rodrigo González, in: *Gießener Anzeiger* (10. November 2007).
9   Horst Brandl, »10.000 Euro für das Lied, 3000 Euro für den Anwalt«, in: *Frankfurter Allgemeine Zeitung* (4. Dezember 2007).

soll. Spätestens hier erreicht die Debatte um den im Privaten kopierenden Verbraucher eine politische Ebene.

Beginnen wir mit der Drohkulisse, düsteren Zukunftsprognosen wie dieser: »Die Musikindustrie steht vor ihrer gefährlichsten Krise«,[10] schreibt der *Spiegel*, und die *Bravo* zitiert einen Musikmanager, der von einem »Umsatzverlust von mehr als einer Milliarde Mark« spricht.[11] Schon die Währung zeigt: Diese Untergangsvision ist nicht neu, sie stammt vielmehr aus den siebziger Jahren. 1977 notierte *Der Spiegel* sorgenvoll, im Vorjahr seien erstmals mehr Musikkassetten als Langspielplatten verkauft worden. Davon allein »100 Millionen Leer-Cassetten«, schreibt die *Bravo* im selben Jahr und erläutert, wie man mit deren Hilfe »zum Nulltarif« an Hits kommt. In dem Artikel, in dem »Funk-Jockeys« wie Frank Elstner (damals Radio Luxemburg) und Thomas Gottschalk (damals Bayerischer Rundfunk) zu Wort kommen, wird auch die »Schallplatten-Industrie« zitiert, die »sauer auf den Leer-Cassetten-Boom« sei. Ralph Siegel, der als Chef von Jupiter-Rekords vorgestellt wird, wählt in dem Text eine Formulierung, die durchaus an die heutige Debatte erinnert. »In gewisser Weise«, sagt er, »stehlen die Leute, die Songs auf Leer-Cassetten aufnehmen, den Autoren und Künstlern ihr geistiges Eigentum«.[12] Doch nicht nur die Formel vom Diebstahl geistigen Eigentums könnte schon in der Auseinandersetzung über den durch die Nutzung von Tauschbörsen verursachten Schaden gefallen sein. Auch die Kritik an der Kostenlos-Kultur (damals: Hits zum Nulltarif) und das düstere Szenario[13] kommen

---

10 »Klang-Supermarkt zum Nulltarif«, in: *Der Spiegel* 17/1977, online verfügbar unter: ⟨www.spiegel.de/spiegel/print/d-40915958.html⟩ (Stand März 2011).

11 Hermann Haupt, »Hits zum Nulltarif«, in: *Bravo* (August 1977), zitiert nach ⟨http://cliphead.wordpress.com/2010/04/12/sind-leer-cassetten-der-tod-der-schallplatte/⟩ (Stand März 2011).

12 Ebd.

13 Vgl. »Klang-Supermarkt zum Nulltarif«, a. a. O. Darin heißt es: »Durch den Vormarsch der Leerkassette werden die Plattenfirmen zu empfindlichen

einem bekannt vor. Dass die ganze Sache am Ende dann doch nicht so lebensbedrohlich war, belegen Zitate heutiger Musikmanager und Lobbyisten, die auf ein sehr ähnliches Muster zurückgreifen. Damals hieß es »Hometaping is killing music«,[14] heute heißt es »Raubkopierer sind Verbrecher«.[15] Damals sprach man von einer Existenzkrise der Musikfirmen, in unserer Zeit diagnostiziert Stefan Michalk in seiner (damaligen) Funktion als stellvertretender Geschäftsführer des Bundesverbands der Phonographischen Wirtschaft »eine existenzielle Bedrohung für alle Kreativindustrien«,[16] und sein Chef Dieter Gorny spricht gar von der »Non-Existenz von Popmusik«,[17] die durch die digitale Kopie drohe.[18]

Die Parallelen sind augenfällig. Dabei hat sich viel verändert in der Zwischenzeit: »Die Einführung der CD und die Verdrängung der LP«, rekapituliert Detlef Diederichsen die Geschichte der Musikindustrie, bescherten dieser »in den 80er Jahren

Budget-Kürzungen gezwungen sein. Sie werden qualifizierte Mitarbeiter entlassen und ihr Repertoireangebot drastisch einschränken müssen. Nur noch Spezialitätenprogramme, die der Rundfunk nicht oder selten sendet, sowie attraktive Hit-Koppelungen, die nur mühsam do-it-yourself aufzunehmen sind, haben künftig noch eine nennenswerte Umsatzchance.«

14 Vgl. Hindeja Farah, »Das sprechende Notizbuch«, in: *Berliner Zeitung* (28. August 2003). Dort heißt es: »Britische Plattenfirmen druckten ›Home taping is killing music‹ [...] auf die Plattenhüllen und dazu ein Totenkopfsymbol: Eine Kassette mit zwei gekreuzten Knochen. Aufgenommen wurde trotzdem wie wild. Nicht nur von Platten, sondern auch aus dem Radio.«

15 Mehr Informationen sind auf der Website der Kampagne Respect Copyrights zu finden: ⟨http://www.respectcopyrights.de/⟩ (Stand März 2011).

16 Paul Trummer, »Gut gemeinte Appelle nutzen wenig«, Interview mit Stefan Michalk, in: *Süddeutsche Zeitung* (12. Januar 2007), online verfügbar unter: ⟨http://www.sueddeutsche.de/wirtschaft/musikpiraterie-gut-gemeinte-appelle-nutzen-wenig-1.498658⟩ (Stand März 2011).

17 Dirk von Gehlen, »Darf ich mir meine Musik aus dem Internet runterladen?«, Interview mit Dieter Gorny (23. April 2007), online verfügbar unter: ⟨http://jetzt.sueddeutsche.de/texte/anzeigen/377841⟩ (Stand März 2011).

18 Matt Mason vertritt übrigens die genau entgegengesetzte Meinung. Er glaubt sogar, die Musik gewinne durch die Kopie an Bedeutung: »Musik wird immer wichtiger für uns, weil sie überall verfügbar ist. Musik wird zu einem Feature bei allem, was wir tun.« Vgl. Matt Mason, a. a. O. (S. 53, Anm. 71), S. 159.

Rekordumsätze. Im Stillen hoffte man darauf, mit weiteren neu entwickelten Tonträgern auch in zukünftigen Jahren dieselbe Musik immer wieder aufs Neue an denselben Kunden verkaufen zu können.« Doch die Einführung und der wachsende Erfolg des Internet durchkreuzten diese Pläne – vor allem als das MP3-Format aufkam: »Einen harten Schlag erfuhr die Musikindustrie, als das bayerische Fraunhofer-Institut für Integrierte Schaltungen Mitte der 90er Jahre ein Verfahren entwickelte, das digitale Audio-Daten erheblich komprimiert.«[19] MP3 wurde zu einem der populärsten Dateiformate im Netz und zu einem Problem für die Musikindustrie – und zwar völlig unabhängig von Tauschbörsen oder Musikpiraten, wie Matt Mason betont: »Die Wahrheit ist, dass der CD-Markt einbrach, weil die CD als Format obsolet wurde, auch wenn eine dickköpfige Industrie weiter damit hausieren ging.«[20]

Der Popkritiker Detlef Diederichsen teilt diese Einschätzung in Bezug auf die damit möglich gewordene Nutzung des Computers als Medium: »Statt sich nun auf diesen neuen Vertriebsweg zu stürzen und Formen zu entwickeln, ihn für die eigenen Zwecke zu nutzen, versuchte die Musikindustrie, ihn zu ver- oder zumindest zu behindern.«[21] Man hat fast den Eindruck, dass die Juristen die im Auftrag der Musikindustrie am häufigsten mit der Digitalisierung befasste Berufsgruppe darstellen und nicht etwa Marktforscher und Produktentwickler, die mit kreativen Ideen auf die veränderte Situation reagierten.[22] »Der Ton löste sich vom Träger. Was bis dahin auf teuren CDs unter der Kontrolle der Konzerne war, gab

---

19 Detlef Diederichsen, a. a. O., S. 16f.
20 Matt Mason, a. a. O. (S. 53, Anm. 71), S. 158.
21 Detlef Diederichsen, a. a. O., S. 16f.
22 Vgl. zum Vorgehen der sogenannten Abmahn-Industrie Johannes Boies Artikel »Die Anti-Piraten«, in: *Süddeutsche Zeitung* (9. November 2009), sowie das von Till Kreutzer erstellte Dossier »Post vom Anwalt, was tun?«, online verfügbar unter: ⟨www.irights.info/index.php?q=node/1852⟩ (Stand März 2011).

es plötzlich von Enthusiasten für lau, wenn auch illegal«,[23] schreibt Ulrich Stock in der *Zeit*. Doch damit nicht genug: Der vom Träger gelöste Ton erwies sich als flüchtig, und ein 18-jähriger Student der Northeastern Universität in Boston erfand eine Maschine, die die frei flottierenden Töne in die Welt hinaus trug: Napster, die erste Tauschbörse der Welt,[24] entstand im Frühsommer 1999 auf dem Computer des Teenagers Shawn Fanning. Der zog nach Kalifornien und fand sich wenig später auf dem Cover der *Newsweek* wieder. Denn seine Erfindung wurde schnell zu einem Massenphänomen. Immer mehr Menschen nutzten die Tauschbörse, und als der Verband der amerikanischen Musikindustrie Fanning im Herbst 1999 vor Gericht brachte, verschaffte er Napster, was er eigentlich vermeiden wollte: Aufmerksamkeit und damit noch mehr Nutzer. »Niemand muss Mitleid mit der Musikindustrie haben«, urteilt Christian Springer im Hessischen Rundfunk:

> »Sie hat einen Fehler nach dem anderen gemacht. Und jeder konnte fassungslos zusehen. Anstatt die berühmt-berüchtigte Internettauschbörse Napster nachzuahmen, verklagen sie sie und werben damit kräftig fürs kostenlose Downloaden von Musik. Denn jetzt wissen nicht nur Computerfreaks, dass es so etwas gibt. Die Plattenindustrie verklagt jetzt ihre Kunden wegen illegaler Downloads, bietet aber keine Möglichkeit, Musik legal aus dem Netz zu laden. Das macht keine Freunde. Ausgerechnet die Computerfirma Apple, also kein Musikkonzern, schafft mit iTunes die erste legale Download-Plattform, und die hat so großen Erfolg, dass sich andere Angebote kaum durchsetzen können.«[25]

Die Tauschbörsen haben sich zwar seit der Erfindung von Napster weiterentwickelt, doch die Manager der Musikindustrie reagierten darauf,

23 Ulrich Stock, »Klingende Flatrate«, in: *Die Zeit Internet Spezial* (Mai 2008).
24 Eine Erklärung des Prinzips von Napster findet sich im Glossar.
25 Christian Springer in der HR2-Radiosendung »Der Tag« mit dem Thema »Der Absturz der Musikindustrie« am 7. August 2008.

»wie sie auch heute noch oft reagieren: aggressiv abwehrend. [...]
Anders als beispielsweise die Gründer von Skype (die zuvor den
Napster-Nachfolger Kazaa nach dem gleichen Prinzip betrieben)
sahen sie jedoch nicht die Chancen der neuen P2P-Technolo-
gie; sie versuchten, sie zu bekämpfen. Mit mäßigem Erfolg. Zwar
musste Fanning nach einer gerichtlichen Niederlage im Frühjahr
2001 Napster schließen, aber seine Nachfolger ließen nicht lange
auf sich warten. Und sie waren technisch noch schwerer zu kontrollieren als das Programm aus dem Jahr 1999. Denn wo Fanning
noch einen zentralen Server benötigte, der Anfragen und Angebote miteinander verband (und den man als Musikindustrie lahm-
legen konnte), kommen neuere Angebote wie BitTorrent ohne
diesen zentralen Knoten aus und sind so kaum mehr fassbar.
Sie eindämmen zu wollen, gleicht einem Kampf gegen Windmüh-
len.«[26]

Mittlerweile ist der Online-Markt der einzige Bereich, der im
Handel mit Musik wächst: 2009 stiegen die Umsätze im Vergleich zum Vorjahr um 34,6 Prozent.[27] Insgesamt wurden in
dem Jahr 147 Millionen CD-Alben verkauft, was einen Anstieg
von 1,5 Prozent gegenüber dem Vorjahr 2008 bedeutete.[28]
Dennoch ist nach wie vor vom Untergang die Rede, und es
werden weiterhin die Klischees aus der Diskussion um die Musikkassette bedient: Damals wie heute geht es dabei auch darum, die vagabundierenden Kopien mit technischen Mitteln zu
bekämpfen. Auch in dieser zweiten Phase des Reaktionsmusters gibt es erstaunliche Parallelen zum Siegeszug der Kassetten. Damals wurde überlegt, die Aufnahmen auf Kassetten un-
hörbar zu machen,[29] heute soll das DRM verhindern, dass man

26 Dirk von Gehlen, »Die kopierte Kopie kopieren«, in: *Süddeutsche Zeitung*
(15. Juli 2009).
27 Vgl. Michael Pilz, »British Downloading«, in: *Die Welt* (26. März 2010).
28 Vgl. (www.musikindustrie.de/jwb_absatz09) (Stand Februar 2011).
29 Vgl. »Hat die Schallplatte ausgespielt?«, in: *Der Spiegel* 50/1971: »Die
schwarzmarktgeschädigten amerikanischen Produzenten überlegen derzeit,
wie sie all ihren Bändern einen unhörbaren Hochfrequenzton einkopieren
könnten, der bei jedem Überspielungsversuch das aufzeichnende Gerät außer
Gefecht setzt und so die Piraterie verhindert.«

Dateien kopieren kann. DRM soll der »Knopf im Ohr der flüchtigen Ware« sein, schreibt Thomas Darnstädt dazu im *Spiegel* und nutzt dann eine Metapher, die (bewusst oder unbewusst) die Fragwürdigkeit dieses Unterfangens veranschaulicht: »Downloads und CDs, mit dem DRM-Virus geimpft, sollten immun sein gegen unerwünschte Kopie und Weiterverbreitung.«[30] Ein Virus, eine Krankheit also, soll helfen, das an den Kopien leidende System zu heilen und wieder funktionsfähig zu machen? Dieser Plan klingt nicht nur wenig gescheit, er gilt mittlerweile auch als gescheitert, weil man damit das digitale Kopieren nicht unterbinden konnte. Im Gegenteil: DRM führt zu der absurden Situation, dass die aus Tauschbörsen kostenlos geladenen Musikstücke nicht nur günstiger sind als die in Online-Shops gekauften, sie haben auch eine höhere Qualität, weil man sie als ungeschützte MP3-Datei ohne Einschränkungen nutzen kann. Die durch DRM geschützten Dateien aus Online-Shops unterliegen den häufig strengen Vorgaben der Shopbetreiber, dürfen nur auf einer begrenzten Anzahl von Geräten wiedergegeben werden und können zum Teil ohne technische Hilfe nicht auf CDs gebrannt werden. Aus der Perspektive des Konsumenten bieten sie also – obwohl teurer – weniger Möglichkeiten als die Songs, die man aus Tauschbörsen laden kann. Dies wird meist verschwiegen, wenn über solche Börsen geurteilt wird. Dieser Aspekt sei hier nicht betont, um einer Nutzung von Tauschbörsen das Wort zu reden, sondern weil diese absurde Situation mitbedacht werden sollte, bevor man ein Urteil fällt.

»Versuche, Inhalte mit DRM zu schützen, sind im Internetzeitalter vergeblich, da man den Kopierschutz nur ein einziges Mal irgendwo auf der Welt durchbrechen muss, um innerhalb weniger Stunden DRM-freie Kopien im Internet zu erhalten«, rechnet der Technikpublizist Glyn Moody vor und ergänzt: »Da die Herstellungskosten für digitale Inhalte praktisch null

30 Thomas Darnstädt, a. a. O. (S. 120, Anm. 51), S. 71.

sind, kann man nur schwer einen deutlich höheren Preis aufrechterhalten, besonders wenn es zusätzliche Unannehmlich-
keiten wie DRM gibt.«[31] John Gilmore, einer der Mitgrün-
der der digitalen Bürgerrechtsorganisation Electronic Frontier
Foundation (EFF), hatte bereits 1991 nachdrücklich vor DRM
gewarnt: »Es ist falsch«, schrieb er damals,

> »dass wir zwar Technologien erfunden haben, mit denen wir
> Mangel abschaffen können, dass wir sie aber freiwillig zugunsten
> der Leute in den Wind schießen, die vom Mangel profitieren. Wir
> haben jetzt die Möglichkeit, beliebige Informationen, die kom-
> pakt auf digitalen Medien untergebracht werden können, zu du-
> plizieren. Wir können sie weltweit vervielfältigen und Milliar-
> den von Menschen zur Verfügung stellen – zu sehr niedrigem
> Preis und für alle erschwinglich. [...] Wir sollten uns freuen, da-
> mit gemeinsam einen Himmel auf Erden zu schaffen! Stattdes-
> sen schleichen griesgrämige Geister umher, die ihr Geld mit
> der Aufrechterhaltung des Mangels verdienen, und überzeugen
> ihre Mitverschwörer, dass unsere billige Duplizierungstechno-
> logie an die Kette muss, damit niemand Kopien machen kann –
> zumindest nicht von den Gütern, die sie uns verkaufen möch-
> ten.«[32]

Vor welche Probleme die Kopierschutz-Technologien den kopierenden Verbraucher und seinen gewöhnlichen Medienge-
brauch im Alltag stellen, beweist das Beispiel eines Vaters
aus den USA. Er berichtete in einem Interview im Herbst 2007
darüber, was passiert, wenn er seinen Kindern während der
Autofahrt Filme auf DVDs zeigt: »Meine Kinder haben einen
Haufen DVDs [...], die nach ein paar Fahrten kaputt sind. Also
rippe ich die DVDs und kopiere sie, um die Originale zu scho-

---

31 Glyn Moody, »Richard Stallmanns Goldene Regel und das ›Digital Commons‹«, in: *Open Source Jahrbuch 2008*, herausgegeben von Bernd Lutterbeck,
Matthias Bärwolff und Robert A. Gehring, Berlin: Lehmanns Media 2008,
S. 299-308, S. 306.
32 John Gilmore, »Was falsch ist am Kopierschutz«, in: *c't - Magazin für
Computertechnik* 4/01, online abrufbar unter: ⟨http://www.heise.de/ct/arti
kel/Was-falsch-ist-am-Kopierschutz-284854.html⟩ (Stand Februar 2011).

nen.«[33] Hätte irgendein Vater diese Geschichte erzählt, müsste sie uns hier nicht weiter interessieren. Allerdings handelt es sich um Scott Smyers, den damaligen Vizepräsidenten von Sony USA. Smyers sorgte mit dieser vermeintlich selbstverständlichen Anekdote für große Aufregung. Der stellvertretende Chef eines der größten Content-Anbieter der Welt gibt zu, dass auch er den Kopierschutz umgeht, und er rechtfertigt das auch noch mit folgendem Argument: »Man kann nicht abstreiten«, so Smyers weiter, »dass Verbraucher ihre Investitionen schützen wollen.«[34] Smyers Vorgehen erscheint einleuchtend, nach deutschem Recht ist es jedoch verboten. Der Urheberrechtsexperte Till Kreutzer erläutert: »Für das Kopieren von Filmen und Musik-CDs auch zu rein privaten Zwecken darf man keinen Kopierschutz umgehen, auch nicht, wenn man nur vorhat, eine Sicherheitskopie anzufertigen.«[35] Smyers Geständnis war so etwas wie der Anfang vom Ende aller Versuche, den vagabundierenden Kopien mit technischen Mitteln beizukommen. Dass es Verbrauchern, die digitale Daten legal erwerben, auch technisch möglich sein muss, davon Sicherungskopien zu erstellen, ist einfach ein zu einleuchtendes Argument. Auf der Website des Online-Stores iTunes von Apple wird dies den Kunden sogar ausdrücklich empfohlen: »Vielen Dank für Ihren Einkauf im iTunes Store. Sie können Ihre Einkäufe schützen, indem Sie eine Sicherungskopie Ihrer Einkäufe erstellen. Möchten Sie jetzt eine Sicherungskopie Ihrer gekauften Artikel erstellen?« Dies technisch zu unterbinden, um so die Weiterverbreitung der Inhalte durch kopierende Verbraucher zu verhindern, entspringt im Übrigen einer weitaus unfreieren Geisteshaltung als jene, die wir in der analogen

---

33   Zitiert nach: Robert A. Gehring, »Sonys Vizepräsident gibt zu: ›Ich kopiere DVDs!‹«, ⟨www.golem.de/0709/54942.html⟩ (Stand März 2011).
34   Ebd.
35   Oliver Passek/Till Kreutzer, »Musik und Filme kopieren. Privatkopie und Co.«, in: *Urheberrecht im Alltag*, herausgegeben von Valie Djordjevic et al., Bonn: Bundeszentrale für politische Bildung 2008, S. 23-28, S. 24.

Welt kennengelernt haben. Die Industrie nimmt so in unverhältnismäßiger Weise Einfluss auf die Art und Weise, wie der Kunde ein Kulturprodukt konsumiert. Was das konkret bedeuten kann, zeigte der Internetbuchhändler Amazon im Sommer 2009 – ausgerechnet anhand der digitalen Version von George Orwells Roman *1984*. Darin zeichnet der britische Schriftsteller die negative Utopie eines Überwachungsstaates, der durch Zensurmaßnahmen seine Macht sichert. Kunden, die diesen Roman legal für das Lesegerät Kindle erworben hatten, stellten im Sommer 2009 fest, dass Amazon das Buch von ihren Geräten gelöscht hatte. Der Grund war ein Rechtsstreit mit einer Drittfirma.[36] Der Fall zeigt aber recht deutlich, wie groß der Einfluss des Buchverkäufers im digitalen Raum geworden ist – denn dass ein Händler alle gedruckten Versionen von *1984* einsammeln ließe, erscheint nur im Rahmen einer negativen Utopie als realistisch.

Doch die Möglichkeiten des DRM, durch welche Amazon überhaupt erst in die Lage versetzt wurde, auf bereits verkaufte Bücher auf dem Kindle zuzugreifen, reichen der Musikindustrie nicht aus. Sie wollen darüber hinaus – und damit kommen wir zur dritten Phase des beschriebenen Reaktionsmusters – ein rechtliches Abschreckungsszenario aufbauen. Dies geschieht einerseits durch hartes juristisches Durchgreifen, andererseits durch den Ruf nach dem Gesetzgeber.[37] Wie

---

36 Siehe dazu ausführlich: Brad Stone, »Amazon erases Orwell books from Kindle«, in: *New York Times* (17. Juli 2009), online verfügbar unter: ⟨http://www.nytimes.com/2009/07/18/technology/companies/18ama zon.html⟩ (Stand Februar 2011).

37 Volker Grassmuck erinnert im Gespräch mit *Zeit online* an die historischen Versuche: »Als Tonbandgeräte in Umlauf kamen, wollte die GEMA sich die Personalausweisdaten der Käufer geben lassen, um Gebühren für die Musiknutzung einzufordern. Der Bundesgerichtshof entschied, dass das Grundrecht auf Privatsphäre überwiegt. So wurde 1965 die Privatkopieschranke eingeführt, mit einer Pauschalvergütung auf Kopiermedien, seit 1985 auch auf Leermedien. Bei Tauschbörsen gilt das gleiche Prinzip, nach zehn Jahren Erfahrung muss man sagen: Das ist eine etablierte Kulturtechnik. Also muss man es legalisieren.« Vgl. Kolja Reichert, »Downloaden muss legal werden«,

die gewünschte Abschreckung erreicht wird, konnte man im Sommer 2010 beispielhaft an einer Meldung der *Chemnitzer Morgenpost* ablesen. Unter dem Titel »Schlag gegen Raubkopierer: Razzia in 12 Kinderzimmern« berichtete die Zeitung vom Eingreifen der Polizei in mehreren Fällen: »Mit zehn Zeugen in zehn Autos fuhren die Ermittler in alle Richtungen davon, durchsuchten Wohnungen und Kinderzimmer von zwölf Jung-Raubkopierern. In Krumhermersdorf soll die Mutter eines Jugendlichen die Beamten beschimpft haben: ›Sie sind ja schlimmer als die Stasi!‹«

Diejenigen, die solches Vorgehen gegen die illegalen Kopierer propagieren und die Ermittlungsbehörden in ihrer Arbeit unterstützen, würden den Vergleich mit dem Inlandsgeheimdienst der DDR sicherlich zurückweisen. Sie sehen sich eher als digitale Fahrkartenkontrolleure. Diese Bezeichnung hörte ich wiederholt, als ich im Sommer 2007 die proMedia in Hamburg besuchte, die sich selbst als »Gesellschaft zum Schutz geistigen Eigentums« bezeichnet. Ihr Geschäftsführer ist der Hamburger Rechtsanwalt Clemens Rasch.

> »[Rasch] ist Überzeugungstäter, wie er selber sagt. Da er Musik studiert habe, sei ihm besonders am Schutz des geistigen Eigentums gelegen. ›Die Menschen würden doch auch kein Fahrrad klauen‹, erklärt er, ›bei Musik denken sie aber, das geht.‹ Deshalb soll seine Firma mithelfen, den Wert geistigen Eigentums zu heben – durch Abschreckung. ›Mein Ziel ist es‹, sagt der Rechtsanwalt, der früher Justitiar bei den deutschen Phonoverbänden war, ›dass jeder jemanden kennt, der einen kennt, der erwischt wurde.‹«[38]

Doch allein auf diese negative Mund-zu-Mund-Propaganda will die Musikindustrie nicht vertrauen. In der aktuellen Debatte

Interview mit Volker Grassmuck, online verfügbar unter: ⟨www.zeit.de/on line/2009/17/pirate-bay-download⟩ (Stand März 2011).

38 Dirk von Gehlen, »Unterwegs mit den digitalen Fahrkartenkontrolleuren«, online verfügbar unter: ⟨http://jetzt.sueddeutsche.de/texte/anzeigen/396522⟩ (Stand Februar 2011).

tritt sie – gemeinsam mit den Lobbyverbänden anderer Branchen – mit der Forderung an die Öffentlichkeit, das sogenannte Three-Strikes-Modell[39] auch in Deutschland einzuführen, das bei wiederholtem Verstoß gegen das Urheberrecht eine Sperrung des Internetzugangs vorsieht. Dabei gilt Frankreich mit seinem *Loi Hadopi* als Vorreiter. »Ich würde das machen, so wie die Franzosen – aber das ist derzeit in Deutschland politisch nicht durchsetzbar«, ließ sich Dieter Gorny, Vorstandsvorsitzender des Bundesverbandes Musikindustrie, im Rahmen der Musikmesse Midem im Januar 2011 zitieren.[40] Bürgerrechtler kritisieren dieses Vorgehen scharf. Der Medienforscher Volker Grassmuck nannte es im Gespräch mit *Zeit online* einen »Aberwitz«, dass »in einer Gesellschaft, die ihre komplette Kommunikations- und Informationsinfrastruktur auf das Internet umgestellt hat, jemand ernsthaft fordern kann, Bürger von der Internetnutzung auszuschließen – das hätte ich nie für möglich gehalten.«[41] Weil aber solche Forderungen nicht nur möglich sind, sondern von Parlamentariern ernsthaft diskutiert werden, formiert sich politischer Widerstand.

Es gibt einige Beobachter, die diese Bewegung mit dem Aufkommen der Umweltbewegung in der zweiten Hälfte des vergangenen Jahrhunderts vergleichen. Der Jurist und Autor James Boyle verweist auf die siebziger und achtziger Jahre: »Damals wurden die Grundregeln des Informationszeitalters geschrieben«, erinnert er sich, »Regeln, die dramatische Effekte auf die Meinungsäußerung, Innovationen, Wissenschaft und Kultur haben. Und keiner – außer der beteiligten Industrie – interessierte sich dafür.« Deshalb wählt Boyle die Analogie zur Umweltbewegung, die »auf eine brillante Art und Weise die

---

39 Mehr Informationen über das Three-Strikes-Modell sind im Glossar dieses Buches zu finden.
40 »Internetsperren für Musikpiraten«, in: *Welt-Kompakt* (26. Januar 2011), online verfügbar unter: ⟨www.welt.de/print/welt_kompakt/webwelt/article 12344688/Internetsperre-fuer-Musikpiraten.html⟩ (Stand Februar 2011).
41 Kolja Reichert, »Downloaden muss legal werden«, a. a. O.

Folgen sozialer Entscheidungen für die Ökologie dargelegt und demokratische und wissenschaftliche Untersuchungen von Themen möglich gemacht hat, die vorher lediglich von wenigen Experten behandelt wurden.« Er fordert eine »Umweltschutzbewegung für die Köpfe, eine Politik für das Informationszeitalter.«[42] Matt Mason pflichtet James Boyle bei:

> »Das Urheberrecht hat sich dramatisch verändert in den letzten Jahren. Zum Teil als Verteidigungsreaktion auf illegale Downloads, zum Teil weil Unternehmen einen wachsenden Einfluss auf politische Entscheidungen nehmen. Natürlich müssen Filesharing und Piraterie reguliert werden, aber das Urheber- wie das Patentrecht sind darüber so dominierend geworden, dass sie Kreativität ersticken. Dabei waren sie mal dazu gedacht, diese zu schützen.«[43]

Der Jurist Urs Gasser argumentiert im Gespräch in diesem Buch sehr ähnlich. Er hält eine Anpassung des Urheberrechts an die sozialen Realitäten allein schon aus wirtschaftlichen Gründen für notwendig. Dies zu erreichen, ist Ziel des geistigen Umweltschutzes, und auch Sebastian Bödeker, Oliver Moldenhauer und Benedikt Rubbel greifen diese Metapher auf:

> »Auch wenn es anfangs überrascht, gibt es deutliche Analogien zwischen der Debatte um die Verteidigung der Wissensallmende und dem Umweltdiskurs der letzten Jahrzehnte. Ähnlich wie heute die verschiedenen Ausweitungen geistiger Monopolrechte weitgehend isoliert betrachtet werden, wurden in den 1950er und 1960er Jahren die einzelnen Umweltprobleme isoliert wahrgenommen. Die zentralen Begriffe, welche die Gemeinsamkeiten zwischen saurem Regen, Überfischung oder vergiftetem Trinkwasser bezeichnen, waren damals noch nicht im allgemeinen Diskurs angekommen.«[44]

42 James Boyle, »Cultural environmentalism?«, in: *Financial Times* (20. Februar 2006), online verfügbar unter: ⟨www.ft.com/cms/s/2/cc8e24ce-a242-11da-9096-0000779e2340.html#axzz1EuSjZE8Y⟩ (Stand Februar 2011).
43 Matt Mason, a. a. O. (S. 53, Anm. 71), S. 98.
44 Oliver Moldenhauer/Benedikt Rubbel/Sebastian Bödeker, a. a. O. (S. 114, Anm. 38), S. 12.

Es ist an der Zeit, die zentralen Begriffe für den Umweltschutz des Informationszeitalters zusammenzuführen. Das heißt jedoch nicht, einer Umsonst-Kultur das Wort zu reden. Im Gegenteil: »Sicherlich sollte das Netz kein Werkzeug werden, mit dem Künstlern etwas ›gestohlen‹ werden kann«, erläutert Lawrence Lessig. »Doch sollte auch das Recht kein Werkzeug werden, mit dem eine bestimmte Art der Honorierung von Künstlern (oder genauer: von Verbreitern) *festgeschrieben wird*.«[45] Damit ist also keineswegs gesagt, dass Kunst und Kultur einfach vergütungsfrei genutzt werden können. Es lohnt sich aber zu betonen, dass die Befreiung der Kultur und des Wissens, die Dateien schutzlos dem Kopieren ausliefert, nicht zum Ende der Kultur, vielleicht aber zum Ende bestehender Geschäftsmodelle führen kann. Genau wie das freie Versenden der Musik über das Radio auch nicht dazu geführt hat, dass keine Musik mehr gemacht wird.

Es wurden vielmehr neue Vergütungsmodelle gesucht, die eine Finanzierung *mithilfe* der technischen Neuerungen ermöglichten. Für die Verbreitung von Kultur gilt, was Lessig über ihren Inhalt gesagt hat: »Eine Gesellschaft, die das Ideal einer freien Kultur verteidigt, muss eben diese Möglichkeit erhalten, alte Kreativität durch neue herauszufordern.«[46] Als das Radio aufkam, wurde die Klage geführt, diese freie, unkontrollierte Form des Musikhörens werde die Kultur zerstören. Es ist nicht zu ihrem Niedergang gekommen. Diese immer wieder verwendete Drohkulisse ist also nicht sonderlich realistisch, sie nutzt sich mit der Zeit auch ab und hat zudem das Aufkommen einer neuen politischen Bewegung begünstigt, die am Neujahrstag

---

45 Lawrence Lessig, *Freie Kultur*, a. a. O. (S. 29, Anm. 26), S. 87.
46 Ebd., S. 128. Kurz darauf heißt es auf S. 135: »Nur weil eine bestimmte Interessengruppe nach staatlicher Unterstützung ruft, folgt daraus nicht, dass die Unterstützung selbstverständlich ist. Und nur weil eine Technik eine bestimmte Art von Geschäftsmodellen unmöglich macht, folgt daraus nicht, dass die Regierung interveniert, um die alten Geschäftsmodelle zu erhalten.«

des Jahres 2006 erstmals die Bühne betrat. Der damals 34-jährige Schwede Rickard Falkvinge rief zum Jahreswechsel eine Partei ins Leben, die die Bedeutung des Wortes Piraterie umdrehen will: Eine Piratenbewegung, die die Kopie als politische Willensäußerung versteht. »Das Bild des Piraten«, schreibt die deutsche Piratenpartei auf ihrer Website,

> »ist auch ein Symbol für Menschen, die teilweise ungerechtfertigt in die Illegalität gedrängt wurden. Genau das kommt heute im ›virtuellen‹ Bereich verstärkt vor. Darum nennen wir uns ebenfalls Piraten. Die Piraten der Piratenpartei wollen sich nicht persönlich bereichern, schon gar nicht auf Kosten anderer. Aber wo es um ›geistige Werte‹ geht, ist das Teilen gar nicht so schwer. Geteiltes Wissen ist doppeltes Wissen. Daher trifft die Gleichsetzung ›geistiger Wert‹ = ›realer Wert‹ gar nicht zu, die uns über Sinnbilder wie das des Piraten eingeprägt werden soll.«[47]

Auch wenn sie mit dem Begriff des Datenpiraten und Raubkopierers spielen: Den Piraten geht es um mehr als um das Recht auf Privatkopie – wie Piraten-Erfinder Falkvinge im Sommer 2006 während einer Demonstration in Stockholm erläuterte. Falkvinge sagte: »Es ist eine Situation, in der die gesamte Kultur und die Informationen zwischen Millionen verschiedener Menschen fließen. Das ist etwas komplett Neues in der Geschichte der menschlichen Kommunikation.« Diese neue Situation erfordere auch andere gesetzliche Regelungen. Es gehe darum, eine Kontrolle von Kunst und Wissen zu verhindern, »denn wer diese Dinge beherrscht, beherrscht die Welt.« Im Zuge des Filesharing

> »haben wir bereits gesehen, was es heißt, ohne zentrale Kontrolle zu sein. Wir haben bereits die Freiheit geschmeckt, gefühlt und gerochen, ohne zentrales Monopol von Kultur und Wissen zu sein. Wir haben bereits gelernt, zu lesen und zu schreiben. Und wir werden auch nicht vergessen, wie man liest und wie man schreibt, nur weil es in den Augen der Medien von gestern nicht paßt.«[48]

47 Online verfügbar unter: ⟨http://web.piratenpartei.de/⟩ (Stand März 2011).
48 Dirk von Gehlen, »Die Piratenpartei«, in: *Und jetzt? Politik, Protest und*

Ein Ei, das einmal gekocht wurde, kann nicht mehr in den ungekochten Zustand zurückversetzt werden. Rickard Falkvinge und die Piratenbewegung überall auf der Welt argumentieren ähnlich: Die durch die Digitalisierung des Wissens angestoßene Befreiung der Information kann man nicht mehr rückgängig machen. Sie halten das Kopieren für ein Grundrecht, das durch »die Freiheit des Wissens« begründet ist. Dies und das Engagement gegen Überwachung schreiben sich die Piratenparteien auf ihre Fahnen.

Im Bundestagswahlkampf 2009 (die deutsche Piratenpartei konnte am Ende 2,0 Prozent der Stimmen verbuchen) entstand eine Debatte um die realpolitische Bedeutung der Piraten. Unabhängig von deren Erfolg bei Wahlen ist die Bewegung in jedem Fall ein signifikanter Ausdruck einer Veränderung unseres Alltagsverständnisses: Wenn das »Herstellen und Verbreiten von Kopien« zu einem Vorgang wird, »der so einfach ist wie das Atmen«, dann ist das Kopieren »kein gutes Kriterium mehr dafür, wer bezahlen muss, wann und wofür«.[49] Kurzum: Der kopierende Verbraucher verändert die gelernten Zusammenhänge. Wer mit kreativen Inhalten Geschäfte machen will, muss sich darauf einstellen. Gleichzeitig gilt, was Gerd Leonhard in einem Video-Interview mit *Zeit online* formuliert: »Wir können, logistisch gesehen, die Leute nicht davon abhalten, dass sie runterladen und Musik teilen. Es gibt hundert Arten und Weisen, Musik zu teilen. Man kann es, technisch gesehen, nicht stoppen.« Die Zahnpasta ist aus der Tube, es wird schwierig, sie wieder hineinzudrücken. Es zu versuchen, ist nicht nur wenig zielführend, es ist auch gefährlich, wie Leonhard weiter ausführt: »Man müsste einen Polizeistaat im Internet einführen, der das alles verhindert.« Das könne niemand ernsthaft wollen. »Deshalb ist die einzige Möglichkeit, die Bezahlung einzubauen ins Netzwerk, wie es auch

Propaganda, herausgegeben von Heinrich Geiselberger, Frankfurt am Main: Suhrkamp 2007, S. 44-50, S. 48.
49   André Spiegel, a. a. O. (S. 116, Anm. 44), S. 154.

im Radio ist.«[50] Es gilt also in einem ersten Schritt, die Situation genau zu analysieren, um neue, freiheitlichere Modelle zu entwickeln. Dazu müsste man zunächst aufhören, von Diebstahl zu reden. Wie bereits dargelegt, ist dieser Vorwurf nicht nur juristisch falsch, er ist auch wenig konzise, wie der renommierte US-Autor und Netz-Experte David Weinberger mittels einer Selbstbezichtigung demonstrierte, die er auf sein Blog[51] gestellt hat. In dieser 20 Punkte umfassenden Liste belegt Weinbergers Geständnis, etwas gestohlen zu haben. Dabei gesteht Weinberger unter anderem ein, den Luftzug gestohlen zu haben, den jemand auf einer Parkbank sich selbst zuwedelte, als er neben ihm saß. Auch habe er die Überschriften von Zeitungen am Kiosk gelesen, ohne diese Zeitungen zu kaufen, und einen Metallica-Song aus der Wohnung eines Nachbarn durchs offene Fenster mitgehört. Er habe das Fenster aber geschlossen, als er einen Werbespot hörte. Was Weinberger damit im Hinblick auf das digitale Duplikat sagen will: Die immaterielle Kopie erlaubt eine Verbreitung ohne Schaden für das Original. Der Nachbar hat nicht weniger Freude an einem Metallica-Song, wenn Weinberger in der Wohnung nebenan mithört.

Ein zweiter Aspekt dieser neuen Situation ist das Problem der Verknappung. Mark Getty, der Gründer der gleichnamigen Bildagentur, wies genau auf diesen Punkt hin, als er die Frage des geistigen Eigentums in ihrer Bedeutung für das 21. Jahrhundert mit der Verteilung des Öls im 20. Jahrhundert verglich.[52] Auch die Autoren des Buchs *Wissensalmende* sehen diese große Bedeutung. Sie schreiben:»Die ›geistigen Eigentumsrechte‹ gewinnen massiv an Bedeutung und sind auf dem Weg, zur zentralen Ressource, sozusagen zum virtuellen Öl des 21. Jahr-

50 »Der Medienexperte Gerd Leonhard zur Zukunft der Musikindustrie«, Gerd Leonhard im Video-Interview mit *Zeit online* 〈http://video.zeit.de/vi deo/37090310001〉 (Stand März 2011).
51 〈www.hyperorg.com/blogger/2008/08/03/20-things-ive-stolen〉 (Stand März 2011).
52 »The oil of the 21st century«, online verfügbar: 〈http://oil21.org/〉 (Stand März 2011).

hunderts zu werden.« Allerdings ziehen Oliver Moldenhauer, Sebastian Bödeker und Benedikt Rubbel daraus eine andere Schlussfolgerung. Anders als Mark Getty argumentieren sie: »Wissen ist im Unterschied zu vielen materiellen Gütern nur in einem eingeschränkten Sinn knapp: Einmal in der Welt, kann es praktisch beliebig leicht vervielfältigt werden. Zugespitzt gesagt: Wissensgüter sind entweder gar nicht oder im Überfluss vorhanden.«[53]

Mark Getty glaubt, dass sich digitales Wissen verknappen lässt. Getty ist der Sohn des amerikanisch-britischen Milliardärs Paul Getty, der sein Vermögen mit Öl machte. Aber die natürliche Ressource Öl ist endlich, Kreativität, Information, Wissen und Ideen sind es nicht. »Wie auch immer die ökonomisch bedingte Verknappung von Wissen und Information begründet wird«, sagt Rainer Kuhlen, »dem Schutz des bestehenden Wissens vor Vernichtung dient sie, anders als bei der Verknappung natürlicher Ressourcen, nicht. Dieses braucht keinen besonderen Schutz.« Denn wer auf bestehendes Wissen zurückgreift, verbraucht dieses nicht. Im Gegenteil: »[J]e freizügiger diese genutzt werden, umso größer wird deren Nutzen für die öffentliche Gemeinschaft sein.«[54] Gerd Leonhard zieht daraus für die Musikindustrie den Schluss: »Es ist eine andere Welt, in der man nicht mehr durch Knappheit Geld verdient, *sondern durch Überfluss.*«[55]

Bei all dem handelt es sich im Übrigen um keine neue, erst von der Digitalisierung ausgelöste Entwicklung. Bereits im Jahr 1937 stellt der vom US-amerikanischen Social Science Research Council mit der Prüfung des Einsatzes von Reproduktionsgeräten im Büro beauftragte Robert C. Binkley fest: »Wenn Bücher und Dokumente zu diesem Preis kopiert werden kön-

---

53 Oliver Moldenhauer/Benedikt Rubbel/Sebastian Bödeker, a. a. O. (S. 114, Anm. 38), S. 8.
54 Rainer Kuhlen, a. a. O. (S. 123, Anm. 58), S. 44.
55 Ulrich Stock, »In Musik baden«, Interview mit Gerd Leonhard, in: *Die Zeit Internet Spezial* (Mai 2008).

nen, dann läuft das darauf hinaus, dass man alle Aufzeichnungen der Zivilisation in einem Ausmaß zugänglich machen und zirkulieren lassen kann, das man sich bisher überhaupt nicht vorstellen konnte.«[56] Heute kann man nicht nur Bücher und Dokumente zu einem längst weiter gesunkenen Preis kopieren und zirkulieren lassen, alle kulturellen Produkte, die digitalisierbar sind, können gespeichert, verbreitet und kopiert werden – fast ohne Kosten. Und »innerhalb der nächsten zehn bis 15 Jahre wird es sehr günstige Media-Player im Taschenformat geben, die alle jemals aufgenommene Musik speichern können – in einem Format, das es möglich macht, sie sofort auf den Player einer anderen Person zu kopieren«,[57] prophezeit der schwedische Urheberrechtsaktivist Rasmus Fleischer.

Vielleicht kommt es so, vielleicht entwickelt es sich anders, sicher ist jedoch: Man kann auch in dieser Situation Geschäftsmodelle finden. »Auch wenn dieses Problem für gewinnorientierte Unternehmen aus der Content-Industrie unüberwindbar erscheint«, schreibt Glyn Moody, »so hat die Open-Source-Welt doch gezeigt, wie man das Teilen digitaler Inhalte erlauben, sogar unterstützen und trotzdem Profit damit machen kann.«[58] Diese neuen Wege zu finden, ist die große Herausforderung für die Inhalte-Produzenten der Kreativwirtschaft. Dass dies langfristig nur gelingen wird, wenn man auf die Kreativen hört,[59] beweisen Musiker wie Public-Enemy-Frontmann Chuck D oder Frieder Weiss, der bei der deutschen Band Fotos

---

56 Zitiert nach: Hillel Schwartz, a. a. O. (S. 37, Anm. 33), S. 247.

57 Rasmus Fleischer, »The future of copyright«, online verfügbar unter: ⟨www.cato-unbound.org/2008/06/09/rasmus-fleischer/the-future-of-copyright⟩ (Stand Februar 2011).

58 Glyn Moody, a. a. O. (S. 140, Anm. 31), S. 306.

59 Ich verzichte an dieser Stelle bewusst auf die in diesem Zusammenhang häufig angeführten Beispiele wie das der britischen Band Radiohead, die im Herbst 2007 ihr Album »In Rainbows« mittels eines neuen Verkaufsmodells veröffentlichte, bei dem die Fans eigenmächtig den Preis bestimmen konnten; vgl. dazu »Fans crash Radiohead album site«, online verfügbar unter: ⟨http://news.bbc.co.uk/2/hi/entertainment/7024130.stm⟩ (Stand Februar 2011).

Bass spielt. Beide stehen für verschiedene musikalische Richtungen und unterschiedliche Generationen. Und dennoch lassen sich Parallelen erkennen zwischen dem, was Chuck D im Jahr 2000 vor dem US-Kongress sagte, und Frieder Weiss' Aussagen im Interview mit *jetzt.de* im Frühjahr 2008. Chuck D war eingeladen worden, um vor dem Kongress über den Wandel der Musikindustrie im Prozess der Digitalisierung zu sprechen. Er prophezeite, das 21. Jahrhundert werde ein neues Geschäftsmodell für die Musikindustrie hervorbringen, »das die etablierten Firmen nicht zerstören, ihre Denkmuster aber grundlegend verändern wird«.[60] Weiss wählte im Interview, das ich mit ihm führte, etwas andere Worte, die aber in eine ähnliche Richtung gehen: »Ich glaube, das Problem ist das Zwischenstadium, in dem wir uns gerade befinden. Das ist eine Phase, in der die bisherigen Vertriebswege nicht mehr so richtig funktionieren, die Plattenindustrie total ratlos und es überhaupt noch nicht klar ist, was danach kommen soll.«[61]

An dieser Zukunft arbeiten Mick Jones und Tony James schon seit 2003. Damals veröffentlichten Jones, der ehemalige Gitarrist von The Clash, und James, der ehemalige Bassist der Billy-Idol-Band Generation X, unter dem Bandnamen Carbon/Silicon ihren ersten Song. Dieser trug den Titel »MPFree« und befasste sich mit der Frage, ob und wie Musik im Internet behandelt werden soll. Die beiden Ex-Punk-Musiker sind der Meinung: Sie sollte frei sein. Zwar sei Carbon/Silicon bei weitem nicht so bekannt wie die früheren Bands der beiden, urteilte der US-Radiosender NPR im Januar 2008, »der Umgang der Band mit dem Internet hat ihnen aber eine weitreichende Popularität eingebracht«.[62] Tony James und Mick Jones stellten nicht

---

60 Zitiert nach: Matt Mason, a. a. O. (S. 53, Anm. 71), S. 157.

61 Dirk von Gehlen, »Interview: Warum die Band Fotos Konzerte an die Fans verschenkt, die ihre CD kaufen«, Interview mit Frieder Weiss, online verfügbar: ⟨http://jetzt.sueddeutsche.de/texte/anzeigen/426960⟩ (Stand März 2011).

62 »Punk legends form rock band Carbon/Silicon«, online verfügbar unter:

nur ihre Songs zum kostenlosen Download auf ihrer Website zur Verfügung, sie ermuntern ihre Fans sogar, ihre Live-Auftritte mitzuschneiden und diese Aufzeichnungen zu verbreiten. »Wir leben in der besten Zeit, die es je gab für Rock'n'Roll«, erläuterte Mick Jones, als er im Frühjahr 2008 von der britischen Tageszeitung *The Guardian* interviewt wurde:[63]

> »Das Internet wird Rock'n'Roll nicht zerstören. Im Gegenteil: Das Netz versetzt den Künstler in die Lage, seine Musik direkt an sein Publikum und an seine Fans zu bringen – ohne irgendwelche Vermittler. Der Künstler muss sich keine Sorgen machen, aber die Leute, die in den Plattenfirmen rumsitzen und fett werden, die müssen sich bewegen.«

Dann unterbricht ihn sein Kollege Tony James und berichtet davon, wie die Digitalisierung seine Arbeit verändert hat. Er erzählt, wie die Band im Aufnahmestudio sitzt, einen Song fertig stellt, in ein anderes Zimmer geht und ihn dort ins Netz lädt. »Das Netz ist doch ein wundervolles schnelles Medium«, schließt er. Und als ihn der Interviewer fragt, ob es nicht auch zu schnell sein könnte, ergänzt Jones: »Wir haben auch schon unterschiedliche Versionen von Songs rausgebracht. Weil wir weiter an einem Stück gearbeitet und es verändert haben. Dann haben wir halt eine neue Version ins Netz gestellt, ein Upgrade.« Am Ende berichtet Jones von seinen Vorstellungen von einem neuen Geschäftsmodell:

> »Vielleicht bezahlen die Menschen in gar nicht so ferner Zukunft dafür, Teil eines Entstehungsprozesses zu sein. Die Menschen wollen gerne live bei etwas dabei sein. Vielleicht gibt es irgendwann Geschäftsmodelle, bei denen Menschen dafür zahlen, dass sie an einem kreativen Prozess teilnehmen. Dass sie miterleben

⟨www.npr.org/templates/story/story.php?storyId=18484452⟩ (Stand März 2011).
63   Das fast gleiche Zitat stellen die beiden schwedischen Filmemacher Victor Köhler und David Dworsky ihrem Dokumentarfilm »Presspauseplay« voran. Es stammt von dem US-amerikanischen Marketingexperten Seth Godin und lautet: »Es ändert sich alles. Die Industrie ist tot. Es gab niemals vorher eine bessere Zeit, um Künstler zu sein.«

können, wie Musik entsteht. Und dann werden wir die CD als Artefakt eines vergangenen Moments wahrnehmen.«[64]

Man muss diesen Gedanken nicht teilen, doch wer ihm folgt, kann eine spannende Beobachtung machen: Wenn der Inhalt vom Datenträger gelöst wird, und wenn sich dieser kreative Inhalt so leicht, kostengünstig und ohne Qualitätseinbußen verbreiten lässt, dann kann das durchaus bedeuten, dass dieser Überfluss die Vorstellung dessen verändert, was wir als Kulturprodukt bzw. Ware ansehen. Die überlieferten Formen verflüssigen sich in einer Art, die wir schon von der Software kennen: Wie will man, da Computer-Programme in Versionen ausgeliefert werden, eindeutig zwischen Original und Kopie unterscheiden, wenn die Software-Version 2.0 auf ihrem Vorgänger 1.0 aufbaut? Ist 2.0 die Kopie und 1.0 das Original? Wie steht Entwicklungsschritt 3.0 dazu? Mercedes Bunz weist darauf hin, es sei von Beginn an das »Prinzip der Herstellung von Software gewesen [...], kein fertiges Produkt, sondern eine Version auszuliefern. Kontinuierliche Veränderung ist ein inneres Prinzip von Software, sie stellt ihre Funktion sicher.«[65] Wenn es nun auch unterschiedliche Versionen von Liedern gibt, muss man sich vielleicht einerseits vom Gedanken des einen Originals verabschieden und andererseits die Frage stellen: Wofür zahlen die Nutzer und Zuhörer, wenn es das eine Original nicht mehr gibt? Vielleicht für etwas, was man nicht kopieren kann: für die Teilhabe an einem künstlerischen Prozess statt für das vermeintlich fertige Produkt? Vielleicht dafür, dass sie live an etwas teilnehmen, als dass sie etwas konsumieren. Oder für ganz andere Dinge, die über den effektiven Verbreitungsweg der digitalen Kopie beworben werden: T-Shirts, Konzert-

---

64 Alexis Pedridis/Rosie Swash, »Music Weekly: Carbon/Silicon«, Interview mit Mick Jones und Tony James, in: *The Guardian* (07. Februar 2008), Podcast online verfügbar unter: ⟨www.guardian.co.uk/music/audio/2008/feb/07/music.weekly.podcast⟩ (Stand März 2011).
65 Mercedes Bunz: »Die Utopie der Kopie«, a. a. O. (S. 39, Anm. 38), S. 168.

karten, Merchandising-Produkte? Der Medienberater Gerd Leonhard empfiehlt den Musikmanagern: »Don't (just) sell the copy of the content – sell everything around it.«[66]

Felix Oberholzer-Gee, Ökonom an der Harvard University, kann diesen Ratschlag volkswirtschaftlich belegen. Im Sommer 2010 erklärte er in einem Interview, »dass wenn ein Produkt in einer Volkswirtschaft günstiger wird, die Zahlungsbereitschaft für sogenannte komplementäre Güter steigt. Das heißt, wenn Musik sehr günstig wird, nimmt meine Zahlungsbereitschaft für iPod, Konzerttickets und Merchandising-Produkte zu.« Oberholzer-Gee, der bereits 2004 und 2007 mit der Studie *The Effects of Filesharing on Record Sales* nachweisen konnte, dass Tauschbörsen weniger negativen Einfluß haben als oft angenommen,[67] stellt sogar die These auf, die vermeintliche Krise, die der kopierende Verbraucher ausgelöst habe, sei bereits überstanden – sowohl auf der Ebene der Kreativen wie auf der Ebene der Industrie:

> »In den USA, Großbritannien und Schweden sind in den letzten Jahren, das belegen Studien, die Einkommen von Musikern im Durchschnitt gestiegen, weil sie viel höhere Preise für Konzerttickets verlangen können. Der Komplementärmarkt macht also den Verlust wett, der durch den Einbruch auf dem Tonträgermarkt entstanden ist. Wenn man eine nicht ganz enge Vorstellung davon hat, was die Musikindustrie ist und womit sie Geld einnimmt, muss man sagen, dass die Wertschöpfung in der Musikindustrie in den letzten Jahren unheimlich stark gestiegen ist. Der Musikindustrie geht es besser denn je zuvor.«[68]

66 Gerd Leonhard, »Book publishers: please learn from the mistakes of the music industry – my thoughts on what to do«, online verfügbar unter: ⟨www.mediafuturist.com/2009/10/book-publishers-please.html⟩ (Stand März 2011).

67 Siehe hierzu auch mein Interview mit Felix Oberholzer-Gee für *jetzt.de*: »Felix Oberholzer-Gee: ›Piraterie schadet nicht‹«, online verfügbar unter: ⟨http://jetzt.sueddeutsche.de/texte/anzeigen/370804⟩ (Stand März 2011).

68 Anna Masoner, »Filesharing: die wundersame Musikvermehrung«, Interview mit Felix Oberholzer-Gee auf dem mittlerweile eingestellten ORF-Portal *Futurezone*.

Doch nicht nur auf der Ebene der Geschäftsmodelle verlangt die Digitalisierung ein Umdenken. Auch auf der Ebene des rechtlichen Rahmens muss den veränderten Bedingungen Rechnung getragen werden. Das bereits angeführte Beispiel des Radios zeigt: Derartige Umbrüche müssen nicht zum Niedergang der Kultur führen, man kann damit auch produktiv umgehen. Als Urheberrechtler zum Beispiel im Zuge des Aufkommens der Musik- und später der Videokassette das Problem zu lösen hatten, wie mit diesen vagabundierenden Kopien umzugehen sei, fand man eine ungewöhnliche Lösung. Daran erinnert Till Kreutzer im Interview:

> »Damals kamen Tonbandgeräte und später Videorekorder auf, und man hat gesagt: Es ist völlig unmöglich, zu verbieten, dass die Leute sich eine Platte auflegen und die auf eine Kassette aufnehmen. Es gibt also einen Kontrollverlust, deshalb hat man sich entschieden, dieses Kopieren zu erlauben, aber gleichzeitig eine Vergütung einzuführen, über die sogenannte Geräte- und Leermittelabgabe, die man bezahlt, wenn man einen Brenner oder Rohlinge kauft.«[69]

Dabei geht es um ein pauschales Vergütungssystem, bei dem die Urheber geistiger Schöpfungen über sogenannte Verwertungsgesellschaften (wie die VG Wort oder die GEMA) honoriert werden, die sich wiederum über Gebühren finanzieren, die die Endverbraucher auf Kopiergeräte entrichten.[70] Das Besondere an diesem Modell besteht darin, dass eine Vergütung über eine pauschale Abgabe und nicht per direkter Bezahlung erzielt wird. Dem von Kreutzer angesprochenen Kontrollver-

---

69 Dirk von Gehlen, »Nutzer von Tauschbörsen werden kriminalisiert«, Interview mit Till Kreutzer, online verfügbar unter: ⟨http://jetzt.sueddeut sche.de/texte/anzeigen/370802⟩ (Stand Februar 2011).
70 In Paragraph 54 des UrhG heißt es dazu: »Ist nach der Art eines Werkes zu erwarten, dass es nach § 53 Abs. 1 bis 3 vervielfältigt wird, so hat der Urheber des Werkes gegen den Hersteller von Geräten und von Speichermedien, deren Typ allein oder in Verbindung mit anderen Geräten, Speichermedien oder Zubehör zur Vornahme solcher Vervielfältigungen benutzt wird, Anspruch auf Zahlung einer angemessenen Vergütung.«

lust – man kann die vagabundierenden Kopien nicht einzeln kontrollieren – wird Rechnung getragen, indem man sie pauschal erlaubt und pauschal vergütet. Auf dieser rechtlichen Konstruktion basiert die Idee, Kopien im privaten Rahmen, zum Beispiel für Mixtapes, zu gestatten, dann jedoch auf andere Weise die Vergütung sicherzustellen.

Kopien im digitalen Raum werden jedoch nicht nur (und immer seltener) mittels Kopiergeräten gefertigt, sondern zum Beispiel auch in Tauschbörsen. Es liegt also nahe, die Idee, die für Musik- und Videokassetten erdacht wurde, auf das Internet zu übertragen. »Es gibt Modelle«, erklärt Till Kreutzer, »die vorschlagen, die Nutzung von Tauschbörsen rechtlich zu ermöglichen, aber mit einer Gebühr zu versehen.« [71] Das vermutlich bekannteste Modell ist die sogenannte Kulturflatrate, die die Idee des pauschalen Vergütungssystems auf die Welt der digitalen Kopie übertragen will. Dabei soll eine allgemeine Gebühr für die Nutzung zum Beispiel von Tauschbörsen erhoben und diese gestattet werden. Im Januar 2009 ist diese Idee auf der Isle of Man erstmals aus dem Status eines Modells herausgetreten, sie wird dort seither getestet. [72] Ron Berry, der auf der kleinen Insel für Wirtschaftsbeziehungen zuständig ist, begründete diesen Versuch mit den Worten: »Es wird uns sowieso nicht gelingen, die Piraterie zu stoppen, also lasst uns was Gutes daraus machen.« [73] Wie das Gute aussehen kann, erläutert Volker Grassmuck im Interview mit dem *Deutschlandradio*: »Die Zahlungsverpflichtung ergibt sich aus der Nutzung urheberrechtlich geschützter Werke [...]. Es macht natürlich Sinn,

---

71 Dirk von Gehlen, »Nutzer von Tauschbörsen werden kriminalisiert«, a. a. O.
72 Siehe dazu ausführlich Eric Pfanner, »Music Industrie Imitates Digital Pirates to Turn a Profit« in: *New York Times* (19. Januar 2009).
73 So zu hören in der *Breitband*-Sendung »Die Kulturflatrate als letzter Ausweg für Musikindustrie und Kreativwirtschaft?«, ausgestrahlt am 21. Februar 2009 auf *Deutschlandradio Kultur*, online verfügbar unter: ⟨http://breit band.dradio.de/die-kulturflatrate-als-letzter-ausweg-fur-musikindustrie-und-kreativwirtschaft⟩ (Stand Februar 2011).

dass dort, wo bereits ein Zahlkanal besteht, nämlich die monatlichen Internet-Service-Provider-Gebühren, die Pauschale aufgeschlagen wird. Genau das gleiche Modell haben wir bei der Privatkopie-Schranke.« Und damit daraus auch für die Urheber ein gutes Modell werden kann, sollen diese proportional nach Nutzung beteiligt werden. Grassmuck erläutert dies so: »Die Urheber würden nicht alle denselben pauschalen Betrag bekommen. Pauschal wird bezahlt. Nämlich ein Betrag, der diskutiert wird in Höhe von einem Euro bis zehn Euro pro Monat. Ausgezahlt würde dieser Betrag aber entsprechend der Downloadzahlen der Werke der Urheber.«[74] Modelle wie die Kulturflatrate sehen sich heftiger Kritik ausgesetzt. Nicht nur seitens der Verwerter,[75] die ein pauschales Vergütungsmodell ablehnen. Auch Datenschützer kritisieren die Vorschläge, weil sie befürchten, durch die Protokollierung der Nutzungsdaten könne der Überwachung und dem Datenmissbrauch Tür und Tor geöffnet werden.[76] Im Januar 2011 stellte der Journalist Daniel Leisegang in seinem Plädoyer für die Kulturflatrate in den *Blättern für deutsche und internationale Polititk* diese Rechnung auf:

> »Derzeit gibt es in der Bundesrepublik knapp 30 Mio. Breitbandanschlüsse. Würden die Anbieter durchschnittlich jeweils fünf

74 Interview mit Volker Grassmuck (ebd).
75 Im Gespräch mit der ORF-*Futurezone* fasste Volker Grassmuck die Kritik der Verwerter so zusammen: »Die Verwerter möchten Kontrolle über die Vermarktung von Werken haben. Ein ganz wichtiger Grund ist auch, dass sie kontrollieren möchten, wie viel von den Einnahmen tatsächlich an die Kreativen ausgezahlt wird. Die Verträge sind häufig so gestaltet, dass die bei der Online-Nutzung leer ausgehen. Mit einer ›Kultur-Flatrate‹, die über eine kollektive Rechtewahrnehmung verwaltet würde, ginge das nicht. Da geht mindestens die Hälfte an die Kreativen und die andere Hälfte an die Verwerter. Die Kreativen bekommen von den Einnahmen für die Privatkopie ihren Anteil, und das wäre bei der ›Kultur-Flatrate‹ auch so. Das möchte aber die Verwertungsindustrie nicht.«
76 Vgl. die instruktive Debatte von Barbara Haack/Martin Hufner, »Auf der Suche nach neuen Spielregeln«, in: *nmz – Neue Musikzeitung* 03/2010 über Vor- und Nachteil der Kulturflatrate.

Euro mehr im Monat einziehen, beliefen sich die aus der Kulturflatrate generierten Einnahmen insgesamt auf rund 1,8 Mrd. Euro pro Jahr – eine Summe, die – nach Eigenangaben des Bundesverbands Musikindustrie – exakt dem Gesamtumsatz der bundesdeutschen Musikbranche im Jahr 2009 entspricht. Und auch der bürokratische Aufwand hielte sich in Grenzen. Die Abgabe für die Kulturflatrate könnten die Internetanbieter zusammen mit den Gebühren für den DSL-Zugang einziehen; ein gerade aus datenschutzrechtlichen Gesichtspunkten unbedenkliches Verfahren, da den Providern die Kundendaten bereits vorliegen.«[77]

Die Diskussion über eine Kulturflatrate, Vergütungssysteme wie die Leermedienabgabe und der Erfolg von Creative-Commons-Lizenzen und Open-Source-Firmen zeigen: Es gibt Wege, mittels deren es gelingen kann, der vagabundierenden Kopien Herr zu werden, ohne die kreativen Potenziale der Kopie zu unterbinden. Solche Zukunftsmodelle sind nicht nur auf der konkreten Ebene des Vertriebs von Musik möglich, sondern sie werden sich, so Rainer Kuhlen, auch auf der abstrakten Ebene des Urheberrechts durchsetzen. Kuhlen stellt deshalb die Frage,

> »ob sich nicht eine Götterdämmerung des Urheberrechts abzeichnet. Zu offensichtlich sind die Aporien, also die Ausweglosigkeiten, die die gegenwärtigen Urheberrechtsregelungen mit ihrer Begünstigung der kommerziellen Verwertungsmonopole schaffen, und zu deutlich ergeben sich durch Open Access und Creative Commons neue Formen des Umgangs mit Wissen und Information, nicht gegen, aber unabhängig vom Urheberrecht.«[78]

Natürlich ist es richtig, wenn Heribert Prantl das Urheberrecht als »Sauerstoff des Internet« beschreibt und für dessen Zukunft wie folgt argumentiert: »Das Urheberrecht verhin-

---

77 Daniel Leisegang, »Kulturflatrate – der neue Sozialvertrag«, in: *Blätter für deutsche und internationale Politik* 1/2011, S. 106-111, S. 109, nachzulesen im Netz unter: ⟨www.blaetter.de/archiv/jahrgaenge/2011/januar/kulturflat rate-der-neue-sozialvertrag⟩ (Stand Februar 2011).
78 Rainer Kuhlen, a. a. O. (S. 123, Anm. 58), S. 21.

dert nicht den Austausch von Informationen, es reserviert nicht Wissen für einzelne Personen – es schützt nur die besondere Verarbeitung und Gestaltung, es schützt das Werk, das daraus gemacht wird – und es gibt auch hier der Allgemeinheit reichliche Nutzungsmöglichkeiten.«[79] Damit dies auch weiterhin gelingen kann, muss die Legitimationskrise des Urheberrechts überwunden und dieses Gesetz wieder als legitime Grundlage des kreativen Schaffens anerkannt werden. Dazu muss man die veränderten Gegebenheiten der Digitalisierung akzeptieren und zu gestalten versuchen. Oder wie es der Remix-Fan Matt Mason zusammenfasst: »Der Remix ist zu einem legitimen Weg geworden, neue Kunst, Kultur, Produkte und Ideen aus alten zu gewinnen. Das einzige, was geremixed werden muss, ist unser überholtes Urheberrecht.«[80]

»Der Mythos vom Original bröckelt«.
Anaïs Hostettler, Herausgeberin des Magazins *Copy Paste Reality*, über Versionen

»Strg C, Strg V. Aus einer Tastenkombination des Computers ist eine Kultur entstanden, die uns alle prägt. Und die wir prägen.« Mit diesen Worten eröffnet die Schweizer Kulturwissenschaftlerin Anaïs Hostettler das Heft *Copy Paste Reality*, ein – wie der Untertitel verrät – *Magazin für Versionen*, das im Rahmen ihres Studiums an der Zürcher Hochschule der Künste entstanden ist (mehr dazu unter www.copypastereality.com).

Wie bist du auf die Idee gekommen, dich mit dem Thema Kopieren zu befassen?

79 Heribert Prantl, »Das Ende der Kultur«, in: *Süddeutsche Zeitung* (16. März 2007).
80 Matt Mason, a. a. O. (S. 53, Anm. 71), S. 102.

Es ging mir um die Untersuchung eines Zeitphänomens, als das ich das Kopieren mittlerweile verstehe. Rein zufällig bin ich auf etwas gestoßen, was mich fasziniert und irritiert hat: Ich habe auf Youtube diese Videos von Menschen gesehen, die andere Filme nachgestellt oder nachgeahmt haben. Das hat mich interessiert. Und ich wollte eigentlich nur verstehen, was die da genau machen. Dieser Beobachtung bin ich dann nachgegangen.

Du nennst dieses Phänomen in einem Text in deinem Magazin »Internet-Karaoke« …

Weil es der klassischen Form der Karaoke nicht unähnlich ist. Laut Studien sind 15 Prozent der Inhalte auf Youtube solche Formen des Kopierens. Das fand ich spannend. Deshalb habe ich als praktischen Teil meiner Abschlussarbeit das Magazin entwickelt. Dazu gehört auch die Webseite copypastereality.com. Mit ihr wollte ich einigen Aspekten des Themas nachspüren.

Zum Beispiel?

Na ja, einerseits dem Phänomen der Internet-Karaoke, andererseits geht es um das Prinzip des *shanzhai* in China oder des »Swedens« bei Filmen.[81] Außerdem habe ich praktische Aufgaben ins Netz gestellt, die sich diesen Phänomenen widmen. Ich habe die Nutzer zum Beispiel aufgefordert, ihr Lieblingsbuch in 160 Zeichen nachzuerzählen. Das heißt dann »Short Message Book«.

Und im theoretischen Teil?

Der trägt den Titel »Das Potential der Version im Spannungsfeld von Original und Kopie« und ergründet genau das Phänomen der Youtube-Karaoke. Dabei habe ich vor allem festgestellt, wie sich die althergebrachten Begriffe von Original und Kopie im sogenannten Web 2.0 immer mehr verflüssigen.

---

81 Siehe zu beiden Begriffen die Erläuterungen im Glossar.

Wie meinst du das?

Das ist ein Riesenfeld vom Remix übers Mashup zur Hommage oder zur Parodie. Sie alle sind Adaptions- und gleichzeitig Verfremdungsmechanismen. Und meine Beobachtung ist, dass es sich dabei nicht mehr um einzelne Techniken handelt, sondern dass jeder dieser Begriffe Teil eines Kulturverständnisses ist. Es geht um eine Art Remix-Kultur, eine besondere Lebensweise, die auf dem Prinzip der Kopie basiert. Eine Kopie ist immer eine Auseinandersetzung mit etwas. Das mag ich. Es ist eine spielerische Beteiligung an etwas. Der kreative Umgang mit der Kopie ist eine Art Kreativitätstechnik und ein wichtiges Mittel zum Selbstausdruck.

Kannst du das genauer beschreiben?

Auf der Ebene des Marktes zeigt sich dieses Phänomen darin, dass der Konsument einbezogen wird (bzw. sich selbst mit einbezieht), indem er Produkte oder Brands beispielsweise personalisiert, sprich *customized*, oder hackt und zweckentfremdet. Das »Faken« kann auch eine Strategie sein, um subversiv etwas kritisch zu kommentieren. Der Zuschauer wird – zum Beispiel bei Youtube-Videos – selber aktiv und lädt Clips hoch. Auf der Ebene des Kunstverständnisses geht es um eine Kultur der Rückbezüge und des Zitats. Das ist im Prinzip nichts Neues, das gibt es schon lange. Durch die Digitalisierung wird es uns nur stärker ins Bewusstsein gerückt. Die Kopie ist demokratisiert worden und wird so zu einer Kulturtechnik, die alle angeht. Nicht mehr nur im Bereich des Kommerzes oder der Kunst, sondern in unserem Alltag, in unserer Freizeit, in unserem Wohnzimmer.

Wie beurteilst du diese Entwicklung?

Ich bin dem natürlich positiv gesinnt. Wobei dieses Urteil sich nicht auf den künstlerischen Wert bezieht. Ganz viel, was über die demokratisierte Kopie entsteht, ist künstlerisch nicht besonders wertvoll. Aber darum geht es nicht in erster Linie. Wichtiger ist mir, dass diese neuen Möglichkeiten zu einer Alltagstechnik werden ...

... die allerdings ein eher schlechtes Image hat.

Das stimmt. Ich glaube aber, dass der Mythos vom Original bröckelt. Dieses schlechte Image der Kopie wird sich verändern. Denn wenn wir mal absehen von der Assoziation des wirtschaftlichen Plagiats, kann die Kopie auf kultureller Ebene viel, viel mehr.

Weil sie mittlerweile eine selbstverständliche Form des Selbstausdrucks, also der Meinungsäußerung geworden ist?

Auf jeden Fall. Man muss das Ganze als Phänomen betrachten: Die Begriffe Autorschaft und Originalität geraten ins Wanken. Unsere Vorstellung von einem Kunstwerk ändert sich: Es handelt sich nicht mehr um einen abgeschlossenen Gegenstand, sondern um eine permanente Entwicklung, es geht um einen Prozess. Wir kennen den Künstler als solchen, der einen Raum besetzt. Der Akzent könnte aber auch darauf liegen, dass der Künstler durch sein Schaffen einen Raum öffnet, den man benutzen kann.

Hast du ein Beispiel dafür?

Da gibt es zahllose Beispiele. Mir fällt Sheepmarkets.com ein. Dabei hat der Medienkünstler Aaron Koblin Netznutzer aufgefordert, Schafe nachzuzeichnen. Über 7500 User haben daran teilgenommen und ihre Version des Schafs gezeichnet. Der Reiz daran ist für mich, dass diese Schafe dann alle auf eine Art eine Kopie sind, aber eben keine Duplikate. Die kleinen Unterschiede machen für mich das Individuelle aus. So auch bei dem Kunstprojekt »Learning to love you more« von Miranda July, das sehr ähnlich funktioniert. Da geht es um eine Aufgabe, die mehrere Nutzer in unterschiedlichen Versionen bearbeiten.

Weil du die Idee der Versionen betonen willst, nennst du dein Heft auch »Magazin für Versionen«?

Genau. Ausgehend vom Copy-Paste-Verfahren des Computers ist das Kopieren zu einem selbstverständlichen Vorgang geworden, der auch in andere Bereiche in unseren Alltag eingedrungen ist. Das Medium ist nicht mehr der Computer, sondern wir selber. Ich sehe etwas, kopiere es in meinem Kopf, verarbeite es weiter, und so entsteht eine Version. Das ist der ganz normale Prozess der Inspiration. Und wenn der Mensch die Kopiermaschine ist, dann gibt es keine duplizierten Originale, sondern Variationen. Deshalb schlage ich den Begriff der Versionen vor. So kann man das Begriffspaar Original und Kopie ein wenig unterlaufen. Denn in Wahrheit ist dieser Dualismus ja auch müßig ...

... und blockiert auf einer abstrakten Ebene auch den konstruktiven Umgang mit der digitalen Kopie.

Sieh es mal so: Im Prinzip funktioniert der Begriff sogar für die eigene Entwicklung. Es gibt unterschiedliche Versionen von mir. Ich kann mich nicht festlegen und entwickle deshalb ständig neue Varianten von der Art und Weise, wie ich leben möchte.

Wobei der Gedanke des Originals ja verlangen würde, dass man sich auf eine Version festlegen muss.

Daran glaube ich nicht. Ich denke eher, dass je nach Zeitpunkt unterschiedliche Versionen ihre Gültigkeit habe. Ich will mir doch das Recht rausnehmen, meine Meinung auch mal zu ändern, wenn ich zum Beispiel etwas Neues zu einem Thema gelesen habe. Nur so kann ich doch auch offen bleiben für Neues. Flexibilität und Mobilität (auch im Geiste) sind Schlüsselbegriffe unserer Zeit. Und wenn man es konsequent zu Ende denkt: Vielleicht entsteht Originalität ja in der Variation der eigenen Versionen.

VI Plädoyer für einen neuen Begriff des Originals

»Let's just imitate the real, until we find a better one.«
The Notwist, »Good Lies«

Die vermutlich wichtigste Herausforderung in der Debatte um die digitale Kopie und ihre Folgen besteht darin, aus den reflexhaften Mustern der aktuellen Debatte herauszutreten und die Grundzüge der Diskussion sowie die zugrunde liegenden Interessen mit einer gewissen Ruhe zu betrachten. Es bietet sich daher im doppelten Sinne an, das Schlusskapitel mit einem Blick nach Asien zu beginnen. Dort wird das Prinzip der Imitation ganz praktisch bei Entspannungstechniken wie Yoga oder Qigong eingesetzt, auf einer abstrakteren Ebene zeigt sich dort aber auch, dass man die Kultur des Kopierens und Nachahmens nicht unbedingt als Problem ansehen muss, sondern ebenso als Ziel eines Weges verstehen kann.

In Asien wird die Kopie nicht so selbstverständlich wie im Westen als minderwertig betrachtet. Der Journalist Alexander Stille erklärt diesen kulturellen Unterschied in der Wahrnehmung von Original und Kopie aus einer breiteren historischen Perspektive: »Unsere Geschichte erscheint, anders als die der Chinesen, als eine Abfolge oft radikaler Traditionsbrüche und einander ablösender Zivilisationen und Perioden: Ägypter, Perser, Griechen, Römer, das Christentum. Anstatt ihre Vorgänger ehrfürchtig zu kopieren, versuchte jede neue Gruppe, eine eigene Kultur zu erschaffen.«[1] In Asien sei dies anders. In einigen von dort stammenden Sportarten wie Karate, Taek-

---

1 Alexander Stille, »Über den rechten Gebrauch der Geschichte«, in: *Geo Special* 08/03, S. 68-73, S. 70.

wondo oder Aikido bekommt diese abstrakte Einschätzung eine ganz alltagspraktische Bedeutung: Hier gilt die Kopie, in Form der Nachahmung der Bewegungen des Trainers, als höchstes Ziel. »Der Ausbilder wird stets mit Sensei angesprochen«, schreibt Fay Goodman in *Das große Buch vom Kampfsport* über die Rolle des Trainers oder Ausbilders und definiert: »Es ist nicht ganz korrekt, Sensei so zu übersetzen, doch der Einfachheit halber werden wir das Wort ›Lehrer‹ verwenden. Tatsächlich bedeutet es ›der, der vorher gegangen ist‹, womit gemeint ist, dass der Lehrer alles, was Sie nun tun werden, bereits getan hat und dessen Bedeutung *versteht*.«[2] Das Prinzip des Nachmachens und Imitierens als Methode des Perfektionierens bezieht sich dabei übrigens nicht nur auf das Verhältnis von Vorangehendem und Folgendem, also von Meister und Schüler, zahlreiche Techniken der unterschiedlichen Kampfkünste basieren auf der Imitation von Tierbewegungen. Dies gilt nicht nur für sehr kampfbetonte Sportarten wie das in Deutschland als Thaiboxen bekannte Muay Thai, sondern eben auch für eher meditative Techniken wie Yoga[3] oder Qigong, bei dem das Nachahmen von Bären, Tigern, Affen, Rehen und Kranichen die körpereigenen Energien steuern soll.

Wie im Einstiegskapitel bereits erläutert, halte ich es für notwendig, die Kopie mit einer positiven oder zumindest neutralen Konnotation zu versehen, will man die Herausforderun-

---

2 Fay Goodman, *Das große Buch vom Kampfsport*, Münster: Premio 2006, S. 34.

3 Das Beispiel Yoga zeigt außerdem, welche Folgen ein restriktives Patent- und Urheberrecht für solche traditionellen Sportarten haben kann. So ließ der in Beverly Hills praktizierende Bikram Choudhury seine bei hohen Temperaturen auszuführenden klassischen Yogaübungen vor ein paar Jahren patentieren. Yoga-Anbieter, die ähnliche Übungsfolgen praktizierten, ließ der indischstämmige Choudhury daraufhin abmahnen. Dem stellt sich die indische Regierung seit dem Sommer 2010 bewusst entgegen. Sie beauftragte zehn Yoga-Meister damit, eine Reihe von *asanas* (bestimmte statische Yoga-Übungen) so auszuführen, wie sie traditionell in Indien praktiziert werden. Die Übungen werden gefilmt und sollen in der Traditional Knowledge Digital Library (TKDL) in Dehli aufbewahrt werden.

gen der Digitalisierung (und der digitalen Kopie) angehen und bewältigen. Dass der Blick nach Asien dabei dienlich sein kann, zeigt auch die »Originalität« betitelte Keuner-Geschichte Bertolt Brechts, die der Referenzkultur gewidmet ist und als Vorlage dient, wenn ich nun in diesem Abschlusskapitel einen Ansatz für einen neuen Begriff des Originals skizziere:

> »›Heute‹, beklagte sich Herr K., ›gibt es unzählige, die sich öffentlich rühmen, ganz allein große Bücher zu verfassen, und dies wird allgemein gebilligt. Der chinesische Philosoph Dschuang Dsi verfaßte noch im Mannesalter ein Buch von hunderttausend Worten, das zu neun Zehnteln aus Zitaten bestand. Solche Bücher können bei uns nicht mehr geschrieben werden, da der Geist fehlt. Infolgedessen werden Gedanken nur in eigner Werkstatt hergestellt, indem sich der faul vorkommt, der nicht genug davon fertigbringt. Freilich gibt es dann auch keinen Gedanken, der übernommen werden, und auch keine Formulierung eines Gedankens, die zitiert werden könnte. Wie wenig brauchen diese alle zu ihrer Tätigkeit! Ein Federhalter und etwas Papier ist das einzige, was sie vorzeigen können. Und ohne jede Hilfe, nur mit dem kümmerlichen Material, das ein einzelner auf seinen Armen herbeischaffen kann, errichten sie ihre Hütten! Größere Gebäude kennen sie nicht als solche, die ein einziger zu bauen imstande ist.‹«[4]

Höher und besser könnte man nach Brecht bauen, würde man auf Ideen anderer zurückgreifen, Bezüge herstellen und kopieren. Die entsprechenden Gebäude seien nicht nur größer, sie seien auch, der Titel der Geschichte deutet es an, origineller. Die Originalität ist der Punkt, von dem aus man sich dem durch die Möglichkeiten der digitalen Kopie herausgeforderten Original nähern muss. In der sogenannten Kreativitätsforschung ist die sehr simple aber sehr gängige Unterscheidung zwischen Original und Kopie schon lange überholt.
Der Psychologe Hans-Joachim Krämer widmet sich in seiner

---

4   Bertolt Brecht, »Originalität«, in: ders., *Gesammelte Werke in 20 Bänden*, Band 12, Prosa 2, Frankfurt am Main: Suhrkamp 1967, S. 379f.

bereits 1979 erschienen Dissertation *Zu Konzept und Diagnose der Originalität* der Idee der kreativen Persönlichkeit, die mittels kreativer Prozesse zu kreativen Produkten gelangt. Dabei unterscheidet er nicht zwischen Genie und Kopist,[5] sondern zwischen Niedrigoriginellen und Hochoriginellen, er wählt also statt einer binären Unterscheidung eine Skala, die abgestufte Originalitätsurteile zulässt.[6] Die Frage lautet also nicht: War der Schöpfer eines Kunstwerks ein Genie oder nicht? Sie muss anders gestellt werden. Man sollte fragen: Wie originell ist die Schöpfung? Niemand würde darauf mit der einfachen Unterscheidung originell oder nicht-originell antworten, man würde eine abgestufte Antwort geben. Vielleicht sogar eine, die die Schöpfung ins Verhältnis zu anderen stellt.

Darin sehe ich den ersten von drei Schritten hin zu einem neuen Begriff des Originals: dass man sich von der einfachen Unterscheidung, die nur ein Ja oder Nein kennt, verabschiedet. Es geht nicht mehr um die klare Trennung zwischen Original und Kopie, sie ist zu einem fließenden Übergang geworden, den man nur mit einer skalierten Beurteilung zu fassen bekommt. An Stelle von einfachen Schwarz-Weiß-Entscheidungen treten Steigerungsformen und Abstufungen, die sich am Grad der Originalität orientieren. Man sollte also von eher schwachen und eher starken Originalen sprechen – je nachdem, wie eng sich ein Werk an seine Quellen und Vorgänger anlehnt, wie kreativ der Übertrag auf einen neuen Kontext ist und wie originell die Bezugswelten sind, die dadurch eröffnet werden.

Dieses veränderte Verständnis der Originalität schlage ich auch deshalb vor, weil dadurch die Bezüge, Anleihen und Referenzen eine Berücksichtigung finden können, auf die im Prozess des Schaffens zurückgegriffen werden kann. Ja, auf die so-

5   Vgl. dazu die Ausführungen Thomas Weitins über das Genie als »Geburtshelfer des modernen Urheberrechts«: Das Genie »ist originell – oder es ist nicht« (siehe oben S. 104f.).
6   Hans-Joachim Krämer, *Zu Konzept und Diagnose der Originalität*, München: Minerva Fachserie Psychologie 1979.

gar zurückgegriffen werden muss, wie es Jonathan Lethem betont: »Im Grunde sind alle Ideen aus zweiter Hand: bewusst oder unbewusst speisen sie sich aus Millionen äußerer Quellen; und wer sie gespeichert hat, benützt diese Ideen täglich mit dem zufriedenen Stolz dessen, der in dem Aberglauben lebt, er habe sie selber hervorgebracht. [...] Buchstäblich alles stellt sich heute als bekannt dar. Deshalb ist es nicht überraschend, dass gerade die ehrgeizigste Kunst von heute es sich zur Aufgabe macht, das Bekannte zu verfremden [...]. Wir sind von Zeichen umgeben; für uns gilt das Gebot, keines von ihnen zu ignorieren.«[7] Der US-amerikanische Autor David Shields ist in seinem Manifest *Reality Hunger* diesem Gebot auf radikale Weise gefolgt. Er hat darin andere Künstler, Autoren und Filmemacher kreativ kopiert. Diese Kopie sei kein Fehler, sondern ein Vorzug seiner Arbeit, erklärt Shields, der die Zitate und literarischen Ausschnitte zu 618 Einzeleinträgen geformt hat, die vor allem mit unserem Verständnis von Original und Kopie spielen. Denn sein Buch liest sich wie ein Original, ist in Wahrheit aber ein Rückbezug auf Bestehendes.

7   Jonathan Lethem, a. a. O. (S. 22, Anm. 9), S. 63. Dass es bei diesen Bezügen zunächst zweitrangig ist, ob sie absichtlich oder unwissentlich geschehen, hat Jonathan Lethem selber in seinem Buch *Du liebst mich, du liebst mich nicht* anschaulich vorgeführt. Hier werden aus achtlos am Telefon dahingesagten Sätzen über Umwege Songtexte und -titel, mit denen eine Band zu Ruhm gelangt. Kann der Telefonierende daran Urheberrechte geltend machen? Von ihm stammen schließlich die ursprünglichen Wortfetzen. Um diese in ein Lied zu verwandeln, braucht man jedoch auch eine Melodie und eine Band. Mit all dem hatte der Mann am Telefon nichts zu schaffen, und wer sagt eigentlich, dass die Musiker nicht zur gleichen Zeit auf sehr ähnliche Satzfetzen und Slogans gekommen sind? Dass dieses Prinzip nicht nur Thema fiktionaler Literatur ist, zeigt das Beispiel des US-Sängers Bobby Charles, der im Frühjahr 2010 im Alter von 71 Jahren verstarb. Charles komponierte als Teenager den Song »See you later, alligator«, der später in der Version von Bill Haley weltberühmt wurde. Titel und Refrain beziehen sich auf den Ausspruch »See you later, alligator«, der damals in New Orleans üblich war und mit dem Satz »After a while, crocodile« beantwortet wurde. Charles schnappte den Spruch eines Nachts auf und komponierte anschließend den Song, der ihn weltberühmt machte. Vgl. dazu Spencer Leigh, »Bobby Charles, songwriter who composed ›See you later, alligator‹«, in: *The Independent* (23. März 2010).

Wer *Reality Hunger* nach der simplen Unterscheidung zwischen Original und Kopie beurteilt, muss feststellen: Es handelt sich um eine vielfache Kopie. Allerdings um eine höchst originelle, der man in jedem Fall ein hohes eigenschöpferisches Element zusprechen muss. Will man Bücher wie *Reality Hunger* beurteilen, erweist sich die binäre Unterscheidung zwischen Original und Kopie als wenig hilfreich.

Wollte man diese aufrechterhalten, müsste man sich als genialer Schöpfer eines eindeutigen Originals dem Einfluss fremder Inspiration komplett entziehen können. Doch wie sollte das gehen? Schon im Jahr 1929 wies der Schriftsteller Kurt Martens darauf hin, »die Fülle der Assoziationen in unserer mit Wissensstoff und einem Wirrwarr sich durchkreuzender Anschauungen und Velleitäten vollgepfropften europäischen Zivilisation« sei so erdrückend, dass

> »die Belletristik jedes Motiv, jeden Einfall, jede Führung und Verknotung der Handlung mit verschwindenden Ausnahmen schon irgendwo und irgendwann einmal erlebt hat und in einem Archiv verwahrt. Welcher Autor, und sei es einer der originellsten, dürfte sich da vermessen, auf sein ausschließliches geistiges Eigentum zu pochen!«[8]

Vermutlich nur einer, der sich von Kultur und Zivilisation abschottet: »Man muss schon hinterm Mond leben, um sich der Inspiration durch andere zu entziehen«, hat David Dewaele von der Band Soulwax dazu oben gesagt, und er ist mit dieser Auffassung in prominenter Gesellschaft. Schon Goethe soll schließlich festgestellt haben: »Überhaupt [...] ist die Welt jetzt so alt, und es haben seit Jahrtausenden so viele bedeutende Menschen gelebt und gedacht, daß wenig Neues mehr zu finden und zu sagen ist.«[9] Wohlgemerkt, der Mann ist 1832 gestorben. Noch wesentlich früher schrieb der englische Dichter John Donne (1572-1631): »Niemand ist eine Insel ganz für

8 Zitiert nach Paul Englisch, *Plagiat! Plagiat! Eine Rundschau*, Berlin: Verlag Gotthard Roll 1930, S. 22.
9 Johann Wolfgang von Goethe, a. a. O. (S. 24, Anm. 14), S. 294.

sich; jeder Mensch ist ein Stück des Kontinents, ein Teil des Festlands.«[10] Es scheint also in der Tat ein geradezu genialer Akt vonnöten zu sein, um die eigenen Sinne vor fremden Publikationen, Aufführungen und Veröffentlichungen zu verschließen. Felix Stalder schreibt in seinen Thesen zur Remix-Kultur: »Alle Werke stehen also nicht nur in einem generellen Sinne in ihrer Zeit, sondern beziehen sich auch direkt auf spezifische andere Werke. Die Idee des solitären Werks ist nicht nur theoretisch unmöglich, sondern – auch im Hinblick auf herausragende Werke – empirisch nicht haltbar.«[11]

Ich halte es deshalb im zweiten Schritt der Annäherung an einen neuen Begriff des Originals für notwendig, sich vom solitären Werk als Begriffsgegenstand des Originals zu lösen. Stattdessen sollten wir es als Bestandteil eines Netzes verstehen, in das es, willentlich oder nicht, eingebunden ist. Wenn niemand eine Insel ist, ist auch das Werk stets ans Festland angebunden. Diese Beziehungen, Anleihen und Referenzen deutlich zu machen, ist sicher eine Stärke eines Originals, das man als abgestuft originelle Schöpfung interpretiert. Besondere Bedeutung bekommt dieses zweite Kriterium vor dem Hintergrund der sich verflüssigenden Formen im digitalen Raum. Im Gespräch für dieses Buch hat Anaïs Hostettler darauf verwiesen, dass die Begriffe Autorschaft und Originalität auch deshalb ins Wanken geraten, weil sich das Kunstwerk verändert: »Es handelt sich nicht mehr um einen abgeschlossenen Gegenstand, sondern um eine permanente Entwicklung, es geht um einen Prozess. Wir kennen den Künstler als solchen, der einen Raum besetzt. Der Akzent könnte aber auch darauf liegen, dass der Künstler durch sein Schaffen einen Raum öffnet, den man benutzen kann.« Auf dem Weg zu einem neuen Begriff des Originals halte ich diese Argumentation für zielführend. Folgt man diesem Ansatz, landet man schnell bei

10 John Donne, *Devotions Upon Emergent Occasions*, Montreal: McGill-Queen's University Press 1975, S. 87.
11 Felix Stalder, a. a. O. (S. 22, Anm. 6), S. 10.

dem von Hostettler vorgeschlagenen Begriff der Versionen. Dieser findet schon heute – wie oben bereits erläutert – bei der Kennzeichnung von Software Anwendung. Und es spricht einiges dafür, dass sich dieses Prinzip durch die Digitalisierung auch auf Werke übertragen lässt, die keine Software sind. Löst man sich also im zweiten Schritt von der Vorstellung eines solitären Werks und denkt dieses stärker über die Verbindung und den Prozess des Entstehens, kann man mit Hostettler feststellen: »Vielleicht entsteht Originalität ja in der Variation der eigenen Versionen.«

Original und Kopie sind nichts objektiv Gegebenes, keine Naturzustände, sondern sie werden durch die Rezeption bestimmt. Und diese ist, spätestens seit sich die Konsumenten zu aktiven Teilnehmern gemausert haben, in Bewegung geraten. Der dritte Ansatz zu einem neuen Begriff des Originals bezieht sich deshalb auf den Prozess der Zuschreibung und Konstruktion, auf dem unsere Vorstellung eines Originals beruht. Ein Original wird ja nur als solches anerkannt, weil andere es dafür halten und ihm den Wert der Originalität *zuschreiben*. Ein besonders anschauliches Beispiel für diesen Prozess der Konstruktion liefert das Gemälde »Die Hochzeit von Kana« von Paolo Veronese aus dem Jahr 1563. Auf dem Bild ist jene Hochzeit zu sehen, auf der Jesus, so die biblische Überlieferung, Wasser zu Wein verwandelt hat.[12] Das Besondere an dem Gemälde, das heute im Pariser Louvre hängt, ist die Form des –

12 In diesem Zusammenhang möchte ich auf einen weiteren Aspekt dieser biblischen Anekdote hinweisen, die in der Sendung »Radio Alice« (in der Folge vom 15. Dezember 2006) im Bayerischen Rundfunk einmal als die »Geschichte von Jesus, dem Raubkopierer« bezeichnet wurde. In der Sendung hieß es: »[B]ei genauer Lektüre der Evangelien drängen sich zahlreiche Bezüge zur Internet- und Copyright-Politik der letzten Jahre auf: So wird Jesus unter anderem deshalb angeklagt, weil er ungenehmigt Fische und Brot vermehrt – also kopiert – hat.« Dann wird die Geschichte aus dem Matthäus-Evangelium nacherzählt, in der Jesus mit fünf Broten und zwei Fischen eine große Gruppe Menschen verköstigt. »Jesus schickt die Leute nicht in die Dörfer damit sie – wie die Jünger vorschlagen – Brote und Fische kaufen. Nein – er kopiert sie einfach.«

heute würde man sagen – Samplens und Remixens, die Veronese angewandt hat. Auf dem fast zehn Meter breiten Bild sind inmitten der Hochzeitsgesellschaft auch drei Musiker mit Streichinstrumenten zu sehen. Es wird spekuliert, dass es sich bei den Männern um Veronese selbst sowie die Maler Tizian und Tintoretto handelt. Dieser Verdacht stützt sich unter anderem auf die Tatsache, dass Veronese seinen Bruder ebenfalls auf dem Gemälde verewigt hat. Aber nicht nur der Inhalt, vor allem die Verbreitungsgeschichte der »Hochzeit von Kana« ist im Hinblick auf die Diskussion um Original und Kopie aufschlussreich: Das Gemälde wurde nämlich im Jahr 1797 von napoleonischen Truppen zusammen mit Werken von Giovanni Bellini, Tizian und anderen geraubt und nach Paris geschafft. 210 Jahre später, am 11. September 2007, feierte die Stadt Venedig im ehemaligen Benediktinerkloster San Giorgio Maggiore die Rückkehr des Bildes – allerdings in Form einer Kopie, die eine Madrider Firma aufwendig produziert hatte. Der italienische Kunstexperte Salvatore Settis stellte dabei in seiner Eröffnungsansprache die These auf, die nun nach Venedig heimgekehrte Kopie sei in Wahrheit das Original. Oskar Bätschmann berichtete für die *Neue Zürcher Zeitung* über die Veranstaltung:

> »Salvatore Settis verstrickte sich mit Walter Benjamins berühmtem Aufsatz über die technische Reproduzierbarkeit in unlösbare Probleme. Nach Benjamin ist die Echtheit eines Kunstwerks mit dem ›hier und jetzt‹, d. h. der Einmaligkeit und dem Ort, für den es geschaffen ist, verknüpft. Wird dieser Zusammenhang aufgebrochen, zerstört man die Echtheit, die Benjamin als ›Aura‹ eines Kunstwerks bezeichnet. Ginge man davon aus, müsste man, wie Settis, zum Schluss kommen, das Gemälde Veroneses im Louvre sei nicht mehr das Original.«[13]

Folgt man dem Gedanken noch ein wenig, stellt man fest: Was wir für ein Original halten, hat mindestens ebenso viel mit dem

13   Oskar Bätschmann, »Die Kunst der Kopie und ihre Grenzen«, in: *Neue Zürcher Zeitung* (13. Oktober 2007).

Prozess der Entstehung und seinem oder seinen Schöpfern zu tun wie mit dem Prozess der Rezeption und Einordnung. Die Konstruktion des Originals gelingt also nur, wenn es auch Rezipienten gibt, die es als ein solches wahrnehmen wollen. Ich plädiere deshalb an dieser Stelle dafür, mit der Vorstellung vom objektiv genialen Kunstwerk zu brechen. Originalität, Kreativität und vielleicht sogar Genialität entstehen immer im Auge des Betrachters. Es sind Prozesse der Zuschreibung, über die diese Begrifflichkeiten konstruiert werden.

Ich halte diese drei Aspekte für zentral, um den Begriff des Originals neu zu verstehen: Dieses ist kein binär zu unterscheidendes solitäres Werk (1), sondern ein in Bezüge und Referenzen verstrickter Prozess (2), und seine skalierte Originalität beruht immer auf Zuschreibungen und Konstruktionen (3), die man mit ihm verbinden will. Ich halte diese veränderte Herangehensweise nicht nur aus intellektuellen oder künstlerischen Gründen für notwendig, sondern aus politischen. Denn mit Matt Mason verstehe ich das Mashup als politisches Instrument, als Form von »ultimativer Demokratie, offen für unbegrenzte Kritik, Neu-Interpretationen und Weiterentwicklung«.[14] Es geht in diesem Buch schließlich nicht in erster Linie um Geschäftsmodelle oder um die Finanzierung von Kunst im digitalen Raum.[15] Es geht um das im Grundgesetz in Artikel 5

14 Matt Mason, a. a. O. (S. 53, Anm. 71), S. 101.
15 Vgl. dazu ausführlich meinen Artikel »Kontrolle ist schlechter«, in: *Süddeutsche Zeitung* (27. Januar 2009): »Zunächst wird so eine Kommerzialisierung der Kultur vorangetrieben, die die Frage der Finanzierbarkeit von Kunst auf oberster Ebene abhandelt. Dabei übernehmen die Verteidiger des Althergebrachten neuerdings die Position eines Familien-Patriarchen, der auf den Berufswunsch seines Sohnes, er wolle Künstler werden, lediglich antwortet: ›Und, wie soll sich das rechnen?‹ Große Werke der Weltliteratur, der Malerei und der Kunst wären nicht entstanden, hätten sich die Söhne und Töchter der aufs Bisherige fixierten Perspektive der Väter gebeugt. Dass sie es nicht getan haben, zeigt, dass Kunst schon immer mit widrigen Bedingungen zu kämpfen hatte – und diese oft auch überwunden hat. Neu ist also nicht, dass Kunst und Kultur sich gegen Widerstände bewähren müssen. Neu ist, dass sie dabei auf eine fast kostenfreie und nahezu grenzenlose Verbreitung zählen können.«

garantierte Recht auf freie Meinungsäußerung. Durch die Möglichkeiten der Digitalisierung hat sich das »Recht, seine Meinung in Wort, Schrift und Bild frei zu äußern und zu verbreiten und sich aus allgemein zugänglichen Quellen ungehindert zu unterrichten«, nämlich erweitert. Denn für eine mit dem Internet sozialisierte Generation fällt auch die Form der Referenzkultur, die mit der Digitalisierung möglich wird und die sich unter anderem in Bezugnahmen, Zitaten und Parodien äußert, unter den Schutz der Meinungsfreiheit.[16] So kulturell minderwertig die Inhalte, die von Amateuren generiert werden, manchem Kritiker des Internet erscheinen mögen, so bedeutsam sind sie allein schon aufgrund ihrer Form. Der kanadische Filmemacher Brett Gaylor erklärte dies im April 2010 vor dem kanadischen Parlament sehr treffend so:

> »Ich glaube, dass die kreative Adaption mittels digitaler Technologie eine bedeutsame Fähigkeit junger Kanadier ist. Sie ist Ausdruck medialer Bürgerschaft, die aus einem Medium entsteht, das nicht von oben nach unten, auf Konsumenten abzielend oder lediglich monologisch funktioniert, wie das Fernsehen oder das Radio. Es ist ein interaktives Medium, das in beide Richtungen wirkt und partizipativ ist. Webseiten wie Wikipedia und Youtube sowie kreative audiovisuelle Arbeiten, die die mediale Landschaft aufmischen (to mash up) sind Beispiele für eine neue Form der demokratischen Auseinandersetzungen, die wir in der heutigen Jugend begrüßen sollten. Aber unsere Gesetzgebung kriminalisiert diese Praxis.«[17]

Eine freie Gesellschaft muss ihren Mitgliedern die Möglichkeiten der Teilhabe und Partizipation einräumen – und dazu zählt (nicht nur im digitalen Raum) auch das Kopieren. Denn

16 In den Microblogs Twitter und Tumblr gibt es zum Beispiel eine eingebaute Kopierfunktion, die unter dem Titel Retweet bzw. Reblog die Möglichkeit bietet, Einträge zu wiederholen und so selbst erneut zu veröffentlichen. Siehe hierzu im Glossar das Stichwort »Retweet«.
17 Online nachzulesen unter: ⟨www2.parl.gc.ca/HousePublications/Publication.aspx?Language=E&Mode=1&Parl=40&Ses=3&DocId=4434766&File=0#Int-3094783⟩ (Stand Februar 2011).

wer seine Meinung im digitalen Raum äußert, tut dies mit Bezugnahmen, Verweisen und Links. Technisch kann er Bild- und Tonquellen nutzen und zitierend weiterverwenden, die Frage ist, ob dies auch gesellschaftlich legitimiert wird. Dieses Buch hätte sein Ziel erreicht, wenn der Leser im Zuge der Lektüre die Tatsache anerkennt, dass die »Fähigkeit zur Nachahmung [ein] absolut wesentliche[s] Element [...]« unserer Rationalität« ausmacht und »unsere mentale Entwicklung, unsere Qualitäten als Denker, Arbeiter und Produzenten« beeinflusst, wie der US-amerikanische Philosoph Josiah Royce schon 1894 schrieb. Royce zog aus diesem Gedanken die Schlussfolgerung, dass die Kopie »die notwendige Begleiterscheinung und Voraussetzung, das notwendige Werkzeug jeder wahrhaften Originalität« ist.[18] Man kann daran mit Karl Markus Michel, der vom »unverzichtbaren Menschenrecht auf Nachahmung« sprach, anschließen, dass jede »Innovation, auf der die abendländische Zivilisation mehr als jemals eine andere gründet«, »immer gebunden [war] an die Tradition, die vom Bewahren, Wiederholen und Nachahmen lebt«.[19]

Die diesem Buch zugrunde liegende Haltung ist selten schöner zusammengefasst worden als in Gotthold Ephraim Lessings Drama *Nathan der Weise*. Lessing erzählt darin jene Parabel von den drei Ringen, von denen zwei nach dem Vorbild des ersten gefertigt wurden. Für sie gilt, was auch für die digitale Kopie kennzeichnend ist: Sie sind identische Kopien; sie sind nicht mehr nach Vorlage und Vervielfältigung zu unterscheiden. Interessant ist an dieser Geschichte jedoch nicht nur die Lösung, die Lessing für das Problem der identischen Ringe vorschlägt. Auch die Entstehung der Geschichte unterstützt die positive Bewertung des Kopierens, für die ich hier plädiere. Denn Lessing selbst kopierte die Ringparabel – und zwar ganz bewusst. In einem Brief an seinen Bruder schrieb er am 11. Au-

18 Zitiert nach Hillel Schwartz, a. a. O. (S. 37, Anm. 33), S. 148.
19 Karl Markus Michel, »Lob der Fälschung. Eine Blüten-Lese«, in: *Von Eulen, Engeln und Sirenen*, Frankfurt am Main: Athenäum 1988, S. 522-548, S. 537.

gust 1778: »Ich möchte zwar nicht gern, daß der eigentliche Inhalt meines anzukündigenden Stücks allzu früh bekannt würde; aber doch, wenn ihr, Du und Moses, ihn wissen wollt, so schlagt das Decamerone des Boccaccio auf: Giornata I. Nov. III. Melchisedech Giudeo. Ich glaube, eine sehr interessante Episode dazu erfunden zu haben«.[20] Folgt man dieser Anweisung und schlägt in Giovanni Boccaccios *Das Dekameron* an besagter Stelle nach (erster Tag, dritte Geschichte), entdeckt man genau die Parabel von den drei Ringen, die Lessing in *Nathan der Weise* erzählt.[21] Er remixt also Boccacio für seine eigenen Zwecke. Der Münchner Literaturwissenschaftler Karl Eibl fasst das Mashup wie folgt zusammen:

> »Da erinnert sich Saladin, in Geldnot geraten, des reichen, geizigen Alexandrinischen Juden Melchisedech. Um ihn unter Druck zu setzen, fragt er ihn nach der wahren Religion. Melchisedech erzählt nun die Geschichte: Ein reicher Mann habe einen besonders schönen Ring gehabt. Er habe verfügt, daß derjenige seiner Söhne sein Erbe sein solle, bei dem sich der Ring finde, und das sei von Generation zu Generation so gegangen. Eines Tages aber habe ein Vater seine drei Söhne in gleichem Maße geliebt, so daß er zwei weitere Ringe habe machen lassen, die sich vom echten nicht unterschieden. Nach dem Tod des Vaters habe jeder der drei die Erbschaft beansprucht. Man habe aber die drei Ringe nicht voneinander unterscheiden können. Ebenso stehe ich mit den drei Religionen. Saladin sieht, daß der Jude sich aus der Schlinge gezogen hat, eröffnet ihm sein Anliegen nun direkt, erhält auch die benötigte Summe, die er später mit vielen zusätzlichen Geschenken zurückzahlt.«[22]

20 Gotthold Ephraim Lessing, *Trauerspiele. Nathan. Dramatische Fragmente Werke*, zweiter Band, herausgegeben von Herbert G. Göpfert, München: Hanser 1971, S. 718f.
21 Vgl. Giovanni Boccaccio, *Das Dekameron*, Düsseldorf/Zürich: Artemis & Winkler 2005, S 51. Dort heißt es: »Der Jude Melchisedech entgeht durch eine Geschichte von drei Ringen einer großen Gefahr, die ihm Saladin bereitet hat.«
22 Karl Eibl, »Gotthold Ephraim Lessing – Nathan der Weise«, in: *Deutsche Dramen – Interpretationen*, Band 1, *Von Lessing bis Grillparzer*, herausgege-

Bis an diese Stelle erzählen Boccaccio und Lessing noch dieselbe Geschichte, doch dann beginnt die »interessante Episode«, die Lessing »dazu erfunden« hat: Er lässt einen Richter auftreten, den die drei Brüder anrufen, um ihre komplizierte Situation zu lösen. Er sagt:

> »Ich höre ja, der Ring besitzt die Wunderkraft, beliebt zu machen; vor Gott und Menschen angenehm. Das muss entscheiden! Denn die falschen Ringe werden doch das nicht können! Nun, wen lieben zwei von euch am meisten? Macht, sagt an! Ihr schweigt? Die Ringe wirken nur zurück? Und nicht nach außen? Jeder liebt sich selber nur am meisten?«

Schöner lassen sich die Mechanismen der Zuschreibung und der Konstruktion des »Originals« und die vermeintlich von ihm ausgehende Aura (»vor Gott und Menschen angenehm«) kaum auf den Punkt bringen. Die Ringe wirken nur zurück – das heißt, nur das Original, das man auch für ein Original halten will, entwickelt dessen Kraft. So kommt der Richter zu dem Schluss: »Mein Rat ist aber der: ihr nehmt die Sache völlig wie sie liegt. Hat von euch jeder seinen Ring von seinem Vater: So glaube jeder sicher seinen Ring. Den echten – Möglich, dass der Vater nun die Tyrannei des einen Rings nicht länger in seinem Hause dulden wollte.«[23]

Dass wir die Tyrannei des einen Rings nicht länger dulden, das ist das in diesem Buch verfolgte Ziel. Diese Tyrannei hat bereits zu Repressionen geführt, die die Freiheit der Kultur gefährden und einschränken. Stattdessen sollten auch wir die Sache nehmen, wie sie liegt, und uns konstruktiv der Frage zuwenden, wie die digitale Welt aussehen soll, in der wir leben wollen. Gerfried Stocker hat dies oben an zwei Punkten festgemacht:

> »Die derzeitigen Entwicklungen im Bereich der Privatsphäre und der Überwachung stellen eine dermaßen große Bedrohung für die von der Zivilgesellschaft erkämpften Errungenschaften

ben von Harro Müller-Michaels, Weinheim: Beltz Athenäum Verlag ³1994, S. 3-30, S. 13.
23 Gotthold Ephraim Lessing: *Nathban der Weise*, 3. Aufzug, 7. Auftritt.

dar, dass es eine politische Antwort geben muss. Und in der Verbindung zum Thema Copyright muss sie auf dem Bewusstsein basieren, dass Information, die vorhanden ist, auch zugänglich sein muss. Dass es so etwas wie ein Gemeingut und ein allgemeines Anrecht darauf gibt, dies auch nutzen zu können.«

Lessing lässt in der Ringparabel den Richter den drei auf das Original fixierten Brüdern Folgendes ins Stammbuch schreiben:

>»Es eifre jeder seiner unbestochnen von Vorurteilen freien Liebe nach! Es strebe von euch jeder um die Wette, die Kraft des Steins in seinem Ring' an Tag zu legen! komme dieser Kraft mit Sanftmut, mit herzlicher Verträglichkeit, mit Wohltun, mit innigster Ergebenheit in Gott, zu Hülf'! Und wenn sich dann der Steine Kräfte bei euern Kindes-Kindeskindern äußern: So lad' ich über tausend tausend Jahre, sie wiederum vor diesen Stuhl. Da wird ein weisrer Mann auf diesem Stuhle sitzen, als ich; und sprechen.«[24]

Die Botschaft des Richters lässt sich ohne größeren metaphorischen Konstruktionsaufwand auf die Herausforderungen des digitalen Zeitalters übertragen: Vielleicht werden unsere »Kindes-Kindeskinder« in »über tausend tausend Jahren« eine andere Situation vorfinden, vielleicht wird »ein weisrer Mann« dann anders urteilen können. Bis dahin müssen wir aber mit den neuen Vorgaben der Digitalisierung leben und akzeptieren: Wir können nicht nicht kopieren. Oder um es mit Lessings Ringparabel zu sagen: Wir sollten all unsere Söhne und Töchter gleichermaßen lieben – allein schon damit diese in einer freien digitalen Gesellschaft aufwachsen können.

24 Gotthold Ephraim Lessing: *Nathan der Weise*, 3. Aufzug, 7. Auftritt.

VII Glossar

A2K: Abkürzung für »Access to knowledge«. Der englische Ausdruck
steht für Zugang zum Wissen und ist der Name einer Bewegung, die sich
seit 2006 auch im Rahmen gleichnamiger Konferenzen eben dafür einsetzt. Im Frühjahr 2006, zu Beginn einer solchen Konferenz an der Yale
University, erläuterte Jack Balkin, Direktor des Information Society Project der Universität: »Zugang zum Wissen ist eine Frage der Gerechtigkeit,
gesunder Entwicklungspolitik und ganz generell menschlicher Freiheit
und Teilhabe an einer global vernetzten Wirtschaft. Menschen sterben
an Krankheiten, die hätten behandelt werden können, wären die Medikamente nicht überteuert; Bevölkerungen bleiben ohne Bildung, weil Gesetze über geistiges Eigentum die Verbreitung von Unterrichtsmaterial
blockieren. Innovation wird verhindert durch Patent- und Urheberrecht,
die weit über das gerechtfertigte Ziel hinausgehen, Innovation zu fördern,
und der Zugang zu Informationen über Regierungshandeln wird durch
einen Mangel an Transparenz unterminiert. Die Liste der Probleme, die
durch die Verweigerung des Zugangs zu Wissen für die Entwicklung,
für die Gerechtigkeit in der Gesellschaft und die Menschenrechte entstehen, ist endlos.«[1] Im September 2008 wurde die dritte A2K-Konferenz
unter dem Titel A2K3 abgehalten – und zwar in Genf, wenige Tage vor
der jährlichen Tagung der World Intellectual Property Organisation (→
WIPO). »Ort und Zeit der A2K3 wurden strategisch gewählt«, erläutert
Organisator Sisule Musungu auf der Konferenz-Website, »wir hoffen,
so Einfluss nehmen zu können auf die Entscheidungen, die bei der WIPO
getroffen werden.«[2] Die Folgeveranstaltung A2K4 fand im Februar 2010
wieder in Yale statt.

A Bathing Ape: Label des japanischen Designers Nigo, der den sogenannten Swoosh der Firma Nike auf deren Turnschuhen durch sein eigenes
Logo ersetzte. Die Schuhe verkaufte er in einer begrenzten Stückzahl
unter dem Label A Bathing Ape. Doch Nigo wurde nicht verklagt. Nike
erkannte die Marktlücke für Remixes eigener Schuhe und bot fortan

---

1   Zitiert nach: Monika Ermert, »Konferenz fordert Zugang zum Wissen
statt Privatisierung des geistigen Eigentums«, auf: *heise online*, online verfügbar unter: ⟨www.heise.de/newsticker/Konferenz-fordert-Zugang-zum-
Wissen-statt-Privatisierung-des-geistigen-Eigentums-/meldung/72257⟩ (Stand
März 2011).

2   Zitiert nach: ⟨www.law.yale.edu/news/6191.htm⟩ (Stand März 2011).

selbst welche an. Für den US-Autor Matt Mason sind diese Schuhe deshalb ein besonders greifbares Beispiel für die sich ausbreitende → Remix-Kultur.

ACTA: Abkürzung für *Anti-Counterfeiting Trade Agreement*, ein multilaterales Handelsabkommen, dessen Ziel es ist, Produktpiraterie und Urheberrechtsverletzungen zu bekämpfen. Im Februar 2010 veröffentlichte der kanadische Jurist Michael Geist Teile dieses nicht öffentlich ausgehandelten Abkommens. Ausgehend von diesen Informationen, äußerten Kritiker die Befürchtung, das ACTA könne Zugangssperren zum Internet als Strafe für Urheberrechtsverletzungen mehrheitsfähig machen. Der grüne Europaabgeordnete Jan Phillip Albrecht kritisierte: »Es ist ein Skandal, dass trotz mehrfacher Aufforderung dem Parlament noch immer keine Verhandlungsdokumente zugesandt wurden. Hier wird hinter verschlossener Tür und entgegen das [sic!] geltende Vertragsrecht eine Geheimdiplomatie betrieben, die jeglicher rechtsstaatlichen und demokratischen Grundlage entbehrt.«[3]

»Adventures of Grandmaster Flash on the Wheels of Steel«: Unter diesem Titel veröffentlichte der HipHop-Pionier Grandmaster Flash im Jahr 1981 eine sieben Minuten lange Single, in der er mittels dreier Plattenspieler unterschiedliche fremde Sounds und Lieder zu einem neuen zusammenführte. Der so entstandene Song verbindet Samples aus Liedern von Blondie (»Rapture«), Queen (»Another one bites the dust«) und der Sugarhill Gang (»8th Wonder«) mit Zitaten aus dem Film *Flash Gordon* – und gilt auch deshalb als die erste Version eines musikalischen Mashups, die in der breiteren Öffentlichkeit wahrgenommen wurde (→ Turntablism).

Allmende: Als Allmende (englisch auch *commons*) wird das ursprünglich im Mittelalter verbreitete Gemeinschaftseigentum bezeichnet, das von einer bestimmten Gruppe genutzt werden kann. Der aus dem Mittelhochdeutschen stammende Begriff wird in der Debatte um das Urheberrecht im digitalen Raum oft als Bild verwendet, um den Umgang mit Informationen im Internet zu beschreiben. Man spricht dann z. B. von der → Wissensallmende (→ Kulturflatrate).

Analoge Lücke: Die Möglichkeit, kopiergeschütztes Material, das in digitaler Form vorliegt, auf analogem Weg zu kopieren, wird als analoge Lücke bezeichnet. Oliver Passek und Till Kreutzer weisen in dem Buch *Urheberrecht im Alltag* auf eine Entscheidung des Landgerichts Frankfurt am Main hin, »in der die Ansicht bestätigt wurde, dass man mit analogen

---

3   Online nachzulesen im Weblog von Jan Phillip Albrecht: 〈http://jan albrecht.eu/2010/03/08/geheimverhandlungen-europaparlament-muss-uber-acta-abkommen-informiert-werden/〉 (Stand März 2011).

Kopien digitale Kopierschutzsysteme nicht umgeht. Hiernach ist es erlaubt, Kopierprogramme zu verwenden, die über den Umweg einer analogen Kopie ein digitales Vervielfältigungsstück erstellen.«[4] Konkret bezieht sich dies auf die Möglichkeit, eine digitale Aufnahme eines Musikstücks zum Beispiel mit einem Mikrofon erneut aufzunehmen und so den Kopierschutz der Datei zu umgehen.

Appropriation Art: Bezeichnung für eine Kunstform der Aneignung, die Ende der siebziger Jahre von New York aus bekannt wurde. »Darunter verstand man ein Verfahren«, erläutert Isabelle Graw, »das vorhandene Bilder aus ihren ursprünglichen Kontexten (Medien/Werbung) herauslöste, und zwar in einer Weise, die ihre Bedeutung verschob oder neu kodierte.«[5] Zu den bekanntesten Vertreterinnen der Appropriation Art zählen die US-Amerikanerinnen Sherrie Levine und Cindy Sherman.

Architects for Humanity: Name einer gemeinnützigen Organisation, die Design und Architektur unter → Creative-Commons-Lizenzen entwickelt, um so in Entwicklungsländern oder nach Umweltkatastrophen schnell und unkompliziert beim Wiederaufbau zu helfen. Aus der Organisation entstand das Open Architecture Network, das nachhaltiges und innovatives Design mit globalem Nutzen zu seinen Zielen zählt. Mehr unter http://architectureforhumanity.org.

Ars Electronica: Name eines alljährlich im Herbst im österreichischen Linz stattfindenden Festivals zu Themen der digitalen Alltagskultur. Geschäftsführer Gerfried Stocker hat die Fragen des geistigen Eigentums zum Thema des Festivals 2008 gemacht. Im Interview in diesem Buch erläutert er, warum er diesen Komplex für grundlegend für die Zukunft der Zivilgesellschaft hält.

Ausgehen: Titel eines 2009 im Suhrkamp Verlag erschienen Mashup-Buches der Schriftstellerin Barbara Markovic, in dem diese die Thomas-Bernhard-Erzählung »Gehen« mit Ausgeh-Szenen aus dem Belgrader Nachtleben vermischt und so ein neues Kunstwerk erschafft.[6]

Autogramm: Unterschrift eines vermeintlich prominenten Menschen, die Sammlerwert besitzt. Sie wird als Ausweis der Authentizität angesehen, obwohl Autogramme häufig kopiert und immer wieder neu geschrieben werden.

Axolotl Roadkill: Titel eines Romans von Helene Hegemann, der im Früh-

---

4   Oliver Passek/Till Kreutzer, »Musik und Filme kopieren. Privatkopie und Co.«, a. a. O. (S. 141, Anm. 35), S. 25.
5   Isabelle Graw, *Die bessere Hälfte*: Künstlerinnen des 20. und 21. Jahrhunderts, Köln: DuMont 2003, S. 59.
6   Barbi Markovic, *Ausgehen*, Frankfurt am Main: Suhrkamp 2009.

jahr 2010 im literarischen Deutschland für große Aufregung sorgte, weil die damals 17-jährige Autorin für ihr Debüt u. a. Texte des Bloggers Airen kopierte – ohne die Quellen anzugeben. Der Fall schlug derart hohe Wellen, dass sich der Verband der Schriftsteller (VS) im Vorfeld der Leipziger Buchmesse veranlasst sah, eine »Leipziger Erklärung zum Schutz geistigen Eigentums« zu veröffentlichen, in der Unterzeichner wie Günter Grass, Günter Kunert und Sybille Lewitscharoff davor warnten, Helene Hegemann mit dem Preis der Leipziger Buchmesse auszuzeichnen. Die Erklärung beginnt mit den Worten: »Wenn ein Plagiat als preiswürdig erachtet wird, wenn geistiger Diebstahl und Verfälschungen als Kunst hingenommen werden, demonstriert diese Einstellung eine fahrlässige Akzeptanz von Rechtsverstößen im etablierten Literaturbetrieb.«[7]

Backup: → Sicherungskopie

Bagatell-Klausel: Mit diesem Fachbegriff beschreiben Juristen z. B. im Versicherungs- oder Baurecht einen Fall, der zwar rechtlich geregelt ist, dessen Auswirkungen aber zu gering sind, als dass man daraus Folgen ableiten müsste. Im Rahmen der Debatte über Urheberrechtsverstöße im Internet taucht der Begriff auf, wenn über die juristischen Konsequenzen des Kopierens gesprochen wird: »Deshalb hatte die alte Bundesregierung die so genannte Bagatellklausel vorgeschlagen. Die besagt, dass jemand, der Kopien macht, die zwar einen Urheberrechtsverstoß darstellen, dies aber in nur sehr geringem Umfang, strafrechtlich nicht verfolgt wird.«[8]

Barbarastollen: Zentraler Bergungsort der Bundesrepublik Deutschland in Oberried bei Freiburg im Breisgau. Im Barbarastollen werden in 1400 hoch gesicherten Bierfässern aus rostfreiem Stahl Kopien gelagert, Sicherungskopien von Dokumenten, die für die Bundesrepublik Deutschland von Bedeutung sind (→ Sicherungskopie).

Bastard-Pop: Oberbegriff für die musikalische Technik des Remixens. Dabei werden unterschiedliche Musikstücke miteinander verbunden. Diese ab Mitte der neunziger Jahre immer erfolgreichere Musikform wird auch als → Mashup oder → Bootleg bezeichnet. Im *Lob der Kopie* spricht einer der Erfinder dieser Musikrichtung (der Soulwax-DJ David Dewaele) über die Folgen dieser Technik.

»Berliner Erklärung«: Zentrales Dokument der Open-Access-Bewegung (→ A2K) aus dem Jahr 2003. Der offizielle Titel lautet »Berliner Er-

---

7   Die Erklärung ist online verfügbar unter: ⟨https://vs.verdi.de/urheber recht/aktuelles/leipziger-erklaerung⟩ (Stand März 2011).
8   Dirk von Gehlen, »Nutzer von Tauschbörsen werden kriminalisiert«, a. a. O (S. 156, Anm. 69).

klärung über offenen Zugang zu wissenschaftlichem Wissen« (»Berlin Declaration on Open Access to Knowledge in the Sciences and Humanities«).[9] Im Sommer 2004 wurde im Rahmen der Wizard-of-OS-Konferenz eine weitere sogenannte »Berliner Erklärung« (»Berlin Declaration on Collectively Managed Online Rights«) formuliert, in der eine → Kulturflatrate gefordert wird.

Bibliothekstantieme: Eine der Leermedienabgabe vergleichbare pauschale Abgabe, die für Bücher gezahlt wird, die in Bibliotheken zur Ausleihe angeboten werden.

Bienengleichnis: Ein auf den römischen Philosophen Seneca zurückgehendes Bild, das die → Referenz- und Verweiskultur mit dem Umherfliegen einer Biene vergleicht. Das Tier bedient sich an unterschiedlichen Blüten, wie auch der Künstler andere Quellen heranzieht, um seinen künstlerischen Honig zu produzieren. Eine sehr ähnliche Metapher wählte Johann Wolfgang von Goethe, der, auf seine Inspirationsquellen angesprochen, antwortete: »[...] [M]an könnte eben so gut einen wohlgenährten Mann nach den Ochsen, Schafen und Schweinen fragen, die er gegessen und die ihm Kräfte gegeben.«[10]

BitTorrent: Technik, mit deren Hilfe große Dateien einfach verbreitet werden können. BitTorrent steht wörtlich für »reißender Datenstrom« und unterscheidet sich von zentralen Downloadsystemen dadurch, dass es ein gleichzeitiges Hoch- und Herunterladen dezentral ermöglicht. Erfunden wurde es im Jahr 2001 von dem US-Amerikaner Bram Cohen. Er versteht seine Technik »vor allem als Werkzeug der Meinungsfreiheit, das es jedem ermöglicht, Informationen zu verbreiten. 10 000 User können sich zur gleichen Zeit auf eine Datei stürzen, und BitTorrent funktioniert immer noch sehr gut. Das ist möglich, weil auch bei Usern, die noch nicht die komplette Datei geladen haben, schon wieder heruntergeladen werden kann. So werden nicht nur die oft blockierten Downloadkanäle genutzt – sondern auch die oft verwaisenden Uploadkapazitäten.«[11]

---

9 »Unsere Aufgabe, Wissen zu verbreiten, ist nur halb erfüllt, wenn die Information für die Gesellschaft nicht breit gestreut und leicht zugänglich ist. Neue Möglichkeiten der Wissensverbreitung, nicht ausschließlich in der klassischen Form, sondern zunehmend auch nach dem Prinzip des ›offenen Zugangs‹ über das Internet, müssen gefördert werden. Das Prinzip des ›Open Access‹ schafft daher freien Zugang zu einer umfassenden Quelle menschlichen Wissens und des kulturellen Erbes«. Online verfügbar auf der Website der Open Access Konferenz: ⟨http://oa.mpg.de/files/2010/04/Berliner_Er klaerung_dt_Version_07-2006.pdf⟩ (Stand Februar 2011).

10 Johann Wolfgang von Goethe, a. a. O. (S. 24, Anm. 14), S. 293.

11 Daniel Erk, »Im Geschwindigkeitstausch – Wie funktioniert eigentlich

Bootie: Name einer von San Francisco ausgehenden Party-Reihe, die mittlerweile auch in zahlreichen anderen Städten rund um den Globus veranstaltet wird. Die DJs Adrian & the Mysterious D alias A Plus D etablierten mit diesen Club-Nächten eine Kultur, die auf → Mashups und → Bootlegs setzt. In einem Gespräch mit *San Francisco Weekly* erklärte Adrian im Jahr 2006: »The best mash-ups are the ones that are extreme genre clashes or that make some sort of cultural statement.«[12]

Bootleg: Der Begriff wird für unautorisierte Mitschnitte von Livekonzerten, aber auch im Sinne von → Mashup oder → Remix gebraucht (→ Bastard-Pop).

Bricolage: Der Begriff stammt aus dem Französischen und beschreibt eine Bastelei. Manchmal wird er auch synonym zum → Sample verwendet. Für den Anthropologen Claude Lévi-Strauss war Bricolage ein zentraler Begriff, mit dem er die Entstehung und Weitergabe von Mythen erklärte.

Carbon/Silicon: Band der beiden ehemaligen Punkrock-Musiker Mick Jones und Tony James. Mick Jones, der ehemalige Gitarrist von The Clash, und Tony James, der ehemalige Bassist von Billy Idols Band Generation X, nutzen seit dem Jahr 2003 die Möglichkeiten des Internet für ihre Musik. Ihre erste Single trug den Titel »MPFree«, und frei ist auch ihr Umgang mit der Musik. Sie stellen ihre Songs zum kostenlosen Download zur Verfügung und ermuntern ihre Fans, Konzerte mitzuschneiden und die Aufnahmen zu verbreiten.

CCC: Abkürzung für den Chaos Computer Club, der sich auf seiner Website beschreibt als »eine galaktische Gemeinschaft von Lebewesen, unabhängig von Alter, Geschlecht und Abstammung sowie gesellschaftlicher Stellung. Diese Gemeinschaft setzt sich grenzüberschreitend für Informationsfreiheit ein. Er beschäftigt sich mit den Auswirkungen von Technologie auf die Gesellschaft sowie das einzelne Lebewesen und fördert das Wissen um diese Entwicklung. Der CCC setzt sich für ein Menschenrecht auf zumindest weltweite, ungehinderte Kommunikation ein.«[13]

C4C: Abkürzung für das Projekt Copyright for Creativity, das im Früh-

---

BitTorrent?«, online verfügbar unter: ⟨http://jetzt.sueddeutsche.de/texte/anzeigen/260621⟩ (Stand März 2011).

12 »Hip Hop: the Underdogs/Alt-Rock: the Secret of Their Overseas Success/DJ Culture: the Critical Mash Honors Club«, in: *San Francisco Weekly* (18. Oktober 2006), online verfügbar unter: ⟨http://www.sfweekly.com/content/printVersion/322181⟩ (Stand März 2011).

13 Online verfügbar unter: ⟨www.ccc.de/de/satzung⟩ (Stand Februar 2011).

jahr 2010 in Brüssel eine Deklaration für ein modernes, kreativitätsförderndes Urheberrecht veröffentlichte.[14]

CGMS: Abkürzung für Copy Generation Management System, eine besondere Form des Kopierschutzes, die zum Beispiel bei DVDs eingesetzt wird und nur eine Kopie erlaubt (→ DRM).

Closed Source: Die englische Bezeichnung für »geschlossene Quelle« ist der Oberbegriff für sogenannte proprietäre Software, die im Gegensatz zu Programmen, die auf → Open Source setzen, ihren Quellcode nicht offenlegen.

Collage: Der Maler Max Ernst definiert diese künstlerische Technik, die in der Bildenden Kunst genauso zum Einsatz kommt wie in der Literatur oder der Musik, als »die systematische Ausbeutung des zufälligen oder künstlich provozierten Zusammentreffens von zwei oder mehr wesensfremden Realitäten auf einer augenscheinlich dazu ungeeigneten Ebene«.[15]

Cologne Commons: Name einer Kölner Veranstaltung, die im Jahr 2010 zum zweiten Mal organisiert wurde. Die Macher beschreiben sie als »Konferenz und Festival für digitale Kultur«, auf der alternative Modelle der Lizenzvermarktung[16] diskutiert werden sollen. Im Jahr 2010 trug sie den Titel »Be shareful«.

Contentflatrate: Pauschales Vergütungssystem für kulturelle Produkte (→ Kulturflatrate).

»Copies«: Titel eines Kunstprojekts des italienischen Künstler-Duos Eva und Franco Mattes, die unter dem Namen 0100101110101101 bekannt wurden. Für »Copies« kopierten sie die Inhalte fremder Webseiten und sorgten damit für große Aufregung. Auf ihrer Website www.0100101110 101101.org stellen sie das Anliegen ihrer Kunst dar. Informationen müssten frei sein, lassen sie einen »Renato« genannten Sprecher verkünden: »Wofür soll ein Computer sonst gut sein, wenn nicht um den freien Fluss der Informationen zu unterstützen?«[17]

Copyleft: Der Begriff geht auf Richard Stallman zurück, den Begründer der Freie-Software-Bewegung (→ Freie Software). Es handelt sich dabei um eine bewusste Verdrehung des Begriffs Copyright, der im angelsäch-

---

14 Die Deklaration ist online einsehbar unter: ⟨www.copyright4creativi ty.eu/bin/view/Main/Declaration⟩ (Stand März 2011).

15 Zitiert nach: Uwe M. Schneede, *Die Geschichte der Kunst im 20. Jahrhundert*, München: C. H. Beck 2001, S. 91.

16 Mehr Informationen sind auf der Website der Konferenz zu finden: ⟨www.cologne-commons.de⟩ (Stand März 2011).

17 Online verfügbar unter: ⟨www.0100101110101101.org⟩ (Stand März 2011).

sischen Sprachraum für das Urheberrecht steht. Copyleft stellt diesem urheberrechtliche Lizenzen entgegen, die eine Weiterverarbeitung des Werkes ermöglichen. Die vermutlich bekannteste Copyleft-Lizenz ist die General Public Licence (→ GPL), die Stallman einführte, um seine → GNU-Software zu verbreiten. Auf der Website gnu.org wird der Begriff folgendermaßen definiert: »Das Copyleft bedeutet, dass alle, die die Software (mit oder ohne Änderungen) weiterverteilen, auch die Freiheit zum Weitergeben und Verändern mitgeben müssen. Das Copyleft garantiert, dass alle Benutzer Freiheit haben.«[18] Diese Verdrehung der Begriffe *right* (rechts) und *left* (links) wird auch durch das Copyleft-Logo symbolisiert. Anders als beim Copyright-Zeichen (einem »normalen« C in einem Kreis) öffnet das C sich hier nach links.

Copy & Paste: Deutsch »Kopieren und einfügen«. Technik aus der Textverarbeitung, mit der Textblöcke markiert, kopiert und an anderer Stelle wieder eingefügt werden können. Erfunden wurde diese Technologie bereits im Jahr 1973, also vor Erfindung des PCs. Larry Tesler nutzte sie erstmals im Palo Alto Research Center der Firma → Xerox.

Copy Paste Reality: Titel eines Magazins der Schweizer Kulturwissenschaftlerin Anaïs Hostettler, die im vorliegenden Buch über ihre Konzeption der → »Version« spricht.[19]

Copyright Criminals: Titel eines amerikanischen Dokumentarfilms über das Urheberrecht und seine Auswirkungen auf den HipHop.[20]

Copyright-Troll: Bezeichnung für Rechtsanwaltskanzleien, die ein Geschäftsmodell aus der Verfolgung von Urheberrechtsverletzungen im Netz gemacht haben. Im September 2010 wurde das Vorgehen der US-Firma Righthaven bekannt, die im Auftrag großer Medienhäuser Blogger abmahnte, weil diese Texte aus Zeitungen weiterverwendet hatten. → Patent-Troll; → Sample-Troll

Cover: Bezeichnung für die Neuaufnahme eines Musikstücks durch einen anderen Künstler oder durch eine andere Band. In der Musikindustrie ist dieses Recycling-Verfahren zwecks Verkaufssteigerungen sehr beliebt.

CPTech: Abkürzung für Consumer Project on Technology, siehe dazu → Knowledge Ecology International (KEI)

18 Online verfügbar unter: ⟨www.gnu.org/copyleft/copyleft.de.html⟩ (Stand März 2011). Auf der Website sind weitere Informationen zum Copyleft zu finden.
19 Siehe hierzu auch die Website von Anaïs Hostettler: ⟨www.copypastereality.com⟩ (Stand März 2011).
20 Mehr Informationen sind auf der Website zum Film zu finden: ⟨www.copyrightcriminals.com⟩ (Stand März 2011).

Cracker: Der Begriff geht auf das Wort *crack* zurück, mit dem Software beschrieben wird, die den Kopierschutz umgeht. Jan Krömer und Evrim Sen definieren in *No Copy* einen Cracker als »Szenemitglied, das sich auf das Entfernen von Kopierschutzvorkehrung spezialisiert hat. Im Hackerjargon oft auch als ›destruktiver Hacker‹ bezeichnet.«[21]

Creative Commons: Oberbegriff für alternative urheberrechtliche Lizenzmodelle. Auf der deutschen Website heißt es: »Creative Commons ist eine Non-Profit-Organisation, die in Form von vorgefertigten Lizenzverträgen einen alternativen Rahmen für die Veröffentlichung und Verbreitung digitaler Medieninhalte anbietet und fortentwickelt. Einfacher ausgedrückt bietet CC eine Reihe von Standard-Lizenzverträgen an, die zur Verbreitung kreativer Inhalte genutzt werden können. CC ist dabei selber weder als Verwerter noch als Verleger von Inhalten tätig und ist auch nicht Vertragspartner von Urhebern und Rechteinhabern, die ihre Inhalte unter CC-Lizenzverträgen verbreiten wollen.«[22] Die Idee zu Creative Commons geht unter anderem auf den US-amerikanischen Juristen Lawrence Lessig zurück. Im Interview in diesem Band erklärt Markus Beckedahl die Grundzüge von Creative Commons.

CRB: Abkürzung für das Copyright Royalty Board, eine US-amerikanische Behörde, die sich um die Durchsetzung des Urheberrechts kümmert.[23]

CSS: Abkürzung für Content Scrambling System, ein Kopierschutzverfahren, das vor allem bei DVDs Anwendung findet (→ DRM).

Culture(s) of Copies: Titel einer Ausstellung, die von Ende 2010 bis Frühjahr 2011 im Edith-Russ-Haus in Oldenburg zu sehen war. Die »Ausstellung zu Kunst und Kopie« widmete »sich dem Phänomen der Kopie als globaler kultureller Strategie«.[24]

Dampfmaschine: Die US-Wissenschaftler Michele Boldrin und David K. Levine wählen in ihrem Buch *Against Intellectual Monopoly* die von James Watt erfundene Dampfmaschine als Beispiel für die kreativitätshemmende Kraft von Patenten. Sie sei jahrelang nicht weiterentwickelt worden,

21 Jan Krömer/Evrim Sen, *No Copy – Die Welt der digitalen Raubkopie*, Berlin: Tropen Verlag 2006, S. 281.

22 Online verfügbar unter: ⟨http://de.creativecommons.org/was-ist-cc/⟩ (Stand März 2011).

23 Mehr Informationen sind auf der Website der Behörde zu finden: ⟨www.loc.gov/crb/⟩ (Stand März 2011).

24 Vgl. dazu die online verfügbaren Informationen unter: ⟨www.edith-russ-haus.de/index.php/Programm/CulturesOfCopy⟩ (Stand Februar 2011).

weil Watts Patente einen Konkurrenzkampf und damit weitere Innovationen zwischen den Ingenieuren verhindert habe.[25]

Deduplizierung: Begriff aus der Computertechnologie. Beschreibt einen Vorgang, bei dem unnötige Duplikate in einem System entdeckt und dann gelöscht werden.

Détournement: Französischer Begriff, der auf die Situationisten um Guy Debord zurückgeht und ins Deutsche als ›Entwendung‹ übersetzt wurde. Nach Debord handelt es sich dabei um einen »aufrührerischen Stil«, der Ideen, Bilder, Ereignisse und Situationen kritisch umdreht und so der Herrschaft entreißt: »Die Entwendung führt die vergangenen kritischen Folgerungen, die zu ehrenwerten Wahrheiten erstarrt sind, d. h. in Lügen verwandelt wurden, wieder der Subversion zu.«[26]

Deutsche Content Allianz: Vertreter öffentlich-rechtlicher und privater Rundfunkveranstalter, der Musikindustrie und der GEMA, des Buchhandels und der Verbände der Filmwirtschaft schlossen sich im Frühjahr 2011 zur Deutschen Content Allianz zusammen. Das Motto der Lobbyorganisation lautet »Inhalte kreieren. Technologie mit Leben erfüllen. Wertschöpfung gestalten.«[27]

Digitale Gesellschaft: Name eines Vereins, der im Rahmen der Netzkonferenz re:publica 2011 vorgestellt wurde. Die Organisation, deren erster Vorsitzender Markus Beckedahl ist (der im Rahmen des Bandes über Creative Commons spricht, siehe Seite 125 ff.), versteht sich als eine Art Greenpeace für den digitalen Raum. Mehr unter digitale-gesellschaft.de

Diebstahl-Dilemma: Im vorliegenden Buch verwende ich diesen Begriff, um die durch die digitale Kopie entstandene Situation zu beschreiben, in der man eine Datei kopieren kann, ohne diese zu entwenden. Deshalb ist es juristisch nicht korrekt, z. B. die Nutzung von Tauschbörsen als Diebstahl zu bezeichnen. Denn wer eine Datei kopiert, schädigt damit weder das Original noch nimmt er etwas weg. Nur dann wäre jedoch der Tatbestand von Paragraph 242 StGB erfüllt.

Digitalisierung: Oberbegriff für all jene Entwicklungen, die auf die Einführung der Digitaltechnik zurückgehen. Rein technisch wird damit jener Vorgang der »Überführung kontinuierlicher Größen in abgestufte

---

25 Vgl. Michele Boldrin/David K. Levine, *Against Intellectual Monopoly*, Cambridge University Press 2008, S. 1 ff. Vgl. hierzu auch James Bessen/Michael J. Meurer, *Patent Failure: How Judges, Bureaucrats, and Lawyers Put Innovators at Risk*, Princeton: Princeton University Press 2008, S. 78.

26 Guy Debord, *Die Gesellschaft des Spektakels*, Berlin: Edition Tiamat 1996, S. 175.

27 http://www.ard.de/intern/presseservice/-/id=8058/nid=8058/did= 1878128/tuxb16/index.html (Stand: Mai 2011).

(diskrete) Werte als Binärcode«[28] beschrieben. Als Digitalisierung wird aber auch die Entwicklung bezeichnet, im Zuge welcher immer mehr Werke von ihren analogen Datenträgern gelöst und in digitalisierter Form verfügbar werden.

Digital Economy Bill: Titel eines im Jahr 2009 in Großbritannien u. a. zum Schutz vor Urheberrechtsverletzungen erlassenen Gesetzes.

Digital Folk Art: Mit diesem Begriff bezeichnet der Internet-Theoretiker Clay Shirky in seinem 2010 erschienenen Buch *Cognitiv Surplus: Creativity and Generosity in a Connected Age* jene Kunst, die von den vormals passiven Konsumenten erstellt wird → Prosument.

DJ Danger Mouse: Künstlername von Brian Burton, der im Jahr 2004 mit einer Mischversion aus dem *White Album* der Beatles und dem *Black Album* des Rappers Jay-Z weltbekannt wurde. Nach Klagen der Plattenfirma EMI stoppte er die Verbreitung des *Grey Album* (→ Grey Tuesday). Kurz nach den rechtlichen Auseinandersetzungen wurde DJ Danger Mouse als Produzent für die britische Band Gorillaz tätig, deren Album *Demon Days* von der Plattenfirma EMI verlegt wurde.

DMCA: Abkürzung für *Digital Millenium Copyright Act*. US-amerikanisches Urheberrechtsgesetz aus dem Jahre 1998, das für heftige Diskussionen sorgte. Verbraucherschützer kritisierten, »dass das Gesetz [...] Forschern und Journalisten einen Maulkorb verpasse, ausländische Forscher abschrecke und die legitimen Nutzungsrechte von Privatnutzern und Bibliotheken untergrabe. Zudem werde der DMCA mehr und mehr von Unternehmen gegen die Konkurrenz eingesetzt. Jüngstes Beispiel dafür ist die Klage des Druckerherstellers Lexmark gegen ein Unternehmen, das Zubehör für preisgünstigere Nachfüllungen der Lexmark-Druckpatronen vertreibt.«[29]

Don't Make me Steal: Titel eines Manifests,[30] das im Rahmen der Lift-Konferenz im Frühjahr 2011 von den beiden Programmierern Jordi Boggiano und Pierre Spring veröffentlicht wurde. Die Kernthese ihres Appells an die Film- und Musikindustrie lautet: Wir wollen keine Daten illegal aus dem Netz laden, aber solange entscheidende Kriterien nicht erfüllt sind, müssen wir das tun. Die Unterzeichner fordern uneingeschränkte Wahl-

---

28 Online verfügbar unter: ⟨http://de.wikipedia.org/wiki/Digitalisierung⟩ (Stand März 2011).

29 Monika Ermert, »Unbeabsichtigte Folgen des US-Urheberrechts«, auf: *heise online*, online verfügbar unter: ⟨www.heise.de/newsticker/Unbeabsichtigte-Folgen-des-US-Urheberrechts-/meldung/33642⟩ (Stand März 2011).

30 Das Manifest ist online verügbar unter: ⟨www.dontmakemesteal.com⟩ (Stand Februar 2011).

möglichkeiten bei den Audiooptionen sowie niedrigere Preise für digitale Produkte. Sie wünschen sich weltweit gleiche Veröffentlichungstermine und sprechen sich gegen Kopierschutz und → DRM aus.

Doppeldruck: Lange Zeit übliches Verfahren, mit dem Verleger Autoren um deren Honorar brachten. Sie druckten die erste Auflage eines Buches einfach noch einmal und datierten diese zurück.[31]

DRM: Abkürzung für Digitales Rechtemanagement, abgeleitet vom englischen Begriff »Digital Rights Management«. Mithilfe von DRM können Musik- sowie Filmdateien und Software reglementiert werden, indem man die Kopiermöglichkeiten, die Anzahl der wiedergabefähigen Geräte und das Brennen auf CD begrenzt. Aus diesem Grund sieht sich das System starker Kritik seitens der Freien-Software-Aktivisten ausgesetzt.

Droit d'auteur: Bezeichnung für die kontinentaleuropäische Tradition des Urheberrechts. Der französische Begriff bedeutet frei übersetzt »Anrecht des Autors«, was den Unterschied zur angelsächsischen Tradition des Copyrights in den Vordergrund rückt: »Das im angloamerikanischen Rechtsraum entstandene Copyright-Regelwerk hatte das öffentliche Interesse an Wissensproduktion und -verbreitung zum Ausgangspunkt eines zeitlich und umfänglich beschränkten, exklusiven Rechts am Kopieren von Werken. Das kontinentale, französische Modell hingegen setzte den Schöpfer und seine Persönlichkeitsrechte an den Anfang.«[32]

DPMA: Abkürzung für das Deutsche Patent- und Markenamt (→ Patent), das sich als »Zentralinstitution für den Schutz geistigen Eigentums in Deutschland« versteht: »Organisatorisch ist das Deutsche Patent- und Markenamt dem Bundesministerium der Justiz nachgeordnet. Das DPMA ist mit 2500 Mitarbeiterinnen und Mitarbeitern in den Dienststellen München, Jena und Berlin vertreten. Hauptsitz des Deutschen Patent- und Markenamts ist München.«[33]

Dubbing: Als »dubbing« oder »overdubbing« wird ein Vorgang bezeichnet, bei dem zu einer bestehenden Tonspur mindestens eine zweite ergänzt wird. Fremdsprachige Fernseh- oder Radiointerviews werden beispielsweise »gedubbed«, indem eine Tonspur mit der deutschsprachigen Übersetzung über das Orginal gelegt wird. In der Musik wird diese Tech-

---

31 Vgl. dazu den entsprechenden Eintrag, der online verfügbar ist unter: ⟨www.litde.com/literaturwissenschaft-und-systemtheorie/editorik/die-his torischkritische-ausgabe.php⟩ (Stand Februar 2011).
32 Robert A. Gehring, »Einführung ins Urheberrecht«, a. a. O. (S. 106, Anm. 16), S. 243.
33 Vgl. dazu die online verfügbaren Informationen unter: ⟨www.dpma.de/ amt/index.html⟩ (Stand März 2011).

nik vor allem im Reggae eingesetzt. Man spricht von einer »Dub-Version«, wenn einem Song besondere Bestandteile anderer Lieder beigemischt werden. Der Begriff »Dub« wird auch als Genre-Bezeichnung im Reggae verwendet. Auch die Genres Dub-Step und Dub-Techno sind nach diesem Verfahren benannt.
Duplikat: Synonym für eine identische Kopie.

Ebenbild: In der christlichen Schöpfungsgeschichte heißt es, Gott habe den Menschen »nach seinem Ebenbild« erschaffen. Die Menschwerdung wird in der Bibel also als Geschichte der Kopie erzählt, deren Beurteilung durchaus positiv ausfällt: »Und Gott sah alles an, was er gemacht hatte; und siehe da, es war sehr gut.«[34]
»Ecstasy of influence: A plagiarism«: Titel eines im Frühjahr 2007 auf englisch veröffentlichten Essays von Jonathan Lethem,[35] die im Sommer 2007 erschienene deutsche Version trägt den Titel »Autoren aller Länder, plagiiert Euch!«.[36] Darin rechnet der US-Schriftsteller mit dem Originalitätswahn ab und zeigt, dass Adaptionen und Rückbezüge schon immer Bestandteil kulturellen Schaffens waren. Dieses Thema setzte er 2007 in seinem Roman *Du liebst mich, du liebst mich nicht* auch literarisch um.
EEAR: Abkürzung für die Europäische EDV-Akademie des Rechts. Diese gemeinnützige GmbH will »an der Schnittstelle zwischen IT und Recht Brücken« bauen. »Die Schwerpunkte der Akademie, die europäisch ausgerichtet ist, sind Forschen, Bilden und Entwickeln.«[37] »Die EEAR ist seit Februar 2007 Kooperationspartner von Creative Commons International (CCi) und hat das Legal Project Lead für den deutschen Rechtsraum übernommen. Aufgabe der EEAR ist es dabei, die verschiedenen Lizenzversionen ins Deutsche zu übersetzen.«[38]
EFF: Abkürzung für Electronic Frontier Foundation. Digitale Bürgerrechte sind das Thema dieser NGO, die bereits im Jahr 1990 gegründet wurde. Im deutschsprachigen Wikipedia-Eintrag heißt es: »Die Gründung geht zurück auf den FBI-Einsatz ›Operation Sundevil‹, bei dem nach einem Zusammenbruch des Ferngesprächssystems von AT&T am 15. Ja-

34 1. Mose 1:31, nach der Lutherbibel von 1912.
35 Jonathan Lethem, »The ecstasy of influence: A plagiarism«, in: *Harper's Magazine* (Februar 2007).
36 Jonathan Lethem, »Autoren aller Länder, plagiiert euch!«, in: *Literaturen* 6/2007,S. 59-63
37 Vgl. dazu die online verfügbaren Informationen unter: ‹www.eear.eu/in dex.php?id=44› (Stand März 2011).
38 Vgl. dazu die online verfügbaren Informationen unter: ‹www.eear.eu/in dex.php?id=47› (Stand März 2011).

nuar 1990 über 150 Agenten sowie Polizei- und Sicherheitskräfte vermeintliche Cracker jagten. Darunter befanden sich beispielsweise Mitglieder der New Prometheus League, die ein angeblich entwendetes Dokument – Teile des Programmcodes eines Apple-Programms – u. a. über Mailboxen verbreitet hatten. Später stellte sich dann heraus, dass das Dokument keineswegs von Apple gestohlen, sondern dort käuflich erworben worden war.«[39]

EIDG: Abkürzung für die Enquete-Kommission für Internet und Digitale Gesellschaft, die im März 2010 vom 17. Deutschen Bundestag eingesetzt wurde, um dem Parlament bis zum Sommer 2012 Ergebnisse und Handlungsempfehlungen unter anderem auch auf dem Feld des Urheberrechts vorzulegen.

Eigenplagiat: Als Eigenplagiat bezeichnet man Texte, die der meist wissenschaftliche Autor quasi bei sich selber abgeschrieben und dann ein zweites Mal veröffentlicht hat. Dieses Vorgehen wird häufig auf den Veröffentlichungsdruck in einigen wissenschaftlichen Disziplinen zurückgeführt. Je mehr Publikationen ein Wissenschaftler vorzuweisen hat, als umso höher gilt seine Reputation. Dem versuchen einige Wissenschaftler offenbar nachzuhelfen, indem sie ihre eigenen Texte kopieren bzw. eigenplagiieren.

Emulator: Der Begriff geht zurück auf das lateinische *aemulare* (nachahmen) und beschreibt die Imitation einer bestimmten Umwelt. Im Bereich der Hard- und Software kann mit einem Emulator zum Beispiel ein anderes Betriebssystem nachgeahmt werden.

»Erster Korb«: Bezeichnung für Veränderungen des deutschen Urheberrechts im Jahre 2003. Die Veränderungen an diesem Gesetz werden »Körben« zugeordnet, weil damit meist ein Bündel von Novellierungen einhergeht, die im Paket oder eben »im Korb« verabschiedet werden. Im Herbst 2007 wurde der »Zweite Korb« beschlossen, der Anfang 2008 in Kraft trat. Während der Erstellung dieses Buches wird der »Dritte Korb« debattiert (→ EIDG).

Everything is a remix: Titel eines Videoprojekts des Filmemachers Kirby Ferguson. In vier Episoden erläutert der New Yorker anhand zahlreicher Beispiele, wie die → Referenzkultur grundlegender Bestandteil moderner Kultur wurde und zeigt auf, wo man sie überall findet. Mehr dazu unter: www.everythingisaremix.info.

EUCD: Abkürzung für die *European Copyright Directive*, eine im Jahr

---

39 Online verfügbar unter: ⟨http://de.wikipedia.org/wiki/Electronic_Frontier_Foundation⟩ (Stand März 2011). Mehr Informationen sind auf der Website der NGO zu finden: ⟨www.eff.org⟩ (Stand März 2011).

2001 verabschiedete europäische Urheberrechtsrichtlinie, deren Ziel es war, das Urheberrecht europaweit zu harmonisieren.

Exhibition Copies: Als Exibition Copies werden kopierte Kunstwerke bezeichnet, die dupliziert wurden, damit man sie in Ausstellungen zeigen kann, ohne die Originale verwenden zu müssen.

Fangzhipin: Im Chinesischen gibt es zwei Begriffe für das Kopieren. *Fangzhipin* steht dabei für eine nachahmende Reproduktion, *fuzhipin* für eine hochwertige Kopie, für »etwas, das der wissenschaftlichen Beschäftigung oder musealen Aufbewahrung würdig ist« (→ *shanzhai*).[40]

Fan-Ficition: Oberbegriff für alle von Fans eines Werkes verfassten Texte, Filme, Bilder oder Videos. Die Kulturwissenschaftlerin Vera Cuntz definiert: »Fan-Fiction ist eine Literaturgattung, die Texte umfasst, die rund um einen Film oder eine Serie von Fans geschrieben werden. Da gibt es zum Beispiel sogenannte drabbles, das sind Texte, die exakt 100 Worte lang sind und die somit eine neue Literaturform bilden. Aber es gibt auch richtige Epen von hohem künstlerischem Wert, die mehrere Bände lang und zum Beispiel Spin-off-Geschichten zu Harry Potter sind.«[41] Fan-Fiction ist also ein Beispiel für die kreative Adaption und Weiterentwicklung im Rahmen der in diesem Buch beschriebenen → Referenzkultur.

Fair Play: Name eines Verfahrens des Digitalen Rechtemanagements (→ DRM), das die Computerfirma Apple in ihrem Programm QuickTime nutzt. Dieser Kopierschutz stellt zum Beispiel sicher, dass Musikdateien, die im iTunes-Musikstore gekauft wurden, nur auf Abspielgeräten der Firma Apple laufen. Diese Form der Rechteverwaltung ist ein besonders weit verbreitetes Beispiel für ein sogenanntes proprietäres System (→ Closed Source).

Fake for real: Spiel des niederländischen Künstlers Koert van Mensvoort, bei dem Originale und Kopien einander nach dem Prinzip des Memory-Spiels gegenübergestellt werden.[42]

Faksimile: Der Begriff leitet sich vom lateinischen *fac simile* ab, was so viel heißt wie »mach es ähnlich«. Und genau dies tut, wer ein Faksimile herstellt: Er kopiert oder reproduziert Originalwerke. Zumeist spricht man von einem Faksimile, wenn eine hochwertige, nicht selten historische

---

40 Alexander Stille, a. a. O. (S. 165, Anm. 1).

41 Dirk von Gehlen, »Fan-Fiction ist eine ernstzunehmende Literaturform«, Interview mit Vera Cuntz, online verfügbar unter: ⟨http://jetzt.sued deutsche.de/texte/anzeigen/463039⟩ (Stand März 2011).

42 Mehr Informationen und das Spiel selbst sind im Internet verfügbar unter: ⟨http://fakeforreal.com⟩ (Stand März 2011).

Originalversion eines Dokuments aufbewahrt oder gesichert werden soll. Es gibt auch Buchdrucke im Faksimile, bei denen das ursprüngliche Druckbild reproduziert wird. Auch die Bezeichnung Fax für die → Fernkopie via Telefon geht auf den Begriff zurück.

FDL: Abkürzung für Free Documentation Licence, die Lizenz, unter der die Texte zum Beispiel bei Wikipedia stehen. Sie geht zurück auf die → Freie-Software-Bewegung, die die Lizenz für das → GNU-Projekt erfand.

Fernkopie: Anderer Ausdruck für Fax (→ Faksimile).

FFII: Abkürzung für die Foundation for a Free Information Infrastructure, eine Organisation, die es sich zur Aufgabe gemacht hat, Schranken im Bereich der Informationstechnologie zu beseitigen. Mehr unter: www.ffii.org.

FifF: Abkürzung des Forums InformatikerInnen für Frieden und gesellschaftliche Verantwortung. Auf der FifF-Website steht als Ziel des eingetragenen Vereins: »Wir wollen, dass Informationstechnik im Dienst einer lebenswerten Welt steht.«[43] Deshalb setzen sich die InformatikerInnen zum Beispiel gegen Software-Patente ein.

Filesharing: → Tauschbörse; → P2P

Filmkopie: Vervielfältigungsmethode in der Filmwirtschaft. Man unterscheidet zwischen einer Kontakt- oder einer optischen Kopie. Die Filmverleiher liefern die Kopien an die Kinos aus, die dann die Filme zeigen.

Firefox: Bekannter Webbrowser, der auf dem Prinzip des → Open Source, also des offengelegten Quellcodes funktioniert.

Flickoper: → Pasticcio

Forensische Kopie: Auch als forensisches Duplikat bezeichnete Ermittlungsmethode in der IT-Kriminalistik, bei der eine Kopie des verdächtigen oder zu untersuchenden Datenträgers erstellt wird. Die »so genannte forensische Duplizierung hat sich zu einem Standardvorgang bei der Ermittlung im Umfeld der Computerkriminalität entwickelt. Ein forensisches Duplikat ist ein Abbild eines Datenträgers, das Bit für Bit als eine Eins-zu-eins-Kopie erzeugt wurde. Dabei wird unabhängig von den logischen Laufwerkszuordnungen der gesamte physische Datenträgerinhalt übertragen.«[44]

Freie Software: Oberbegriff für eine von Richard Stallman gegründete Bewegung, die sich vor allem durch die Philosophie auszeichnet, das Wis-

---

43 Online verfügbar unter: ⟨www.fiff.de⟩ (Stand März 2011).
44 »Tatort Computer«, in: *ix extra IT-Security Schwerpunkt Datenrettung und Forensik* (November 2006), S. 2, online verfügbar unter: ⟨www.heise.de/ix/downloads/05/3/2/4/9/0/3/ie0611.pdf⟩ (Stand März 2011).

sen, das man selbst geschaffen hat, auch anderen zur Verfügung zu stellen, den Quellcode zur Weiterbearbeitung offenzulegen und sich kopieren zu lassen, um kopieren zu können. In seinem sogenannten »GNU-Manifest« formuliert Gründer Stallman es so: »Ich denke, dass die ›Goldene Regel‹ es erfordert, dass ich, wenn ich ein Programm mag, es mit anderen Leuten, die es mögen, teilen muss. Ich kann nicht guten Gewissens eine Nichtveröffentlichungserklärung oder eine Softwarelizenzerklärung unterschreiben. Damit ich weiterhin Computer benutzen kann, ohne meine Prinzipien zu verletzen, habe ich entschieden, einen ausreichenden Korpus an freier Software zusammenzustellen, sodass ich in der Lage sein werde, ohne jede nicht freie Software auszukommen.«[45] Oft wird die Freie-Software-Bewegung in die Nähe kommunistischen Gedankenguts gerückt, das eine Kostenlos-Kultur fördere. Dabei meint der Begriff »frei« nicht kostenfreie, sondern ungeschützte Programme: »Als Eselsbrücke, um die beiden Bedeutungen von ›frei‹ auseinander zu halten, hat sich das englische ›Think of free speech, not free beer‹ eingebürgert.«[46] → GPL; → GNU

Freihaltebedürfnis: Begriff aus dem deutschen Markenrecht, der die Tatsache bezeichnet, dass nur solche Begriffe oder Zeichen markenrechtlich geschützt werden können, die nicht »ausschließlich aus Zeichen oder Angaben bestehen, die im allgemeinen Sprachgebrauch oder in den redlichen und ständigen Verkehrsgepflogenheiten zur Bezeichnung der Waren oder Dienstleistungen üblich geworden sind«.[47] In einem Beschluss aus dem Jahre 2010 entschied beispielsweise das Bundespatentgericht, dass die Begriffe »Physio Sleep« nicht markenrechtlich geschützt werden können – in der Begründung bezog sich das Gericht auf genau dieses Freihaltebedürfnis.[48]

Fuzhipin → *fangzhipin*

Fusion Cusine: Kochstil, der sich durch die Kombination unterschiedlicher Traditionen auszeichnet. Das *Handelsblatt* beschreibt diese »von Promi-Köchen wie Jamie Oliver propagierte« Küche als Esskultur, in der »Aromen und Einflüsse aus den unterschiedlichsten Küchen aller Welt verschmelzen.«[49]

45 Zitiert nach: Glyn Moody, a. a. O. (S. 140, Anm. 31), S. 299f.
46 André Spiegel, a. a. O. (S. 116, Anm. 44), S. 27.
47 Paragraph 8 des Gesetzes über den Schutz von Marken und sonstigen Kennzeichen, BGBl. I (25. Oktober 1994), S. 3086.
48 Das Urteil ist online verfügbar unter: ⟨http://dejure.org/dienste/ver netzung/rechtsprechung?Text=26%20W%20%28pat%29%20109/09⟩ (Stand März 2011).
49 Angelika Arians-Derix »Shrimps im Shaker«, a. a. O. (S. 67, Anm. 13).

Geistiges Eigentum: Das Buch *Urheberrecht im Alltag* definiert: »Schutzrechte wie Urheber-, Patent- und Markenrechte werden als geistiges Eigentum bezeichnet, im Unterschied zum materiellen Eigentum an Dingen.«[50] Kritiker wie die Autoren des Buchs *Wissensallmende* stehen dem Begriff jedoch skeptisch gegenüber. Sie schreiben: »Wir lehnen den Begriff des ›geistigen Eigentums‹ als Kampfbegriff der Befürworter der Ausweitung geistiger Monopole ab. Zum einen steht ›Eigentum‹ juristisch für eine Breite an Rechten, die für das ›geistige Eigentum‹ glücklicherweise (noch) nicht durchgesetzt ist. Die positive Konnotation des Begriffs ›Eigentum‹ dient zum anderen dazu, solchen Rechten einen Anschein von Legitimität zu verschaffen. Wissen sollte aber gerade kein exklusives Eigentum sein, sondern der Allgemeinheit dienen. Viel treffender ist daher der Begriff der geistigen Monopolrechte.«[51]

GEMA: → Verwertungsgesellschaft

Gemeinfrei: Als gemeinfrei werden Werke bezeichnet, die ins öffentliche Eigentum übergegangen sind, an denen also kein Urheber oder Rechteinhaber Eigentumsvorbehalte geltend machen kann. »Da ein Urheber nach deutschem Recht nicht auf sein Urheberrecht verzichten kann«, erläutert das Buch *Urheberrecht im Alltag*, »kann niemand sein Werk für gemeinfrei erklären. Das ist ein Unterschied zum US-Copyright, das es dem Schöpfer ermöglicht, sein Werk in die so genannten Public Domain zu übergeben.«[52] Das deutsche Urheberrechtsgesetz regelt jedoch in Paragraph 64: »Das Urheberrecht erlischt 70 Jahre nach dem Tode des Urhebers.«

Generika: Der Begriff bezeichnet Nachahmermedikamente, d. h. wirkstoffgleiche Kopien eines Medikaments, die dieselbe Wirkung hervorrufen, möglicherweise jedoch auf andere Weise hergestellt wurden. Solche Medikamente können in Deutschland erst dann auf den Markt gebracht werden, wenn der Patentschutz für die Originalmedikamente abgelaufen ist. In Deutschland sind die Generika-Hersteller im Branchenverband Pro Generika organisiert. Auf dessen Website heißt es: »Der Generikamarkt ist einem intensiven Wettbewerb unterworfen. Aufgrund der günstigen Herstellerabgabepreise sparten die Generikahersteller dem deutschen Gesundheitswesen im Jahr 2007 die Rekordsumme von 6,5 Milliarden Euro.«[53]

---

50 »Glossar«, in: *Urheberrecht im Alltag*, herausgegeben von Valie Djordjevic et al., Bonn: Bundeszentrale für politische Bildung 2008, S. 362-379, S. 366.
51 Oliver Moldenhauer/Benedikt Rubbel/Sebastian Bödeker, a. a. O. (S. 114, Anm. 38), S. 9.
52 »Glossar«, in: *Urheberrecht im Alltag*, a. a. O. (S. 141, Anm. 35), S. 367.
53 Online verfügbar unter: ⟨www.progenerika.de/de/progenerika.html⟩ (Stand März 2011).

Im Interview in diesem Buch stellt Oliver Moldenhauer von Ärzte ohne Grenzen die Bedeutung der Generika für die Arbeit der Hilfsorganisation heraus: »Generika sind nicht alles in der Aids-Therapie, aber ohne Generika ist alles nichts.«

Genie: Ein Genie, das auf den lateinischen Begriff *genius* für Erzeuger oder Schutzgeist zurückgeht, zeichnet sich nach Gero von Wilpert durch die »Begabung zu eingeschöpferischer Gestaltung« aus.[54] An der Entwicklung des Begriffs kann man ablesen, wie sich die Rezeption von Kunst und die ihrer Schöpfer verändert haben. Der Genie-Kult, der gerade das 18. und das frühe 19. Jahrhundert prägte, wurde abgelöst und ergänzt um eine kritische Einordnung, die in postmodernen Interpretationen gipfeln, wo gar der Tod des Autors postuliert wird.

Geräteabgabe: → Leermedienabgabe

Girl Talk: Künstlername des amerikanischen DJs Gregg Michael Gillis aus Pittsburgh, der weltbekannt wurde, weil er seine Musik komplett aus Zitaten und Samples anderer Künstler zusammensetzt.

GNU: Name des von Richard Stallman programmierten Betriebssystems. Die Abkürzung steht für »GNU is not Unix«. Im September 2008 feierte das Betriebssystem seinen 25. Geburtstag. Aus diesem Anlass lobte der britische Schauspieler, Schriftsteller und Humorist Stephen Fry GNU in einem Kurzfilm namens *Happy Birthday to GNU*.[55]

Gnutella: Name eines → Filesharing-Netzwerks. → Napster; → Tauschbörse

»Göttinger Erklärung«: Ein vom Verein Urheberrecht für Bildung und Wissenschaft im Jahr 2004 veröffentlichter Text, dessen zentrale Forderung lautet: »In einer digitalisierten und vernetzten Informationsgesellschaft muss der Zugang zur weltweiten Information für jedermann zu jeder Zeit von jedem Ort für Zwecke der Bildung und Wissenschaft sichergestellt werden!«[56]

Goldene Regel: Richard Stallman formulierte diese für die → Freie Software so: »Ich denke, dass die ›Goldene Regel‹ erfordert, dass ich, wenn ich ein Programm mag, es mit anderen Leuten, die es mögen, teilen muss.«[57]

---

54 Gero von Wilpert, *Sachwörterbuch der Literatur*, 8. verb. und erw. Aufl., Stuttgart: Kröner 2001, S. 304.

55 Mehr Informationen sind auf der Website der Free Software Foundation zu finden: ⟨www.fsf.org/news/freedom-fry⟩ (Stand März 2011).

56 Online verfügbar auf der Website des Vereins: ⟨www.urheberrechtsbuend nis.de/index.html.de⟩ (Stand März 2011).

57 André Spiegel, a. a. O. (S. 116, Anm. 44), S. 22f.

Good Copy Bad Copy: Name eines Dokumentarfilms aus dem Jahr 2007, in dem sich die dänischen Filmemacher Andreas Johnsen, Ralf Christensen, Henrik Moltke mit dem »current state of copyright and culture« auseinandersetzen, wie sie auf der Website www.goodcopybadcopy.net erläutern. In dem Film kommen unterschiedliche Akteure zu Wort, so auch Gregg Gillis (→ Girl Talk) und Brian Burton (→ DJ Danger Mouse). Der Film lief im dänischen Fernsehen, verbreitete sich aber vor allem über das Internet, weil die Filmemacher ihn auf ihrer Website zur Verfügung stellten.

Googleberg: Neologismus (→ Mashup) aus dem Nachnamen des im Frühjahr 2011 nach einer Plagiatsaffäre zurückgetretenen Bundesverteidigungsministers Karl-Theodor zu Guttenberg (CSU) sowie der Suchmaschine Google. Guttenberg hatte weite Teile seiner Promotion an der Universität Bayreuth aus fremden Quellen zusammengetragen, ohne diese zu benennen.

GPL: Abkürzung für die auf Richard Stallman zurückgehende General Public Licence (→ GNU).

Grandmaster Flash: → »Adventures of Grandmaster Flash on the Wheels of Steel«

Grey Tuesday: Am Grey Tuesday, dem 24. Februar 2004, stellten zahlreiche Websites das von → DJ Danger Mouse gemixte *Grey Album* zum Download zur Verfügung – aus Protest gegen die juristischen Schritte, die die Plattenfirma der Beatles gegen den damals 26 Jahre alten DJ aus Los Angeles angestrengt hatte, weil dieser aus dem *White Album* der Beatles und dem *Black Album* des Rappers Jay-Z eine neue Version kopiert hatte (→ Mashup).

GuttenPlagWiki: Titel eines kollaborativen Internet-Projekts, das Plagiatsstellen aus der Promotion von Karl-Theodor zu Guttenberg (→ Googleberg) sammelt.

GVU: Die Gesellschaft zur Verfolgung von Urheberrechtsverletzungen ist ein eingetragener Verein. Auf ihrer Website beschreibt sich die GVU als »eine von den Unternehmen und Verbänden der Film- und Unterhaltungssoftware-Wirtschaft getragene Organisation. Ihre Aufgabe besteht in der Aufdeckung von Verstößen gegen die Urheberrechte ihrer Mitglieder und die Mitteilung dieser Verstöße an die Strafverfolgungsbehörden. Darüber hinaus unterstützt die GVU die Dienststellen der Strafverfolgungsbehörden bei der Durchführung von Strafverfahren sowohl in rechtlicher als auch in technischer Hinsicht.«[58]

58 Online verfügbar unter: ⟨www.gvu.de/22_Aufgaben.htm⟩ (Stand März 2011).

Hadopi: Name eines französischen Gesetzes aus dem Jahr 2009 (*Loi favorisant la diffusion et la protection de la création sur Internet*), dessen Titel auf die mit der Umsetzung beauftragte Behörde zurückgeht: Haute Autorité pour la Diffusion des Œuvres et la Protection des Droits sur Internet. Mithilfe dieses Gesetzes sollen Urheberrechtsverletzungen im Internet bekämpft werden. Es sieht unter anderem auch Internet-Sperren als Strafen vor (→ Three-Strikes-Modell).

»Heidelberger Appell«: Im Frühjahr 2009 veröffentlichten zahlreiche Schriftsteller, Wissenschaftler, Verleger und Künstler auf Initiative des Heidelberger Literaturwissenschaftlers Roland Reuß einen Aufruf, der sich gegen die Pläne der Google-Buchsuche und das Prinzip des → Open Access richtete. Der als »Heidelberger Appell« publizierte Vorstoß wurde als ungenau kritisiert. So zog der Netzvordenker Peter Glaser seine Unterschrift zurück, weil er sich an der Vermischung von Kritik an den Digitalisierungsplänen des Quasimonopolisten Google und dem Prinzip des Open Access störte.

»Hometaping is killing music«: Titel einer Lobby-Kampagne aus den siebziger Jahren. Damals versuchte die Musikindustrie den Gebrauch von Musikkassetten in ein schlechtes Licht zu rücken und für das Ende der Musik verantwortlich zu machen (→ Raubkopie).

ifrOSS: Das Institut für Rechtsfragen der freien und Open Source Software ist ein privates Institut, das es sich seit dem Jahr 2000 »zum Ziel gesetzt hat, die rasante Entwicklung der Freien Software in rechtswissenschaftlicher Hinsicht zu begleiten. Neben dem Thema Open Source beschäftigt sich das ifrOSS auch mit angrenzenden Phänomenen – wie etwa den Rechtsfragen des Open Content – sowie mit allgemeinen Fragestellungen aus den Bereichen Softwarelizenz-, Urheberrecht, Patentrecht, Vertragsrecht und Wettbewerbsrecht. Soweit erforderlich, betätigt sich das ifrOSS rechtspolitisch durch Eingaben, Stellungnahmen und Vorträge. Das ifrOSS ist ein ›virtuelles‹ Institut ohne Bibliothek, Seminarräume oder organisatorische Anbindung an öffentliche Institutionen.«[59]

IIPA: Abkürzung für International Intellectual Property Allicance, eine im Jahr 1984 gegründete private Organisation, die es zu ihren Aufgaben zählt, den Schutz von urheberrechtlichem Material weltweit voranzutreiben.[60]

---

59 Online verfügbar auf der Website des Instituts: ⟨www.ifross.de/⟩ (Stand: August 2010).
60 Online verfügbar auf der Website der Organisation: ⟨www.iipa.com/aboutiipa.html⟩ (Stand: August 2010).

Immaterialgüter: Oberbegriff für alle nicht materiellen Güter. Dazu zählen auch jene häufig unter dem Begriff »geistiges Eigentum« zusammengefassten geistigen Schöpfungen, deren Nutzung das Urheberrecht regelt. Der Münsteraner Jurist Thomas Hoeren schlägt vor, den Begriff Immaterialgüterrecht als »übergeordnete, neutrale Formulierung«[61] dem des geistigen Eigentums vorzuziehen.

Imitation: Das Prinzip der Nachahmung, zum Beispiel beim Spracherwerb, ist von grundlegender Bedeutung für die menschliche Entwicklung. »Die Imitation«, stellt das Magazin der Max-Planck-Gesellschaft beispielsweise fest, »ist eine wichtige Form des Lernens. Durch sie kann man sich innerhalb kurzer Zeit komplexe Verhaltensmuster aneignen.«[62] Das *Sachwörterbuch der Literatur* definiert darüber hinaus: »Nachahmung von musterhaften Vorbildern durch Anpassung an deren Stil, Wortgebrauch, Metrik, Figuren und Bilder; [...]. Erst mit wachsendem Originalitätsstreben, Selbstbewußtsein und Eigenständigkeit der mod. Lit. [...] erhält der Begriff den negativen Sinn bloßer epigonaler, sklav. [...] Nachahmung.«[63]

Inspiration of the Stones: Titel eines im Jahr 2011 veröffentlichten Albums, das 25 Original-Songs versammelt, die den Rolling Stones als Inspiration dienten bzw. die diese im Laufe ihrer Karriere nachspielten.

Internet-Karaoke: → Youtube-Karaoke

Internet-Piraterie: → Piratenbewegung

Intertextualität: Gero von Wilpert beschreibt diese »Sammelbezeichnung für die Wechsel- und Referenzbeziehungen eines konkreten literarischen Textes zu einer Vielzahl konstitutiver und zugrunde liegender anderer Texte« anhand der »typischen Großformen Plagiat, Imitation, Adaption, Parodie, Travestie und Übersetzung/Nachdichtung. Auch Wechselbeziehungen zur Bildkunst werden als Intertextualität verstanden.«[64] Der Begriff geht zurück auf Julia Kristeva, die bereits in den sechziger Jahren erklärte: »Jeder Text baut sich als Mosaik von Zitaten auf, jeder Text ist Absorption und Transformation eines anderen Textes. An die Stelle des Begriffs der Intersubjektivität tritt der Begriff der *Intertextualität*, und die poetische Sprache lässt sich zumindest als eine *doppelte* lesen.«[65]

61 Thomas Hoeren in der Vierten Sitzung der Enquete-Kommission »Internet und digitale Gesellschaft«, a. a. O. (S. 115, Anm. 39).

62 *Max-Planck-Forschung* (Februar 2000), S. 7.

63 Gero von Wilpert, a. a. O., S. 369.

64 Gero von Wilpert, a. a. O., S. 379.

65 Julia Kristeva, »Wort, Dialog und Roman bei Bachtin«, in: *Literaturwissenschaft und Linguistik: Ergebnisse und Perspektiven*, herausgegeben von Jens Ihwe, Frankfurt am Main: Athenäum 1972, S. 345-375, S. 348.

iRights.info: Die Website, die sich seit 2005 Fragen des Urheberrechts widmet, bezeichnet sich selbst als »Informationsangebot zum Urheberrecht in der digitalen Welt«.[66]

Jane-Austen-Mashup: Genrebezeichnung für das im Jahr 2009 veröffentlichte Buch *Pride and Prejudice and Zombies* des amerikanischen Autors Seth Grahame-Smith, der *Stolz und Vorurteil* (*Pride and Prejudice*), den bekanntesten Roman der britischen Schriftstellerin Jane Austen, mit einer modernen Zombie-Geschichte verband. Die 1817 verstorbene Austen wird im Buch als Koautorin genannt. Das Buch wurde 2010 unter dem Titel *Stolz und Vorurteil und Zombies* auch auf Deutsch veröffentlicht und diente einem Comic und einem Film als Vorlage.

Joel Fights Back: Titel der Kampagne, mit der sich der 25-jährige Joel Tenenbaum aus Boston gegen eine Klage der Musikindustrie wehrt. Mithilfe des renommierten Juristen Charles Nesson kämpft Tenenbaum vor Gericht gegen die amerikanische Musikindustrie um die Frage, ob und unter welchen Umständen die digitale Kopie erlaubt ist.

Kabarett: Geht auf das Französische *cabaret* zurück, was ursprünglich so viel wie Schänke bedeutete und heute humoristische Aufführungen auf einer Bühne bezeichnet, die häufig die Stilformen der → Parodie und Satire verwenden.

Karikatur: Das italienische Verb *caricare* bezeichnet den Vorgang des Überladens. Das Überzeichnen ist das herausstechendste Merkmal der Karikatur. Dabei handelt es sich um eine bildliche Darstellung in humorvollem Kontext, die Schwächen oder charakteristische Eigenschaften einer gezeichneten Person besonders herausstellt.

Kassettenjungs/Kassettenmädchen: In den neunziger Jahren im *jetzt*-*Magazin* der *Süddeutschen Zeitung* geprägter Begriff für eine Form des Zusammenstellens unterschiedlicher Lieder auf einer Musikkassette. Im Jahr 2002 drehte der deutsche Regisseur Marco Kreuzpaintner unter dem Titel *Kassettenjungs/Kassettenmädchen* sogar einen Film, in dem er diese Nutzung des Sampelns darstellte. Mit einer vergleichbaren Form dieser beinahe musealen Verklärung können Remix-affine Musikhörer der Gegenwart nicht rechnen (→ Raubkopie).

KEI: Abkürzung für Knowledge Ecology International, eine 1995 von Ralph Nader gegründete NGO, die sich für Umweltschutz im Informa-

---

66 Online verfügbar unter: ⟨www.irights.info/?q=node/1476⟩ (Stand März 2011).

tionszeitalter einsetzt. Sie war anfangs unter dem Namen CPTech (Consumer Project on Technology) aktiv.[67]

Kleine Münze: → Schöpfungshöhe

Klon: Als Klon wird ein genetisch identischer Nachkomme eines Lebewesens bezeichnet, der beim sogenannten Klonen entsteht. Der Begriff geht auf das altgriechische *klon* zurück, was für Zweig oder Sproß steht. Beim sogenannten Klonieren wird eine identische Kopie einer DNA angefertigt.

Kontrafaktur: Künstlerische Technik, die in der Musik und der Literatur eingesetzt wird. Der Begriff leitet sich aus dem Lateinischen *contra* (gegen) und *facere* (machen) her und beschreibt einen Vorgang, bei dem zum Beispiel zu der bekannten Melodie eines Kirchenlieds ein neuer Text verfasst wird.

Kopiereffekt: Auch als Kopierdämpfung bezeichnete Qualitätseinbuße, die bei Vervielfältigung von Ton- oder Videobändern entstehen kann. Laut dem entsprechenden Wikipedia-Eintrag spricht man bei dem durch den Kopiereffekt entstandenen Störsignal von einem »Kopierecho, das bei Ton- oder Videobändern besonders nach längerer Lagerung anzutreffen ist«.[68]

Kopierpresse: Von James Watt im Jahr 1780 zum Patent angemeldetes Vervielfältigungsverfahren, das Frank Reimann so beschreibt: »Auf ein Dokument, das mit einer speziellen Kopiertinte beschrieben war, wurde ein befeuchtetes Blatt Papier aufgelegt. Die Presse übertrug mithilfe des Drucks daraufhin die Schrift vom beschriebenen Papier auf dieses befeuchtete Blatt.«[69]

Kopierschutz: → DRM

Kopierzimmer: Als solches kann in Bibliotheken oder Schulen der Raum bezeichnet werden, in dem die Fotokopierer stehen. In Ateliers und Galerien fand das für die Künstlerausbildung zentrale Kopieren von Meisterwerken in sogenannten Kopierzimmern statt.

Kopist: Nachbildner, die unterschiedliche künstlerische Werke vervielfältigen, werden als Kopisten bezeichnet. Neben Bibel-Kopisten, die im Mittelalter die Heilige Schrift kopierten, sind Kopisten vor allem in der

---

67 Mehr Informationen sind auf der Website der NGO zu finden: ⟨www.kei online.org/⟩ (Stand März 2011).

68 Online verfügbar unter: ⟨http://de.wikipedia.org/wiki/Kopiereffekt⟩ (Stand Februar 2011).

69 Frank Reimann, »Konzepte für ein ›Büro der Zukunft‹«, S. 29, online verfügbar unter: ⟨http://ig.cs.tu-berlin.de/lehre/s2005/lamig/ausarb/Reimann-DasBueroDerZukunft-2005-06-22.pdf⟩ (Stand Februar 2011).

Musik bekannt. Im alltäglichen Sprachgebrauch findet die Bezeichnung Kopist vor allem in abschätzigen Konnotationen Anwendung.

Kryptomnesie: Kathrin Ackermann-Pojtinger definiert in ihrem Buch *Fälschung und Plagiat als Motiv in der zeitgenössischen Literatur* Kryptomnesie als »unbewusste Aneignung fremden geistigen Eigentums, die der Verwender später für eine Eigenleistung hält«.[70] Der Produktdesigner Rido Busse beschreibt dies so: »Es ist unbestritten, dass manchmal Ideen durch die Luft schwirren und sich in zwei unterschiedlichen Köpfen festsetzen.«[71] Ein prominenter Fall von Kryptomnesie ist die Geschichte der Infinitesimalrechnung, die Gottfried Wilhelm Leibniz und Isaac Newton nahezu zeitgleich und in jedem Fall unabhängig voneinander entdeckt haben sollen. Auch das Prinzip der Genossenschaftsbank wurde Mitte des 19. Jahrhunderts von Friedrich Wilhelm Raiffeisen und Hermann Schulze-Delitzsch fast parallel entwickelt – ohne dass die beiden voneinander wussten (→ zufällige Doppelschöpfung).

Kulturflatrate: In ihrem Buch *Wissensallmende* definieren Oliver Moldenhauer, Benedikt Rubbel und Sebastian Bödeker ein solches Pauschalvergütungssystem anhand von fünf Punkten: »1. Digitale Privatkopien und der Tausch von Musik und Filmen zu privaten, nichtkommerziellen Zwecken werden erlaubt, auch über P2P-Netzwerke. Das Verbot der Umgehung von Kopierschutzmechanismen wird aufgehoben. 2. Um den Rückgang des Verkaufs von CDs und DVDs oder anderen Medien auszugleichen, werden Gebühren auf Internetzugänge und Computer-Hardware erhoben. 3. Die Gebühren richten sich nach der Geschwindigkeit der Internetzugänge. Hinzu käme auf privat genutzte Computerhardware eine Gebühr von 2,5 Prozent des Verkaufspreises. 4. Diese Gebühren werden direkt von den Internet-Service-Providern gezahlt, die sie dann gegebenenfalls auf ihre KundInnen umlegen. Privatpersonen haben mit der Gebührenerhebung nichts zu tun und zusätzliche personenbezogene Daten werden nicht erhoben. Die Gebühr auf Computerhardware wird ebenfalls von den Händlern abgeführt. 5. Die Gebühren werden an die KünstlerInnen bzw. UrheberrechtsinhaberInnen entsprechend der Nutzungshäufigkeit ihrer Werke ausgeschüttet.«[72] → Contentflatrate; → Fairsharing; → »Berliner Erklärung«

70 Kathrin Ackermann-Pojtinger, a. a. O. (S. 38, Anm. 37), S. 10f.
71 Burkhard Müller-Ullrich, »Die ewige Wiederkehr des Plagiats«, Rido Busse im Gespräch in der Sendung SWR2-Forum am 24. Mai 2007, online verfügbar unter: ⟨http://podster.de/view/1088/episodes⟩ (Stand März 2011).
72 Oliver Moldenhauer/Benedikt Rubbel/Sebastian Bödeker, a. a. O. (S. 114, Anm. 38), S. 86.

Kulturwertmark: Der → Chaos Computer Club (CCC) präsentierte unter diesem Titel zum → Tag des geistigen Eigentums im Jahr 2011 ein Konzept, das das System der → Kulturflatrate um die Komponente des sogenannten Micropayment erweitert. In der Erklärung zu der Idee heißt es: »Jeder Teilnehmer zahlt einen festen monatlichen Betrag ins System ein, den er dann in Form von Kulturwertmark an Künstler seiner Wahl vergeben kann. Als Ausgleich stehen die Werke nach einigen Jahren oder nach Erreichen einer bestimmten Kulturwertmark-Auszahlsumme jedem zur nichtkommerziellen Nutzung zur Verfügung.«[73]

Kupferstecher: Bezeichnung für einen Grafiker, der die Technik des Kupferstichs nutzt. Diese Reproduktionstechnik, die sich einer gravierten Metallfläche als Druckplatte bedient, wurde vor allem zwischen dem 15. und dem 18. Jahrhundert angewandt. Wolfgang Ullrich schreibt in *Raffinierte Kunst*: »Der Ursprung der Redewendung ›mein Freund und Kupferstecher‹ ist zwar ungeklärt, doch drückt sich darin die vertrauensvolle, geradezu intime Position aus, in die ein Reproduktionsgrafiker durch seine reflektierend-kommentierende Tätigkeit gelangen konnte.«[74]

Leermedienabgabe: Auch Geräteabgabe. Beschreibt eine urheberrechtliche Vergütung, die dem Urheber eines Werkes zusteht, welches erwarten lässt, dass es zum privaten oder sonstigen eigenen Gebrauch vervielfältigt wird. Gemäß den Paragraphen 54 und 54a des *Gesetzes über Urheberrecht und verwandte Schutzrechte* steht dem Urheber ein Anspruch auf Zahlung einer angemessenen Vergütung zu »gegen den Hersteller von Geräten und von Speichermedien, deren Typ allein oder in Verbindung mit anderen Geräten, Speichermedien oder Zubehör zur Vornahme solcher Vervielfältigungen benutzt wird«.[75] »Diese Vergütung für Bild- und Tonaufzeichnungen bezahlen die Käufer von Geräten und Leermedien, die zum Vervielfältigen urheberrechtlich geschützter Werke genutzt werden, also etwa Brenner oder CD-Rohlinge, weil in ihrem Preis die Leermedienabgabe enthalten ist.«[76]

»Leipziger Erklärung zum Schutz geistigen Eigentums«: → *Axolotl Roadkill*

Linux: Name eines Betriebssystems, das im Jahre 1991 von dem finnisch-amerikanischen Programmierer Linus Torvalds entwickelte wurde. »Linux

---

73 Online verfügbar unter: ⟨http://www.ccc.de/de/updates/2011/kultur wertmark⟩ (Stand: Mai 2011)

74 Wolfgang Ullrich, a. a. O. (S. 16, Anm. 8), S. 30.

75 *Urheber- und Verlagsrecht*, a. a. O. (S. 101, Anm. 1), S. 30.

76 »Glossar«, in: *Urheberrecht im Alltag*, a. a. O. (S. 141, Anm. 35), S. 368f.

wurde von Anfang an unter die GPL, die General Public License gestellt. Diese Lizenz garantiert jedem den kostenlosen Zugang zum Quellcode des Linux Betriebssystems. Linux kann frei und kostenlos verteilt, eingesetzt und erweitert werden. Entwickler haben so Einblick in sämtliche Quellcodes und können dadurch sehr einfach neue Funktionen integrieren bzw. Programmierfehler schnell finden und eliminieren.«[77]

Live-Kopie: Eine auf das Theater-Projekt Rimini-Protokoll zurückgehende Variante der → Parodie. Im Jahr 2002 wollten die Theater-Macher eine Live-Kopie einer Bundestagsdebatte aufführen. Auf ihrer Website erklären sie den Ablauf so: »Nach dem Prinzip der Simultanübersetzung sprechen Wähler die Reden von Politikern nach. Jeder ›Darsteller‹ übernimmt dazu die Rolle eines Abgeordneten. Die Debatte wird live aus Berlin durch Ohrhörer souffliert und durch fliegend wechselnde Interpreten wiedergegeben.«[78]

Mashup: Bezeichnung für die Verbindung zweier Produkte zu einem neuen. Besonders bekannt sind die musikalischen Remixes aus unterschiedlichen Songs (→ Bastard-Pop; → Bootleg). Im Bereich der Internet-Entwicklung wird der Begriff Mashup (vom englischen *to mash*, vermischen) auch für die Neukombination von Inhalten und Techniken unterschiedlicher Anbieter benutzt. Technisch funktioniert dies über API genannte Programmierschnittstellen, die es beispielsweise erlauben, Bilder der Foto-Community Flickr auf anderen Seiten einzubinden oder ein Mashup aus textlichen Inhalten und Kartenmaterial des Dienstes GoogleMaps zu erstellen. Die Kraft der kreativen Adaption, die im Mashup steckt, war im Frühjahr 2010 auch Thema beim 23. European Media Art Festival in Osnabrück, das sich unter dem Titel »Mashup« der Referenzkultur widmete (→ Remix).

Mäzenatentum: Der Begriff geht zurück auf Gaius Maecenas, der im ersten Jahrhundert vor Christus lebte und sich vor allem als Gönner des Dichters Horaz einen Namen machte. Als Mäzenatentum bezeichnet man eine Finanzierungsform der Kunst, die sich nicht über Konkurrenz am Markt realisiert, sondern über die Unterstützung durch einen Gönner. In der *Sozialgeschichte der Kunst und Literatur* schreibt Arnold Hauser: »Der Typus des ›Originalgenies‹ erscheint erst im achtzehnten Jahrhundert, als die Künstlerschaft bei dem Übergang vom Mäzenatentum

---

77 Diese und weitere Erläuterungen sind online verfügbar unter: ⟨www.linux.de/linux/what_is.php3⟩ (Stand März 2011).

78 Online verfügbar unter: ⟨www.rimini-protokoll.de/website/de/project_387.html⟩ (Stand März 2011).

zum offenen, schutzlosen Markt um ihre materielle Existenz einen härteren Kampf zu führen hat als je zuvor.«[79]

MediaMax: Name eines Kopierschutz-Systems (→ DRM).

Messidona: Wortneuschöpfung und begriffliches Mashup, das von spanischen Reportern erfunden wurde, die damit einen Treffer des argentinischen Fußballspielers Lionel Andres Messi würdigen wollten, der als Kopie des Jahrhunderttors Diego Armando Maradonas gilt. Messi, von seinen Fans »La Pulga« (der Floh) genannt, erzielte den Treffer am 18. April 2007 im Stadion Camp Nou in Barcelona nach einem 60-Meter-Solo, bei dem er mehrere Verteidiger umspielte. Ähnliches war Maradona bei der Fußballweltmeisterschaft 1986 im Spiel Argentiniens gegen England gelungen.

Mickey Mouse: Am Beispiel der von Walt Disney erfundenen Comicfigur belegen Verfechter eines offeneren Urheberrechts die einseitige Konzentration auf Verwerter-Interessen im gängigen Urheberrecht. So wurden immer dann, wenn die Schutzfristen für die Comicfigur auszulaufen drohten, die Gesetze verändert und die Fristen verlängert. Mickey Mouse wurde 1928 erfunden, der Urheberrechtsschutz gilt aber noch bis zum Jahr 2023. Der kanadische Journalist Jim Lebans kommentiert: »Die Ironie dieser Entwicklung liegt darin, dass Firmen wie Disney von öffentlichem, also gemeinfreiem Wissen profitiert haben, durch die Verschärfung des Urheberrechts selbst jedoch nichts dazu beitragen. Sie benutzen selbstverständlich die Arbeit und Kreativität anderer, aber niemand kann dasselbe mit ihrer Arbeit machen.«[80]

Mimese: Als Mimese wird die biologische Form der Nachahmung bezeichnet. Man unterscheidet die sogenannte Zoomimese, bei der Tiere und Pflanzen tierische Objekte nachahmen, die Phytomimese (Nachahmung beziehungsweise Ähnlichkeit mit einer Pflanze) sowie die Nachahmung unbelebter Gegenstände, die sogenannte Allomimese.[81]

Mimikry: Auch batessche Mimikry. Der Biologe und Naturforscher Henry Walter Bates entdeckte im Jahr 1862 diese angeborene Form der Nachahmung von Organismen im Tierreich. Er definierte: »Sehen wir einen Nachtfalter, der das Aussehen einer Wespe hat, müssen wir daraus ableiten, dass diese Imitation das ansonsten wehrlose Insekt schützen soll, indem insektenfressende Tiere getäuscht werden.«[82]

Minstrel Shows: In den vierziger Jahren des 19. Jahrhunderts waren, so er-

79 Arnold Hauser, a. a. O. (S. 103, Anm. 5), S. 348.
80 Jim Lebans, a. a. O. (S. 107, Anm. 20).
81 Vgl. dazu die Erläuterungen unter: ⟨http://de.wikipedia.org/wiki/Mime se⟩ (Stand Februar 2011).

klärt das Lehrbuch *The Enduring Vision – A History of the American People*, Shows sehr beliebt, in denen »weiße Männer, die sich die Gesichter geschwärzt hatten, einen Abend lang Lieder, Tänze und Sketche vorführten. Dabei gab es Anleihen bei der authentischen afroamerikanischen Kultur.«[83] Diese rassistischen Aufführungen halten viele Pop-Kritiker für einen Vorläufer des Aufstiegs Weißer in schwarzen Genres. Christoph Fellmann schreibt beispielsweise in der *Neuen Zürcher Zeitung*: »1954 nahm der Hillbilly-Sänger Elvis Presley den Bluessong ›That's all right‹ auf und lancierte damit nach gängiger Lesart die Popmusik. Der Anklang an die Minstrels ist offensichtlich – erst recht, wenn man das berühmte Zitat von Presleys Produzenten Sam Phillips hinzuzieht: ›Ich dachte darüber nach, wie viele Platten ich verkaufen könnte, wenn ich einen weißen Performer fände, der in derselben, aufregenden Art wie ein Schwarzer singen und spielen könnte.‹« Ein Zusammenhang, auf den auch der weiße Rapper Eminem auf seiner letzten CD hinwies: »›I am the worst since Elvis / To do black music so selfishly / And use it to get myself wealthy / If I was black I woulda sold half.‹«[84]

Mirror: Englischer Begriff für Spiegel. Bezeichnet die Technik der Kopie, um Daten vor dem Löschen zu schützen, indem sie gespiegelt werden. So wurden die sogenannten Cablegate-Dokumente, die im Winter 2010 von Wikileaks veröffentlicht wurden, kurz nachdem sie von den Servern von Amazon gelöscht wurden, von zahlreichen anderen Anbietern gespiegelt.

Missionary church of kopimism: Titel einer Organisation, die der 19-jährige Schwede Isak Gerson im Frühjahr 2011 gründete, mit dem Ziel, das Kopieren als Religion anerkennen zu lassen. »Wir glauben, dass Kommunikation heilig ist«, schreibt Gerson auf seiner Website.[85] »Sie muss respektiert werden: Wir halten es für eine Sünde, Menschen auszuhorchen oder sie zu überwachen.«

MP3: Bezeichnung für ein Komprimierungsverfahren, heute oftmals synonym mit digitaler Musik verwendet. Das am Fraunhofer-Institut für Integrierte Schaltungen unter Leitung von Karlheinz Brandenburg entwickelte Verfahren trieb die Digitalisierung der Musik entscheidend voran. Detlef Diederichsen urteilt: »Einen harten Schlag erfuhr die Musikindustrie, als das bayerische Fraunhofer-Institut für Integrierte Schaltungen

---

82 N. N., »Tierische Tricks«, online verfügbar unter: ⟨www.3sat.de/page/?source=/ard/sendung/124855/index.html⟩ (Stand Februar 2011).

83 Paul S. Boyer et al., a. a. O., S. 365.

84 Christoph Fellmann, a. a. O. (S. 80, Anm. 42).

85 Online verfügbar unter: ⟨http://kopimistsamfundet.se/vart-missionera de-budskap/⟩ (Stand: Mai 2011).

Mitte der 1990er Jahre ein Verfahren entwickelte, das digitale Audio-Daten erheblich komprimiert.«[86] Brandenburg kritisierte in einem Interview → proprietäre Kopierschutzmechanismen: »Das heutige Problem ist, dass ich Musik, die ich z. B. bei iTunes kaufe, nur auf Apple-Playern abspielen kann. Gleiches gilt auch für andere Läden im Netz. Es gibt keine Möglichkeit, Musik auf unterschiedlichen Playern zu spielen. Wenn ich mehrere Rechner habe, ist das ebenfalls sehr kompliziert. Im Sinne der Kundenfreundlichkeit wäre es besser, wenn es einen Standard gäbe, der sicherstellt, dass Musik überall läuft.«[87]

Nachahmermedikamente: → Generika

Napster: Im Jahr 1999 vom damaligen Teenager Shawn Fanning entwickelte, erste bekannte → Tauschbörse. Das Prinzip von Napster nutzen auch andere sogenannte Peer-to-Peer-Systeme (→ P2P): »Shawn Fanning machte die Computer der Millionen Nutzer zu kleinen Servern, die über einen zentralen Napster-Rechner Anfragen bearbeiteten. Fannings Programm durchsuchte dabei die Computer seiner Anwender nach MP3-Dateien und verband, wenn eine Anfrage nach diesen einging, den suchenden und den anbietenden Computer miteinander. Diese Technologie wird als Peer-to-Peer (P2P)-Kommunikation bezeichnet und beschreibt einen Austausch unter Gleichen – in diesem Fall Computern. Sie dient dazu, die Last großer Dateien so zu verteilen, dass diese nicht ausschließlich von einem zentralen Rechner getragen werden muss. Derartige Peer-to-Peer-Systeme werden heute beispielsweise auch eingesetzt, um Internettelefonate via Skype zu ermöglichen.«[88] Nach einem Gerichtsentscheid musste Napster im Frühjahr 2001 in seiner ursprünglichen Form schließen. Unter dem Namen wurden allerdings auch später noch unterschiedliche Modelle der Musikdistribution getestet (→ Tauschbörse).

Neologismus: Als Neologismen bezeichnet man Wortneuschöpfungen. Im Kontext von Mashups sind dabei vor allem Zusammensetzungen bestehender Begriffe zu neuen relevant. Ein gutes Beispiel dafür ist → Messidona (zusammengezogen aus den Fußballer-Namen Messi und Maradona). Nach einem ähnlichen Prinzip wurden aber auch Podcast (iPod und broadcast) sowie Politesse (Polizei und Hostess) gebildet.

---

86 Detlef Diederichsen, a. a. O. (S. 132, Anm. 7), S. 16f.
87 Dirk von Gehlen, »Prof. Brandenburg über Musik und Innovation im Internet«, Interview mit Karlheiz Brandenburg, online verfügbar unter: ⟨http://jetzt.sueddeutsche.de/texte/anzeigen/393927⟩ (Stand Februar 2011).
88 Dirk von Gehlen, »Die kopierte Kopie kopieren«, a. a. O. (S. 138, Anm. 26).

NET: Abkürzung für das im Jahr 1997 vom US-Kongress erlassenen *No Electronic Theft Act*, mit dem Urheberrechtsverletzungen unter erhebliche Strafen gestellt wurden (bis zu fünf Jahre Gefängnis oder Geldstrafen bis zu einer Viertelmillion Dollar).

Nicht-Rivalisierende Güter: Oberbegriff für Güter, die durch Nutzung nicht weniger werden und von zwei oder mehr Personen gleichzeitig genutzt werden können (→ Diebstahl-Dilemma).[89]

NNM: Abkürzung für »Netzwerk Neue Medien«. Der eingetragene Verein stellt sich selbst so vor: »Das Netzwerk Neue Medien e. V. setzt sich für Bürgerrechte im digitalen Raum ein. Ziel ist, die öffentliche Diskussion um gesellschaftspolitische Aspekte der Neuen Medien zu stärken und kritisch zu hinterfragen.«[90]

»Numa Numa«: Zitat aus dem Refrain des Songs »Dragostea din tei« der moldawischen Band O-Zone, der als bekanntestes Beispiel für das Internet-Phänomen des lippensynchronen Nachsingens eines Liedes gilt (→ Youtube-Karaoke). Als »Numa-Numa-Guy« erlangte Gary Brolsma im Jahr 2005 weltweit Berühmtheit. Der damals 19-Jährige filmte sich dabei, wie er den Song lippensynchron nachsang und dabei im Sitzen tanzte. Dieser Numa-Numa-Dance wurde zum Ausgangspunkt für zahlreiche Adaptionen und Remixes, in denen Brolsma kopiert und gefeiert wurde. Der Ethnologe und Youtube-Experte Michael Wesch hält das Phänomen »Numa Numa« für einen exemplarischen Fall für die Remix-Kultur im Internet (→ Remix).

Oil21: Name einer Berliner Konferenz, die sich in Anspielung auf einen Anspruch des Foto-Agentur-Gründers Mark Gettys, wonach geistiges Eigentum das Öl des 21. Jahrhunderts sei, im Herbst 2007 mit Fragen des geistigen Eigentums befasste.[91]

One-Click-Hoster: Oberbegriff für Anbieter, die großen Speicherplatz im Internet mittels sehr einfacher Benutzung (One-Click) anbieten. Die bekanntesten sind Rapidshare und Megaupload. Diese Angebote haben in den vergangenen Jahren zunehmend das Angebot sogenannter Tauschbör-

---

89 Vgl. zum Begriff der öffentlichen Güter die Ausführungen Jeanette Hofmanns zur »Nichtausschließbarkeit« öffentlicher Güter: »Niemand kann vom Nutzen eines Feuerwerks, der Ozonschicht oder eben [...] [eines] Leuchtturms ausgeschlossen werden, gleichgültig, ob man sich an den anfallenden Kosten dafür beteiligt oder nicht.« (a. a. O. (S. 56, Anm. 74), S. 20).

90 Online verfügbar auf der Website des Netzwerkes: ⟨www.nnm-ev.de/wer/index.html⟩ (Stand März 2011).

91 Mehr Informationen sind auf der Website der Konferenz zu finden: ⟨www.oil21.org/⟩ (Stand März 2011).

sen ergänzt. Kritiker werfen One-Click-Hostern vor, ihre Seiten würden vor allem genutzt, um urheberrechtlich geschütztes Material zu verbreiten. Die Macher von Rapidshare hingegen sehen sich als neutrale Anbieter, die ähnlich wie die Betreiber von Schließfächern über die von ihren Kunden eingestellten Inhalte nicht informiert sind. Zudem argumentieren sie, ihr Angebot sei für die Nutzer nicht durchsuchbar und diene deshalb in erster Linie als Ort für private → Sicherungskopien und nicht als Transportweg für Urheberrechtsverletzungen.

Open Rights Group: Eine Organisation, die sich von Großbritannien aus für digitale Bürgerrechte einsetzt.[92]

Open Source: Oberbegriff für den offenen Umgang mit Wissen und Software. Die Bezeichnung für benutzerfreundliche Systeme mit offenem Quellcode, die das Kopieren nicht nur erlauben, sondern zum Grundprinzip machen, geht zurück auf eine Gruppe prominenter Computerexperten, die im Prinzip Ähnliches im Sinn haben wie die → Freie-Software-Bewegung, sich von dieser jedoch in Details unterscheiden. »Anhänger einer strikten Trennung beider Konzepte beharren darauf, dass Open Source andere Assoziationen hervorruft als freie Software. Der Ausdruck Open Source lege nahe, dass der Quellcode nur einsehbar sein muss, nicht aber verändert und weitergegeben werden darf.«[93] Bekannte Open-Source-Anwendungen sind das Betriebssystem → Linux, der Browser → Firefox und die Blog-Software Wordpress. Als Google im Spätsommer 2008 seinen ebenfalls als Open-Source-Software lizenzierten Browser Chrome veröffentlichte, erklärte der zuständige Produktmanager Brian Rakowski: »Wir wollen, dass andere unsere Ideen übernehmen, so wie wir gute Ideen anderer übernommen haben.«[94]

Open Street Map: Gemeinschaftsprojekt, bei dem unter der → Creative-Commons-Lizenz kollaborativ freie Straßenkarten erstellt werden. Dabei tragen Mitglieder dieses weltweiten Projekts mittels eines GPS-Geräts die Koordinaten der Straßen in ihrer Umgebung ein und stellen dieses Material anderen kostenfrei zur Verfügung. Im Interview in diesem Band

92   Mehr Informationen sind auf der Website der Organisation zu finden: ⟨www.openrightsgroup.org⟩ (Stand März 2011).
93   »Glossar«, in: *Urheberrecht im Alltag*, a. a. O. (S. 141, Anm. 35), S. 372.
94   Zitiert nach: Jan Tißler, »13 interessante Fakten zum neuen Open-Source-Browser«, in: *t3n* (01. September 2008), online verfügbar unter: ⟨http://t3n.de/news/google-chrome-13-interessante-fakten-neuen-236873/⟩ (Stand März 2011). Mehr Informationen zu Open Source sind auf der Website der Open Source Initiative (OSI) zu finden: ⟨http://opensource.org/docs/osd⟩ (Stand März 2011).

lobt Markus Beckedahl von Creative Commons das Open-Street-Map-Projekt als beispielhaft für das Prinzip von Creative Commons.

Original: Das lateinische Wort *origo* bedeutet auf Deutsch Ursprung und liegt dem Begriff Original zugrunde, der als echt, ursprünglich und primär definiert ist. Bisher als Gegenpart der Kopie verstanden, verliert das Original durch die digitale Kopie, die identische Duplikate schafft, seine herausgehobene Stellung als Quelle.

Original Pirate Material: Titel des Debütalbums des als The Streets bekannten Londoner Rappers Mike Skinner aus dem Jahr 2002. Darin steckt einerseits eine Anspielung auf die Piratenkultur, andererseits jedoch auch auf die Fixierung aufs Original.

Orphan Works: Englische Bezeichnung für sogenannte verwaiste Werke. Damit werden Werke bezeichnet, deren Urheber nicht mehr zu ermitteln sind.

OSF: Abkürzung der Koch-Plattform Open-Source-Food,[95] die der Webdesigner Jon Yongfook im Jahr 2007 ins Leben gerufen hat. Hier wird das Prinzip des → Open Source auf Kochrezepte übertragen. Das Besondere an Yongfooks Idee: Die Rezepte und die Fotos auf OSF stehen unter einer → Creative-Commons-Lizenz.

Pantograph: Auch als »Storchschnabel« bezeichneter Alleszeichner. Der US-amerikanische Kulturhistoriker Hillel Schwartz beschreibt ihn »als ein Gerät, mit dem Konstruktionszeichner zwei Exemplare einer Zeichnung gleichzeitig herstellten. [...] Eine deutsche Version von 1631 bestand aus einem hölzernen Rahmen, an dem ein Gelenkparallelogramm aus vier Stäben horizontal befestigt war, das zwei vertikal eingesteckte Stifte trug. Je nach dem Winkel der Stäbe zog der zweite Stift die Zeichnung des ersten, den man führte, vergrößert oder verkleinert nach.«[96]

Paraphrase: Der aus dem Griechischen stammende Begriff (Deutsch etwa: dazu sagen) bezeichnet eine variierende Wiederholung. In der Sprach- und Literaturwissenschaft spricht man von einer Paraphrase, wenn ein Begriff oder eine Begebenheit sinngemäß mit anderen Worten wiedergegeben wird. In der Musik beschreibt der Begriff Variationen oder Bearbeitungen eines Musikstücks.

Parodie: Der Begriff stammt aus dem Griechischen und bedeutet wörtlich so viel wie Gegengesang. Mittels der Parodie wird auf unterschiedlichen Gebieten kopierend Kritik geübt. Dies gilt für die Karikatur, fürs

95 Mehr Informationen sind auf der Website der Plattform zu finden: ⟨www.opensourcefood.com/⟩ (Stand März 2011).

96 Schwartz, a. a. O. (S. 37, Anm. 33), S. 244.

Kabarett und auch in der Literatur. In einem Sammelband über die deutschsprachige Parodie von 1900 bis zur Gegenwart definiert Hans Reinhard Schatter: »Das Wesen der Parodie ist eine Kritik an darstellerischen Schwächen, am Ungestalteten, an der Machart. Natur lässt sich nicht parodieren, aber Unnatur, mangelnde Natürlichkeit. Parodie ist also nicht Stilkopie und nicht Polemik, sondern Stilkritik.«[97] Er ergänzt: »Der Genuss einer literarischen Parodie ergibt sich aus dem Wiedererkennen ›originaler‹ Stilelemente oder Inhaltsteile und ihrer Verbindung mit neuen ›originellen‹ Handlungen.«[98] → Kabarett; → Karikatur; → Live-Kopie

Pasticcio: Auch Pastiche. Der Begriff bezeichnet eine Kunstform, die aus unterschiedlichen fremden Zitaten ein neues Ganzes erschafft. In der Musik auch als Flickoper bezeichnet, steht der Begriff Pasticcio im Italienischen auch für eine Pastete. Kathrin Ackermann-Pojtinger bezieht den Begriff auf die Malerei und definiert: »Er bezeichnet eine bestimmte Art von Gemälden, bei denen Elemente aus Bildern eines oder mehrerer Maler als Vorbild dienten und neu kombiniert werden. Dadurch, dass sich die Vorbilder direkt identifizieren lassen, enthält das Pasticcio Züge der Kopie bzw. der Teilkopie. Es musste nicht unbedingt eine Täuschungsabsicht vorliegen, da solche Pasticci oft auf Wunsch des Auftraggebers zusammengestellt wurden.«[99]

Patent: In Paragraph 1 des deutschen Patentrechts heißt es: »Patente werden für Erfindungen auf allen Gebieten der Technik erteilt, sofern sie neu sind, auf einer erfinderischen Tätigkeit beruhen und gewerblich anwendbar sind.«[100] Ziel des Patentrechts ist es also, Erfindungen zur gewerblichen Nutzung zu schützen.

Patent-Pool: In diesem Pool sollen die Rechte für Aids-Medikamente gesammelt werden, damit Generika-Hersteller in Entwicklungsländern gegen eine geringe Gebühr darauf zugreifen können, um Medikamente zu niedrigen Kosten produzieren zu können (→ Generika).

Patent-Troll: Abwertende Bezeichnung für Personen oder Firmen, die Patente erwerben, diese aber nicht einsetzen (→ Sample-Troll; → Copyright-Troll).

PDS: Abkürzung für Plagiat Detection System, einem Oberbegriff für Software, mit deren Hilfe Plagiate in wissenschaftlichen Arbeiten leichter gefunden werden sollen.

97 Hans Reinhard Schatter, a. a. O. (S. 70, Anm. 21), S. 7.
98 Ebd.
99 Kathrin Ackermann-Pojtinger, a. a. O. (S. 38, Anm. 37), S. 9.
100 Vgl. *Patent- und Musterrecht*, herausgegeben von Andreas Heinemann, München: DTV 2010[10], S. 1.

Persiflage: Begriff aus dem Französischen, der eine Form des Spotts bezeichnet, die nicht selten mit den Mitteln der Nachahmung formuliert wird.

»Piracy Manifest«: Im Juli 2009 von Miltos Manetas formuliertes Manifest, das unter dem Titel »Piraten des Netzes«, vereinigt euch«, veröffentlicht wurde. Manetas nimmt darin Bezug auf die Auswirkungen der digitalen Kopie und fordert ein Umdenken. Das Manifest endet mit den Worten: »Heutzutage kopiert eine Armee von Teenagern genauso selbstverständlich wie Erwachsene und Senioren. Linksgerichtete Menschen kopieren genauso wie jene, die eher rechtsgerichtet sind. Jeder, der einen Computer nutzt, kopiert.«[101]

Piratenbewegung: Politische Sammelbewegung, die im Jahr 2006 erstmals öffentlich in Erscheinung trat, als zunächst in Schweden und dann auch in zahlreichen anderen europäischen Ländern sogenannte Piratenparteien gegründet wurden. Diese verdanken ihren Namen der Umdeutung des Begriffs des Internet- oder Datenpiraten. »Das Bild des Piraten«, schreibt die deutsche Piratenpartei auf ihrer Website, »ist auch ein Symbol für Menschen, die teilweise ungerechtfertigt in die Illegalität gedrängt wurden. Genau das kommt heute im ›virtuellen‹ Bereich verstärkt vor. Darum nennen wir uns ebenfalls Piraten. Die Piraten der Piratenpartei wollen sich nicht persönlich bereichern, schon gar nicht auf Kosten anderer. Aber wo es um ›geistige Werte‹ geht, ist das Teilen gar nicht so schwer. Geteiltes Wissen ist doppeltes Wissen. Daher trifft die Gleichsetzung ›geistiger Wert‹ = ›realer Wert‹ gar nicht zu, der uns über Sinnbilder wie das des Piraten eingeprägt werden soll.«[102]

Piratbyran: (Deutsch: Piratenbüro) Schwedische Lobby-Organisation, die sich für das digitale Kopieren einsetzt. Sie wurde im Jahr 2003 als Reaktion auf das Anti-Piratenbyran der Unterhaltungsindustrie gegründet. Dabei wiederum handelt es sich um eine Lobby-Organisation, die die Rechte der Verwerter öffentlich vertreten und die Nutzung von Tauschbörsen ächten will. Im Umfeld des schwedischen Piratenbüros, das sich als Interessenvertretung von Tauschbörsen-Nutzern verstand,[103] entstan-

---

101 Online verfügbar auf der Website zum Manifest: ⟨http://piracymanifesto.com⟩ (Stand März 2011).
102 Online verfügbar unter: ⟨http://web.piratenpartei.de/⟩ (Stand März 2011).
103 Am 28. Juni 2010 zitiert das mittlerweile geschlossene Netzportal von ORF, *Futurezone*, in dem Artikel »Schwedisches Piratenbüro löst sich auf« den Piratbyran-Mitbegründer Marcin de Kaminski in diesem Sinne: »Wir wollten dafür sorgen, dass sich die Leute nicht genieren, Filesharer zu sein, sondern dass jeder weiß, dass es eine ganz normale und weit verbreitete Online-Nutzungsart ist.«

den auch die schwedische Piratenpartei sowie der BitTorrent-Tracker Pirate Bay. Im Sommer 2010 löste sich das Piratbyran auf.

Plagiat: Bezeichnung für eine Urheberrechtsverletzung, bei der ein Werk oder Teile davon unter einem anderen Autorennamen veröffentlicht oder nachgeahmt werden. Der Begriff geht zurück auf das lateinische *plagium*, was so viel wie Menschenraub bedeutet. Das leitet sich wiederum davon ab, dass der geistige Schöpfer als Vater seiner Schöpfung angesehen wurde, dem der eigene Nachwuchs durch ein Plagiat geraubt wurde. Gerd Hansen erläutert: »Der römische Dichter Martial (40 bis 103 nach Christus) hatte seine Epigramme mit freigelassenen Sklaven verglichen und denjenigen, der seine Gedichte als eigene ausgeben hatte, einen *plagiarius* genannt.«[104] In ihrem *Praxiskommentar zum Urheberrecht* definieren Artur-Axel Wandtke und Winfried Bullinger: »Ein Plagiat begeht, wer sich die Urheberschaft an einem fremden Werk anmaßt.«[105]

Plagiarius: Der Designer Rido Busse betreibt in Solingen das gleichnamige Museum und verleiht außerdem den Plagiarius-Preis, mit dem besonders dreiste Nachahmungen ausgezeichnet werden.

PlagiPedia: Titel eines kollaborativen Projekts, das im Rahmen der Debatte um die Promotion von Karl-Theodor zu Guttenberg entstand (→ Googleberg). Auf der entsprechenden Website wollen viele Nutzer gemeinsam überprüfen, »ob Herr Guttenberg in trauriger Gesellschaft weilt. Dieses Wiki soll die Bemühungen all jener organisieren, die das Ziel eines integren wissenschaftlichen Abschlusses von Persönlichkeiten überprüfen wollen, die in herausragenden verantwortungsvollen Positionen unserer Gesellschaft stehen.«[106]

»Plunderphonics«: Titel eines Kunstprojekts des kanadischen Künstlers John Oswald, der sich bereits im Jahr 1985 mit dem kreativen Kopieren befasst hat. In seinem Essay »Plunderphonics, or Audio piracy as a compositional prerogative« beschrieb er, wie er sich Klänge und Töne bei anderen Musikern lieh.[107]

---

104 Gerd Hansen, *Warum Urheberrecht?*, a. a. O. (S. 38, Anm. 35), S. 13.

105 Artur-Axel Wandtke/Winfried Bullinger, a. a. O. (S. 23, Anm. 12), S. 205. Mehr Informationen zum Thema Plagiat sind zu finden in: Theisohn, Philipp, *Plagiat. Eine unoriginelle Literaturgeschichte*, Stuttgart: Alfred Kröner Verlag 2009.

106 Online verfügbar unter: ⟨http://de.plagipedia.wikia.com⟩ (Stand Mai 2011)

107 John Oswald, »Plunderphonics, or Audio Piracy as a Compositional Prerogative«, online verfügbar unter: ⟨www.plunderphonics.com/xhtml/xplunder.html⟩ (Stand Februar 2011).

PressPausePlay: Titel einer Dokumenation der beiden schwedischen Filmemacher Victor Köhler und David Dworsky aus dem Jahr 2011. Darin widmen sie sich den Veränderungen, die die Digitalisierung für Kunst und Kultur mit sich bringt. Auf der Website zum Film findet sich ein Zitat von Seth Godin: »Es ändert sich alles. Die Industrie ist tot. Es gab niemals vorher eine bessere Zeit, um Künstler zu sein.«[108]

Privatkopie: Paragraph 53 des *Gesetzes über Urheberrecht und verwandte Schutzrechte* regelt die »Vervielfältigungen zum privaten und sonstigen eigenen Gebrauch«. Darin heißt es: »Zulässig sind einzelne Vervielfältigungen eines Werkes durch eine natürliche Person zum privaten Gebrauch auf beliebigen Trägern, sofern sie weder unmittelbar noch mittelbar Erwerbszwecken dienen, soweit nicht zur Vervielfältigung eine offensichtlich rechtswidrig hergestellte oder öffentlich zugänglich gemachte Vorlage verwendet wird.«[109]

Privatkopie.net: Initiative zur Rettung der Privatkopie. Im Text der Petition fordern die Unterzeichner von der Bundeskanzlerin und von der Bundesjustizministerin: »Keine Novellierung des Urheberrechtsgesetzes ohne Sicherung der digitalen Privatkopie! Ich fordere ein Urheberrecht, das die Teilhabe aller am kulturellen Leben sowie die Informations- und Meinungsfreiheit garantiert!«[110]

Privatkopieschranke: Die Spezifizierung der Privatkopie besagt, so erläutern Till Kreutzer und Oliver Passek, »dass man kein eigenes Original besitzen muss, um eine Kopie für persönliche Zwecke erstellen zu dürfen. Das führt einerseits dazu, dass man Fernsehsendungen aufnehmen oder aus Büchern in der Bibliothek Seiten kopieren darf. Auch darf man sich von der CD eines Freundes oder einer Freundin eine Kopie machen. Genauso zu beurteilen ist der Fall, wenn man eine (Original-)CD kauft und (wenn sie nicht gerade kopiergeschützt ist) sich von ihr eine Kopie brennt und dann das Original wieder verkauft. Wie gesagt: Zwar darf man die Kopien nicht verkaufen, Originale aber schon.«[111]

Produktpiraterie: Oberbegriff für Fälschungen von Original-Produkten. Der Produktdesigner Rido Busse, der in Solingen das → Plagiarius-Museum betreibt, erläutert zu diesem Phänomen: »Es gibt eine ganze Reihe

---

108 Online verfügbar unter: ⟨www.presspauseplay.com/about⟩ (Stand Februar 2011).
109 *Urheber- und Verlagsrecht*, a. a. O. (S. 101, Anm. 1), S. 28f.
110 Online verfügbar auf der Website zur Petition: ⟨www.privatkopie.net/petition.php⟩ (Stand März 2011).
111 Oliver Passek/Till Kreutzer, »Musik und Filme kopieren. Privatkopie und Co.«, a. a. O. (S. 141, Anm. 35), S. 58.

von Firmen in China, denen man beigebracht hat, wie man zum Beispiel Lacoste-Hemden produziert. Und die lassen hinterher nur die Bänder weiterlaufen.«[112] Dass solche Vorfälle keinesfalls immer zum Schaden des imitierten Produkts sein müssen, illustriert Lawrence Lessig am Beispiel Software: »Wenn Chinesen Windows ›stehlen‹ [→ Diebstahl-Dilemma], schafft das eine Abhängigkeit von Microsoft. Microsoft verliert den Wert der Software, die genommen wurde. Aber das Unternehmen gewinnt Nutzer, die an das Leben in der Microsoft-Welt gewöhnt sind. Wenn Staaten im Laufe der Zeit wohlhabender werden, kaufen immer mehr Menschen Software und stehlen sie nicht mehr. Und da Microsoft mit der Zeit von diesen Käufen profitieren wird, nützt diese Piraterie Microsoft. Nutzen Chinesen stattdessen das freie → GNU/Linux-Betriebssystem, würden sie am Ende vielleicht nicht Microsoft kaufen. Ohne Piraterie würde Microsoft also verlieren.«[113]

ProMedia: Auf ihrer Website, die unter der Adresse www.antipiracy.de erreichbar ist, stellt sich die Gesellschaft zum Schutz geistigen Eigentums mbH so vor: »Die proMedia ermittelt Urheberrechtsverletzungen im Bereich Musik und hat dafür einen exklusiven Auftrag vom Phonoweltwirtschaftsverband, der IFPI.« Im Hinblick auf den Online-Bereich beschreibt die proMedia ihre Aktivitäten so: »Die proMedia durchsucht täglich das Internet nach Urheberrechtsverletzungen im Musikbereich. Dies erfolgt manuell und in immer größerem Ausmaß auch automatisiert. Hierbei werden u. a. Internetseiten nach bestimmten Merkmalen durchsucht. Angefangen bei der immer noch oft eingesetzten Hintergrundmusik bis zu Seiten, wo oft die aktuellen Top100-Titel angeboten werden. Die immer beliebter werdenden Uploadservices werden hierbei auch erfasst.«[114]

Proprietäre Software: Bezeichnung für ein geschlossenes Software-System, das keine fremden Anknüpfungspunkte zulässt. Das bekannteste Beispiel dafür ist Apples iTunes. Das Gegenteil davon ist so genannte → Open-Source-Software.

Prosument: Der Begriff geht zurück auf den amerikanischen Zukunftsforscher Alvin Toffler und bringt den Wandel des passiven Konsumenten zum aktiven Rezipienten zum Ausdruck. Bei dem Wort handelt es sich

---

112 Holger Hettinger, »Das Plagiat ist schon immer in der Welt«, Interview mit Rido Busse auf: *Deutschlandradio Kultur* (10. April 2007), online verfügbar unter: ⟨www.dradio.de/dkultur/sendungen/thema/613646/⟩ (Stand September 2010).

113 Lawrence Lessig, *Freie Kultur*, a. a. O. (S. 29, Anm. 26), S. 76.

114 Online verfügbar unter: ⟨http://antipiracy.de/⟩ (Stand März 2011).

um ein sprachliches → Mashup aus Produzent und Konsument; im Englischen auch *prosumer*.[115]

P2P: Abkürzung für Peer-to-Peer. Der englische Ausdruck steht für Austausch unter Gleichen und wird für sogenannte → Tauschbörsen verwendet. »Mit P2P wird ein System bezeichnet, bei dem alle Anwender zugleich als Anbieter und Nachfrager von Daten handeln. Das P2P-Konzept wird von Computerwissenschaftlern und auch Unternehmen als zukunftsweisendes System des Datenaustauschs angesehen, da die Anbieter auf große Server- und Leistungs-Kapazitäten verzichten können und der Datenstrom stattdessen auf viele dezentrale Rechner verteilt werden kann.«[116] → Napster

Public Domain: → Gemeinfrei

Quadrature du Net: Name einer französischen Bürgerrechtsbewegung im digitalen Raum. Die von Jérémie Zimmermann und Philippe Aigrain gegründete Gruppe engagiert sich für Datenschutz und Bürgerrechte im Internet. Ein Schwerpunkt ist dabei auch das Engagement für ein modernes Urheberrecht (→ *Hadopi*).

Raubkopie: Lobbybegriff für das unerlaubte Vervielfältigen urheberrechtlich geschützter Werke. Bei der »Raubkopie« handelt es sich nicht um eine juristische Kategorie, der Begriff ist überdies juristisch irreführend, weil Raub im *Strafgesetzbuch* definiert ist als die gewaltsame Wegnahme fremder Sachen. Im Fall des (digitalen) Kopierens wird aber weder etwas weggenommen, noch kommt körperliche Gewalt zur Anwendung (→ Schwarzkopie).

Read-write-Society: Von Lawrence Lessig geprägter Begriff für eine Gesellschaft, in der Konsumenten sich in → Prosumenten verwandeln, indem sie aus der passiven Zuschauerrolle heraustreten und selbst aktiv werden.

Reality Hunger: Titel eines Buches von David Shields, das komplett aus Zitaten, Anspielungen und Bezügen besteht. Es erschien im Sommer 2010 und trägt den Untertitel *A Manifesto*.

Reblog: → Retweet

Reenactment: Besondere Form der Geschichtskopie, bei der historische Ereignisse, oft bedeutende Schlachten, möglichst authentisch wiederaufgeführt werden.

Referenzkultur: Oberbegriff für unterschiedliche Formen der Adaption und Bezugnahme.

---

115 Vgl. hierzu auch Holm Friebe/Thomas Ramge, a. a. O. (S. 50, Anm. 62).
116 »Glossar«, in: *Urheberrecht im Alltag*, a. a. O. (S. 141, Anm. 35), S. 372.

Remake: Meist für Kinofilme genutzter Oberbegriff für Filme, »die einen Vorläufer mehr oder weniger detailgetreu nachvollziehen – meist aktualisiert, bisweilen in andere Genres übertragen, gelegentlich auch in ganz andere Schauplätze und Zeiten versetzt«.[117]

Remix: In seinen lesenswerten »Neun Thesen zur Remix-Kultur« definiert der Schweizer Kulturtheoretiker und Publizist Felix Stalder die Methode des Remix folgendermaßen: »Remixing ist nicht nur ein modischer Stil der elektronischen Musik oder von nutzergenerierten Inhalten auf populären Plattformen wie Youtube. Vielmehr ist es eine Meta-Methode, ein viele Genres und spezifische Arbeitsweisen kennzeichnendes Verfahren, in welchem unter Verwendung bestehender kultureller Werke oder Werkfragmente neue Werke geschaffen werden.«[118]

Remix Manifesto: Dokumentarfilm des kanadischen Filmemachers und Netzaktivisten Brett Gaylor aus dem Jahr 2008 über das Urheberrecht im Zeitalter des Remix.[119]

RepRap-Machine: Name eines 3D-Druckers, den der Biomechaniker Adrian Bowyer an der Universität Bath entwickelt hat. Die RepRap-Machine besteht vollständig aus selbst ausdruckbaren Teilen. Setzt sich diese Technologie langfristig durch – wovon Bowyer ausgeht –, stellen sich alle Urheberrechtsfragen, die derzeit im digitalen Raum besprochen werden, neu: Sie gelten dann auch in der analogen Welt. Mittels des sogenannten 3D-Drucks lassen sich nämlich kleine Gegenstände aus unterschiedlichen Materialien physisch herstellen – also drucken.

Reprise: Der Begriff leitet sich aus dem Französischen her und bedeutet übersetzt Wiederholung. In der Musik beschreibt er genau dies: Die Wiederholung eines bestimmten Teils eines Musikstücks.

Retweet: Begriff aus dem Microblog Twitter. Beschreibt einen Vorgang der Kopie, den Nutzer anwenden, um einen Beitrag (Tweet) eines anderen Nutzers zu verbreiten. Dabei wird die Wiederholung genutzt, um die Bedeutung eines Beitrags zu unterstreichen. Ein ähnliches Prinzip findet in einem anderen Microblogsystem namens Tumblr mittels des sogenannten Reblogs Anwendung. Dabei werden Bilder erneut in einem anderen Blog eingetragen. Man kann diese Form des Kopierens als digitale Art der freien Meinungsäußerung verstehen.

---

117 Jochen Manderbach, *Das Remake – Studien zu seiner Theorie und Praxis*, Siegen: MuK 1988, S. 12.

118 Felix Stalder, a. a. O. (S. 22, Anm. 6), S. 1.

119 Mehr Informationen sind auf der Website des Films zu finden: ⟨http://films.nfb.ca/rip-a-remix-manifesto/?cat=10⟩ (Stand März 2011).

Revidierte Berner Übereinkunft (RBÜ): Völkerrechtlicher Vertrag zum Schutz des Urheberrechts. Für Till Kreutzer ist die RBÜ die »Mutter aller Urheberrechtskonventionen« und der »bedeutendste internationale Vertrag zum Urheberrecht«. Er »wurde im Jahr 1886 verabschiedet und seither mehrmals geändert (zuletzt im Jahr 1979)«.[120]

Ringparabel: Binnenerzählung während der Schlüsselszene von Gotthold Ephraim Lessings Drama *Nathan der Weise*. Erzählt wird die Geschichte eines Vaters, der seinen Söhnen drei Ringe vermacht hat, von denen zwei nach dem Vorbild des ersten gefertigt wurden, der eigentlich den meistgeliebten Sohn kennzeichnen sollte. Für sie gilt, was auch für die digitale Kopie kennzeichnend ist: Original und Kopie sind nicht länger zu unterscheiden.

Rückwärts geboren werden: Der amerikanische Schriftsteller Jonathan Lethem (→ »Ecstasy of influence: A plagiarism«) nutzt diese Formulierung, um zu beschreiben, wie er sich in einer Popwelt voller Parodien und Kopien orientiert. Er schreibt: »Die Welt ist eine Wohnung, übersät mit Produkten der Pop-Kultur und deren Emblemen. Beim Aufwachsen wurde ich überschwemmt mit den Parodien auf Originale, die mir unbekannt und geheimnisvoll waren – ich kannte die Monkees früher als die Beatles und Belmondo früher als Bogart [...]. Ich stehe nicht allein damit, dass ich rückwärts geboren bin, hinein in ein chaotisches Reich der Texte, Produkte und Bilder – in eine Kommerz- und Kultur-Umwelt, die unsere natürliche Umwelt zugleich ergänzt und auslöscht. Sie gehören mir genauso wenig wie die Gehsteige oder die Wälder der Welt, dennoch wohne ich darin.«[121]

Sample: Wörtlich übersetzt etwa Muster oder Kostprobe. Der Begriff bezeichnet ein in der zeitgenössischen Popmusik häufig eingesetztes Verfahren, das Susanne Binas so beschreibt: »Im Kontext der digitalen Klangverarbeitung bezeichnet Sampling die technische Umwandlung eines analogen Signals in digitale Werte. Dazu entnimmt eine Baugruppe eines datenverarbeitenden Systems (Computer) – genannt Analog/Digital-Wandler – dem analogen kontinuierlichen Eingangssignal in regelmäßigen und definierten Zeitabständen Samples.«[122] Der britische Musiker Da-

---

120 Till Kreutzer, »Internationale Zusammenhänge«, a. a. O. (S. 112, Anm. 32), S. 258.

121 Jonathan Lethem, a. a. O. (S. 22, Anm. 9), S. 60.

122 Susanne Binas, »Samplen – Fragen kostet was«, in: *OriginalKopie – Praktiken des Sekundären*, herausgegeben von Gisela Fehrmann, Erika Linz, Eckehard Schumacher et al., Frankfurt am Main: DuMont 2004, S. 242-257, S. 244,

mon Albarn, der gemeinsam mit dem Zeichner Jamie Hewlett die Band Gorillaz erfunden hat, beschrieb die Arbeit an dieser Comic-Band so: »Ich verstehe das Songwriting als eine Art Sampling ohne digitales Sampling. Ich nehme alles, was ich höre, filtere es und schaffe was Neues. Wir machen Musik und Kunst als Produkt all der Einflüsse, die auf uns einwirken.«[123]

Sample Clearing: Wer für sogenannte → Samples Teile fremder Musikstücke nutzen will, muss dafür die Rechte klären. Diesen Prozess nennt man Sample Clearing: »Die verschiedenen Rechte, die an einem Musikstück bestehen, können unterschiedlichen Personen zustehen. Die Komponisten und Textdichter haben die Urheberrechte an Komposition und Text. Die Interpreten haben Rechte an ihren Darbietungen und die Tonträgerhersteller an der Aufnahme. Alle Rechte müssen erworben werden, damit das Sample verwendet werden darf.«[124] Nach einem Urheberrechtsstreit Anfang der neunziger Jahre nannte der Rapper Biz Markie ein Album *All Samples Cleared!* – als Replik auf den Rechtsstreit, den Gilbert O'Sullivan angestrengt hatte, weil dieser nicht damit einverstanden war, dass Markie sein Lied »Alone again (naturally)« als Vorlage genutzt hatte.

Sample-Troll: Tim Wu definiert diesen Begriff im Magazin *Slate* analog zum Begriff des → Patent-Trolls. Gemeint sind Firmen, die einzig darauf aus sind, »mithilfe rechtlicher Schritte erfolgreichen Musikern Geld abzunötigen für Sampling, völlig unabhängig davon, wie minimal oder unbemerkt es eingesetzt wurde.«[125]

Schrankenvorschriften: Im deutschen Urheberrecht beschränken diese die Rechte der Urheber zugunsten der Nutzer. Die Privatkopieschranke ist vermutlich die bekannteste Schrankenvorschrift im Urheberrechtsgesetz (Paragraph 53; → Privatkopie). Hier ist geregelt, dass der Nutzer unter bestimmten Vorraussetzungen private Kopien anfertigen darf, ohne den Rechteinhaber vorher um Erlaubnis zu fragen.

Schöpfungshöhe: Juristischer Fachbegriff, mit dem die kreative Eigenleistung eines Werks bewertet wird. Das Bundesverfassungsgericht spricht in einem Urteil vom »Kriterium einer deutlich überragenden Gestaltungsleistung, wie es bei Werken der angewandten Kunst für die urheberrecht-

online verfügbar unter: ⟨www.uni-oldenburg.de/musik/medien/download/ Susanne-Binas-Preisendoerfer_Sound-Sampling-in-der-Popmusik_2004.pdf⟩ (Stand März 2011).

123 Neil Gaiman, a. a. O. (S. 74, Anm. 29).

124 Valie Djordjevic, »Einführung ins Urheberrecht«, in: *Urheberrecht im Alltag*, a. a. O. (S. 141, Anm. 35), S. 75-79, S. 76f.

125 Tim Wu, »Jay-Z versus the sample troll«, online verfügbar unter: ⟨www. slate.com/id/2153961⟩ (Stand März 2011).

liche Schutzfähigkeit Voraussetzung sei«.[126] Es muss also eine eigenständige geistige Leistung bei der Schöpfung erkennbar sein. Bei Werken mit nur geringer Schöpfungshöhe spricht man von → kleiner Münze. Dabei »handelt es sich um Werke, deren Gestaltung sich nur unwesentlich von dem abhebt, was jeder so gemacht hätte. Das können banale Reime, aber auch einfache Computerprogramme für die Lösung alltäglicher Probleme sein.«[127]

Schwarzkopie: Gelegentlich verwendeter Alternativbegriff zu Raubkopie: »Analog zu den Vergehen des Schwarzfahrens oder der Schwarzarbeit, die auch nicht ›Raubfahren‹ oder ›Raubarbeit‹ genannt werden, erscheint der Begriff ›Schwarzkopie‹ weniger wertend als Bezeichnung für illegale Kopien.«[128]

Sensei: Bezeichnung aus dem Japanischen für den Ausbilder oder Trainer in asiatischen Kampfsportarten. Im *Großen Buch vom Kampfsport* ergänzt Fay Goodman: »Es ist nicht ganz korrekt, Sensei so zu übersetzen, doch der Einfachheit halber werden wir das Wort ›Lehrer‹ verwenden. Tatsächlich bedeutet es ›der, der vorher gegangen ist‹, womit gemeint ist, dass der Lehrer alles, was Sie nun tun werden, bereits getan hat und dessen Bedeutung versteht.«[129] Somit stellt der *Sensei* ein Vorbild dar, dessen Nachahmung zum höchsten Ziel der Ausbildung wird.

Shanzhai: Mit diesem Begriff wird eine »dem Raubkopie-Wesen verwandte ästhetische Subkultur« in China bezeichnet,[130] die sich durch Nachahmung und Imitation politisch artikuliert. Die China-Expertin Wei Zhang beschrieb dieses Phänomen in der *Neuen Zürcher Zeitung* im Frühjahr 2009 so: »Immer neue Sprossen der *shanzhai*-Zeitung schießen aus der Erde: von *shanzhai*-Büchern über *shanzhai*-Bibliotheken bis hin zu selbstgebastelten Fernsehprogrammen, in denen eine volkstümliche, heterodoxe Interpretation der offiziellen Darstellung des staatlichen Fernsehens präsentiert wird. Die von den *shanzhai*-Produkten inspirierte Subkultur ist ihrem Wesen nach gegen die elitäre, offizielle Kultur des Parteiestablishments gerichtet.«[131] Mark Siemons ergänzt: »Shanzhai ist die nicht-authentische Kultur schlechthin, eine Kultur des Variierens, Kombinierens, Spielens. In der Praxis unterscheidet sich die westliche Kultur

---

126 Online verfügbar auf der Website des Bundesverfassungsgerichts: ⟨www.bundesverfassungsgericht.de/entscheidungen/rk20050126_1bvr157102.html⟩ (Stand März 2011).
127 »Glossar«, in: *Urheberrecht im Alltag*, a. a. O. (S. 141, Anm. 35), S. 368.
128 Jan Krömer/Evrim Sen, a. a. O. (S. 188, Anm. 21), S. 10.
129 Fay Goodman, a. a. O. (S. 166, Anm. 2), S. 34.
130 Wei Zhang, a. a. O. (S. 71, Anm. 23).
131 Ebd.

oft gar nicht so sehr davon, erst recht nicht bei den neuen Formen wie denen des Sampelns.«[132]

Sicherungskopie: In Bezug auf die pragmatischen Aspekte dieser Form der Vervielfältigung zum Zwecke der Sicherung ist oft auch von → Backups die Rede, auf die man zurückgreifen kann, sollte das Original verloren gehen (→ Barbarastollen). Der Begriff Sicherheitskopie wird synonym verwendet. Auch das Urheberrechtsgesetz verwendet den deutschen Ausdruck, daher wird auch in diesem Buch auf ihn zurückgegriffen. Till Kreutzer definiert sie in *Urheberrecht in der digitalen Welt* als »ein Vervielfältigungsstück, das nur anfertigen darf, wer ein Original besitzt und auch nur dann, wenn es erforderlich ist. Das heißt: Liefert der Hersteller oder Verkäufer des Programms schon eine Kopie mit, darf auch der Besitzer eines Originalprogramms keine zusätzlichen Kopien machen. Das heißt auch: Verkaufe ich mein Programm, muss ich die Sicherheitskopie löschen oder dem Käufer mitgeben.«[133]

Skioptikon: Auch Laterna Magica genannter Projektionsapparat, der, dem Diaprojektor nicht unähnlich, Bilder vergrößert darstellt. In *Raffinierte Kunst* zitiert Wolfgang Ullrich den Kunsthistoriker Hermann Grimm, der im Jahr 1892 das Skioptikon als Projektionsapparat deshalb lobte, weil es die Aufführung von Kunst, vergleichbar der Aufführung von Musik, ermöglichen könne.[134]

Skriptorium: Arbeitsstätte des → Kopisten. In mittelalterlichen Klöstern kopierten die Mönche in dieser Schreibstube die Bibel. Sie sollten dabei auch »ihren Glauben [...] stärken, indem sie die Texte beim Schreiben laut lasen oder zumindest in Gedanken vor sich hin sagten. Durch das Abschreiben hörte und bewahrte der Mönch die ewigen Dinge. Wenn das Pergament vorbereitet (oder später das Papier fixiert) war, die Blätter geschnitten und mit Linien versehen waren, die Rohrfeder (später der Federkiel) geschnitten und die Tinte gemischt war, konnte ein Mönch, der an sechs Tagen in der Woche sechs Stunden lang schrieb, in einem Jahr eine Bibel kopieren.«[135]

Soulwax: Name einer 1995 gegründeten belgischen Band, die – mit Bezug auf die beiden Erfinder Stephen und David Dewaele – auch unter dem Na-

132 Mark Siemons »Shanzhai ist die Intelligenz des Volkes«, in: *Chinaland. Reisen, Kopieren, Erzählen*, herausgegeben von Gesine Dankwart/Anja Goette/Susanne Vincenz, München: Blumenbar 2009, S. 123-131, S. 127.

133 Till Kreutzer, »Software und Spiele kopieren. Das Lizenzmodell entscheidet«, in: *Urheberrecht im Alltag*, a. a. O. (S. 141, Anm. 35), S. 29-33, S. 30.

134 Wolfgang Ullrich, a. a. O. (S. 16, Anm. 8), S. 96.

135 Hillel Schwartz, a. a. O. (S. 37, Anm. 33), S. 223.

men Flying Dewaele Brothers und 2 many DJs auftritt. Soulwax zählen zu den Entwicklern des sogenannten → Bastard-Pop.

Sprachbad: Bezeichnung für den kindlichen Spracherwerb durch Imitation. »Statt eine zweite Sprache im herkömmlichen Sinne zu lernen«, erläutert Susanne Simon in der *Zeit*, »tauchen die Kinder schon im Kindergarten in ein ›Sprachbad‹ ein, lernen in konkreten Situationen, jedes Kind in seinem eigenen Tempo. Je früher dieser Prozess beginnt, heißt es, desto mehr ähnelt der Spracherwerb dem Erlernen der Muttersprache.«[136]

Statute of Anne: Dieses im Jahr 1709 in London erlassene Statut gilt als erstes Urheberrechtsgesetz. Es beginnt mit dem Satz: »An act for the encouragement of learning, by vesting the copies of printed books in the authors or purchasers of such copies, during the times therein mentioned.«[137]

Steal this Film: Dokumentarfilm über das Thema Urheberrecht, der sich nicht nur inhaltlich mit den veränderten Gegebenheiten des Netzes auseinandersetzt, sondern diese auch als Vertriebsweg über die → BitTorrent-Technik nutzte. Der Titel war dabei als Aufforderung zu verstehen, den von der sogenannten League of Noble Peers produzierten Film über Tauschbörsen zu verbreiten.

Storchschnabel: → Pantograph

Sweden: Eine zum Beispiel in Michel Gondrys Film *Be Kind Rewind* (deutsch: *Abgedreht*) aus dem Jahr 2008 genutztes Verfahren, bei dem Szenen aus bekannten Filmen nachgedreht werden. Der Begriff des Swedens steht dabei für eine Imitationskultur, die schon vor Gondrys Film ausführlich im Internet betrieben wurde. Alex Rühle beschreibt sie in der *Süddeutschen Zeitung* so: »Filme werden hier respektlos als *objets trouvés* behandelt, als Sachen, mit denen man machen kann, was man will. Die Netzgemeinde reagiert enthusiastisch; im Internet wird geschwedet wie wild. Mit Sperrholz, Plastikhelmen und Spielzeugpistolen werden Kampfszenen aus *Terminator*, interstellare Schlachten aus *Krieg der Sterne* und der klaustrophobe Alptraumhorror von *Shining* nachgespielt.«[138] Bekannte Vertreter des Swedens sind – *avant la lettre*, sozusagen – Eric Zala, Chris Strompolos und Jayson Lamb. Die drei Freunde und Indiana-Jones-Fans kopierten Steven Spielbergs Film *Indiana – Jäger des verlorenen Schatzes* zwischen 1982 und 1989 Szene für Szene im Keller des elterlichen Hauses und in den Wäldern der Umgebung.

136 Susanne Simon, in: *Die Zeit* (19. Januar 2007).
137 Zitiert nach Adrian Johns, a a. O. (S. 106, Anm. 17), S. 143.
138 Alex Rühle, »Ästhetik des Machwerks«, in: *Süddeutsche Zeitung* (17. April 2008).

Tag des geistigen Eigentums: → World Intellectual Property Day

»Talent borrows, genius steals«: Dem englischen Autor Oscar Wilde zugeschriebener Ausspruch. Die deutsche Band Tocotronic zitierte ihn im Jahr 2005 in ihrem Lied »Gegen den Strich« – und nahm damit wiederum Bezug auf die britische Band The Smiths, die das Zitat im Jahr 1986 auf das Cover der in England veröffentlichten Vinyl-Single von »Bigmouth strikes again« drucken ließ.

Tauschbörse: Bekannte Tauschbörsen, die auch → P2P- oder → Filesharing-Systeme genannt werden, sind → Napster, eDonkey, Kazzaa oder → BitTorrent. Sie erlauben »es dem Nutzer, Dateien für andere vom eigenen Computer aus zum Download bereit zu halten und von anderen herunterzuladen. Hierbei wird meist kein zentraler Server oder Drittanbieter benötigt.«[139]

TCPA: Abkürzung für Trusted Computing Platform Alliance, ein Zusammenschluss von Soft- und Hardware-Unternehmen, der das Ziel verfolgt, schadfreie Software auf Computer zu installieren. Kritiker warfen der Initiative vor, so einen Überwachungschip in fremde Computer implementieren zu wollen. Die Nachfolgeorganisation trägt seit 2003 den Namen »Trusted Computing Group«.

Tecno Brega: Vor allem im Norden Brasiliens populärer Musikstil. Die Lieder bestehen in erster Linie aus Remixes und Neuarrangements bekannter Songs der achtziger Jahre. Im Film → *Good Copy Bad Copy* wird Tecno Brega ausführlich vorgestellt.

Terminator-Samen: Bezeichnung für mit einer Art → Kopierschutz ausgestattetes steriles Saatgut. »Normalerweise ist im reifen Getreidekorn ein Keimling angelegt, der bei der nächsten Aussaat keimt, aufgeht und zu einer neuen Pflanze heranwächst. Terminator und die entsprechende Behandlung mit einer Chemikalie setzen eine Kettenreaktion in Gang, die dazu führt, dass der Keimling im Korn abgetötet wird. Das Korn ist steril, also unfruchtbar.«[140]

TKDL: Abkürzung für die indische Traditional Knowledge Digital Library, die es sich zum Ziel gesetzt hat, traditionelles Wissen vor der ausschließlichen Nutzung durch einen Patentinhaber zu schützen.[141]

139 »Glossar«, in: *Urheberrecht im Alltag*, a. a. O. (S. 141, Anm. 35), S. 375.
140 Vgl. dazu die online verfügbaren Informationen unter: ⟨www.3sat.de/in fowindow2.php3?url=/nano/glossar/terminator_gen.html&name=Das%20 nano-Glossar⟩ (Stand März 2011).
141 Vgl. dazu die online verfügbaren Informationen unter: ⟨www.tkdl.res. in/tkdl/langdefault/common/Abouttkdl.asp?GL=Eng⟩ (Stand März 2011).

Thanatose: Auch Totstellreflex genanntes Phänomen, das zum Beispiel beim Marienkäfer zu beobachten ist, der sich im Fall einer Bedrohung tot stellt. Auch einige Schmetterlinge, Wanzen und Krebse nutzen die Thanatose.

Three Strikes Out: Name eines Sanktionsmodells für Urheberrechtsverletzungen im Internet, das, von Frankreich ausgehend, in immer mehr Ländern von den Urheberrechtsverwertern propagiert wird. Es basiert auf der Baseball-Regel, nach der sich ein Spieler drei Fehlschläge erlauben kann, ehe er aus dem Spiel ausscheidet. Die Idee, dieses Prinzip auf die juristische Ebene zu übertragen, geht auf die Three-Strikes-Statuten einiger US-amerikanischer Bundesstaaten zurück, nach denen ein Straftäter nach drei schweren Verbrechen automatisch zu lebenslanger Haft ohne Bewährung verurteilt wird. Für die Bekämpfung von Urheberrechtsverstößen im Netz sieht dieses Warnmodell folgendes Vorgehen vor: Personen, die drei Mal urheberrechtlich geschütztes Material in Tauschbörsen angeboten haben und dabei (von ihrem Provider) erwischt und verwarnt wurden, soll der Zugang zum Internet gesperrt werden. Kritiker bemängeln, dass ein solches Vorgehen nur schwer umsetzbar ist und dem Recht auf Informationsfreiheit widerspricht. → *Hadopi*

Total-Buy-Out-Verträge: Bei dieser Form des Vertrags kauft der Verwerter dem Künstler »alle möglichen Rechte mit der Zahlung einer einmaligen Pauschalsumme« ab.[142] Thomas Hoeren kritisiert: »Gerade die Musikindustrie ist dafür bekannt, dass sie durch so genannte Rechte-Buy-Out-Verträge den Künstlern sämtliche Rechte wegnimmt und auf sich übertragen lässt. Deshalb hat die Musikindustrie, unter dem Vorwand, sich für die Künstler einzusetzen, nur ihren eigenen Vorteil im Sinn. Das nannte ein Kollege von mir – der frühere Chef des Max-Planck-Instituts – mal den Wandel des Urheberrechts zu einem reinen Wirtschaftsrecht der Verwerter.«[143]

TRIPS: Abkürzung für das *Agreement on Trade-Related Aspects of Intellectual Property Rights*, ein Abkommen über handelsbezogene Aspekte der Rechte am geistigen Eigentum. »TRIPS ist ein internationales Vertragswerk über Immaterialgüterrechte und wurde im Rahmen des allgemeinen Zoll- und Handelsabkommens (GATT) ausgehandelt. TRIPS legt verbindliche Mindeststandards für den Schutz geistigen Eigentums fest. Die An-

---

142 Valie Djordjevic, »Glossar«, in: *Copy. Right. Now! – Plädoyer für ein zukunftsfähiges Urheberrecht*, herausgegeben von der Heinrich Böll Stiftung, Berlin 2010, S. 124-131, S. 130.
143 Dirk von Gehlen, »In ihrer Not ruft die Musikindustrie nach dem Staat«, a. a. O. (S. 130/131, Anm. 3).

erkennung und Ratifizierung des TRIPS ist Voraussetzung für die Mitgliedschaft in der Welthandelsorganisation WTO.«[144]

Tumblr: → Retweet

Turntablism: Dieser englische Ausdruck bezeichnet die Fähigkeit eines DJs, an zwei oder mehreren Plattenspielern (*turntables*) Sounds, Geräusche oder Lieder so zu spielen, dass durch das sogenannte Scratchen und parallele Spielen unterschiedlicher Songs neue Lieder entstehen. Der Ausdruck geht auf Chris Oroc alias DJ Babu zurück, der damit den Unterschied zu einem DJ benennen wollte, der lediglich unterschiedliche Lieder nacheinander spielt. → »Adventures of Grandmaster Flash on the Wheels of Steel«. → Mashup

Twitter: → Retweet

Umweltbewegung: Nicht wenige Menschen vergleichen das Engagement für ein offenes Urheberrecht mit der Umweltbewegung seit den siebziger Jahren. Der US-Jurist James Boyle tat dies bereits im Jahr 1997, als er ein Buch mit dem Titel *A Politics of Intellectual Property: Environmentalism for the Net* veröffentlichte. Er begründet die Parallele zum Umweltschutz, »der auf eine brillante Art und Weise die Folgen sozialer Entscheidungen für die Ökologie dargelegt und demokratische und wissenschaftliche Untersuchungen von Themen möglich gemacht hat, die vorher lediglich von wenigen Experten behandelt wurden. Wir brauchten eine Umweltschutzbewegung für die Köpfe, eine Politik für das Informationszeitalter.«[145]

Unikat: Dieser vom lateinischen *unus* (Einer, ein Einziger) abgeleitete Begriff bezeichnet ein Einzelstück. Der Begriff Unikat kann sich auf ein einzigartiges Schriftstück oder Kunstwerk beziehen.

Urheberrecht: Rechtsgebiet, das die Nutzung und Verbreitung von → Immaterialgütern regelt. Kritiker beschreiben eine Tendenz hin zu einem Verwerterrecht, das über verlängerte Schutzfristen weniger dem Urheber als dem Rechteinhaber dient.

Version: Die Schweizer Kulturwissenschaftlerin Anaïs Hostettler wählt den Begriff im Interview in diesem Band, um eine Alternative zum Gegensatzpaar Original und Kopie zu skizzieren (→ *Copypastereality*).

Verwertungsgesellschaft: Die mit der Idee einer → Kulturflatrate vorgeschlagene pauschale Abgabe existiert in Deutschland bereits. Sie wird von den Verwertungsgesellschaften eingetrieben, die dem Deutschen Pa-

---

144 »Glossar«, in: *Urheberrecht im Alltag*, a. a. O. (S. 141, Anm. 35), S. 375.
145 James Boyle, a. a. O. (S. 145, Anm. 42).

tent- und Markenamt unterstehen. Die Gebühr wird auf Leermedien und Kopiergeräte erhoben und anschließend von der Verwertungsgesellschaft an die Urheber ausgeschüttet. Die bekannteste deutsche Verwertungsgesellschaft ist die »Gesellschaft für musikalische Aufführungs- und mechanische Vervielfältigungsrechte« (GEMA), die im Jahr 2008 einen Betrag von 823 Millionen Euro eingenommen hat – und zwar für Werknutzungen, die die Urheber allein nicht geltend machen könnten. Dabei handelt es sich zum Beispiel um das Abspielen von Liedern im Radio. Es gibt Verwertungsgesellschaften nicht nur im Bereich der Musik, sondern auch für Fotografen, bildende Künstler, Autoren und Verlage.

WIPO: Abkürzung für die »World Intellectual Property Organisation«, eine in Genf angesiedelte Unterorganisation der Vereinten Nationen, deren Ziel es ist, Urheberrechten weltweit zur Durchsetzung zu verhelfen.
Wordpress: Name einer sehr bekannten → Open-Source-Blogsoftware (→ Firefox).
World Intellectual Property Day (WIPD): Welttag des geistigen Eigentums, den die → WIPO am 26. April 2001 erstmals ausrief.[146] Kritiker werfen der WIPO vor, einseitig zu argumentieren: »Von den Problemen und Rechtsunsicherheiten, die starke Eigentumsregimes mit sich bringen, ist selbstverständlich keine Rede. Wie Kreativität und Innovation durch die Verwendung freier Lizenzen gefördert werden und was für eine beeindruckende Kultur sich rund um die Creative Commons entwickelt hat, findet ebenfalls nicht statt.«[147]
Wissensallmende: Begriff, der sich an dem mittelalterlichen Begriff der → Allmende orientiert, die ein Gemeineigentum von Dorfbewohnern beschreibt. Verfechter des Konzepts der Wissensallmende wollen dieses Prinzip auf Wissen und Informationen übertragen. In dem Buch *Wissensallmende* heißt es: »Eine gut ausgebaute Wissensallmende ist für das Denken, aber auch für das Produzieren oder Heilen so wichtig wie die Luft zum Atmen. Nur geht es der Wissensallmende wie früher der Umwelt: Sie hat keine Lobby, es gibt noch nicht einmal einen wohl-etablierten Begriff dafür.«[148]

146 Vgl. dazu die online verfügbaren Informationen unter: ⟨www.wipo.int/about-ip/en/world_ip/2001/world_ip.html⟩ (Stand März 2011).
147 N. N., »WIPO: Heute ist Tag des Geistigen Eigentums«, online verfügbar unter: ⟨www.gulli.com/news/wipo-heute-ist-tag-des-2007-04-26/⟩ (Stand März 2011).
148 Oliver Moldenhauer/Benedikt Rubbel/Sebastian Bödeker, a. a. O. (S. 114, Anm. 38), S. 10.

Xerox: Name des ersten großen Herstellers von Papierkopierern. Hillel Schwartz verwendet in seiner Geschichte der Papierkopie den Begriff »xeroxen«[149] synonym mit kopieren. Bei Xerox wurde frühzeitig auch das Prinzip des → Copy & Paste genutzt.

XCP: Abkürzung für das Kopierschutzsystem Extended Copy Protection, das im Winter 2005 weltweit bekannt wurde, weil die Firma Sony es auf Musik-CDs eingesetzt hatte. Um die Lieder der kopiergeschützten CDs auf einem Computer abspielen zu können, musste der Käufer ein Programm installieren. Dabei wurde ohne Wissen des Nutzers eine zweite Software installiert, »die sich vor neugierigen Blicken versteckt und potenzielle Sicherheitslöcher reißt. Damit bildet diese Software Rootkit-Funktionen nach – Rootkits verstecken ihre (illegalen) Aktivitäten ebenfalls vor dem Computernutzer. Der Kopierschutz installiert unter anderem auch Filtertreiber für CD-ROM-Laufwerke sowie für die IDE-Treiber, durch die er Zugriffe auf Medien kontrolliert. [...] Der Treiber fragt alle zwei Sekunden alle laufenden Prozesse nach den von ihnen geöffneten Dateien ab, um seiner Aufgabe – dem Verhindern von unerwünschten Kopien – nachzukommen, und das gleich jeweils achtmal am Stück. So verbraucht der nicht ganz koschere Kopierschutz Rechenzeit, auch wenn die zu schützende CD gar nicht im Laufwerk liegt.«[150] Drei Wochen nachdem diese Nebenwirkungen des Kopierschutz bekannt wurden, meldete *heise.de*: »Man habe sich sehr blamiert, kommentierte der Europa- und Deutschland-Chef von Sony BMG mittlerweile die Versuche der Firma mit dem XCP-Kopierschutz. Der Chef der US-Lobbyverbands der Musikindustrie verteidigte dagegen das Vorgehen von Sony BMG.«[151]

»You wouldn't steal«: Slogan einer US-amerikanischen Werbekampagne gegen das illegale Downloaden von Filmen aus dem Internet. In den Clips werden hintereinander mehrere Diebstahl-Szenarien aufgezeigt, die mit den Worten »You wouldn't steal a car, a television« etc. unterlegt sind. Der Clip läuft auf die Aussage hinaus, dass das Herunterladen von Filmen mit dem Diebstahl von Gegenständen gleichzusetzen sei. Dem widerspra-

149 Hillel Schwartz, a. a. O. (S. 37, Anm. 33), S. 249.
150 dmk, »Sony BMGs Kopierschutz mit Rootkit-Funktionen«, online verfügbar unter: ⟨www.heise.de/security/Sony-BMGs-Kopierschutz-mit-Rootkit-Funktionen–/news/meldung/65602⟩ (Stand März 2011).
151 Jürgen Kuri, »Bürgerrechtler und Texas verklagen Sony BMG wegen XCP-Kopierschutz«, online verfügbar unter: ⟨www.heise.de/newsticker/Buerger rechtler-und-Texas-verklagen-Sony-BMG-wegen-XCP-Kopierschutz–/mel dung/66485⟩ (Stand März 2011).

chen die europäischen Grünen, die mit der Website www.iwouldnt-steal.net darauf hinwiesen, dass der Diebstahl von materiellem Eigentum nicht mit dem Kopieren immaterieller Güter vergleichbar sei. → Diebstahl-Dilemma

Youtube-Karaoke: Den »Umstand, dass ein einzelnes Video (Original) von mehreren Usern in irgendeiner Weise adaptiert und neu interpretiert wird und als Ergebnis dieses Prozesses in verschiedenen Versionen vorhanden ist«[152], bezeichnet die Schweizer Kulturwissenschaftlerin Anaïs Hostettler in ihrem Magazin → *Copy Paste Reality* als Youtube-Karaoke (→ »Numa Numa«).

Zitat: Paragraph 51 des Urheberrechtsgesetzes regelt, welche Formen des Zitierens erlaubt sind. Im Gesetz heißt es: »Zulässig ist die Vervielfältigung, Verbreitung und öffentliche Wiedergabe eines veröffentlichten Werkes zum Zweck des Zitates, sofern die Nutzung in ihrem Umfang durch den besonderen Zweck gerechtfertigt ist. Zulässig ist dies insbesondere, wenn 1. einzelne Werke nach der Veröffentlichung in ein selbständiges wissenschaftliches Werk zu Erläuterung des Inhaltes aufgenommen werden; 2. Stellen eines Werkes nach der Veröffentlichung in einem selbständigen Sprachwerk angeführt werden; 3. einzelne Stellen eines erschienenen Werkes der Musik in einem selbständigen Werk der Musik angeführt werden.«[153]

Zufällige Doppelschöpfung: Begriff aus der Musiktheorie, der oft ins Spiel gebracht wird, wenn zwei oder mehrere Künstler ähnliche Melodien erfinden. Im Winter 2008 entschied das Landgericht München, der Musiker Gary Moore habe für seinen Hit »Still got the blues« eine Gitarrenmelodie bei der unbekannten deutschen Band Jud's Gallery gestohlen, also unerlaubt und ohne Kenntlichmachung kopiert. Max Fellmann kommentierte dieses Urteil in der *Süddeutschen Zeitung* folgendermaßen: »Wenn Gary Moore geklaut hat, dann bei ungefähr dreihundert Urhebern gleichzeitig. Es gibt Aufnahmen des Jazz-Standards ›Autumn leaves‹ (auch bekannt als ›Les feuilles mortes‹), bereits 1945 komponiert von Joseph Kosma und basierend auf der gleichen Kadenz, in denen schon lange vor 1974 mehr oder weniger die Melodie von ›Still got the blues‹ als Nebenstimme zu hören ist – ganz einfach, weil sie sich zu dieser Akkordfolge fast zwingend anbietet.«[154]

152 Hostettler, siehe oben S. 160ff.
153 *Urheber- und Verlagsrecht*, a. a. O. (S. 101, Anm. 1), S. 27.
154 Max Fellmann, »Der Blues als Blaupause«, in: *Süddeutsche Zeitung* (4. Dezember 2008).

»Zweites Leben«: Auf den US-amerikanischen Juristen Lawrence Lessig zurückgehender Begriff für die Weiterverwendung kultureller Produkte: »Eine Zeitung liefert Amerika jeden Tag die Nachrichten an die Haustür. Am nächsten Tag wird sie verwendet, um Fisch darin einzuwickeln, eine Schachtel mit zerbrechlichen Gegenständen auszufüllen oder um ein Wissensarchiv über unsere Geschichte aufzubauen. In diesem zweiten Leben kann der Inhalt seine Funktion weiter erfüllen, auch wenn die Information nicht mehr verkauft wird.«[155]

155 Lawrence Lessig, *Freie Kultur*, a. a. O. (S. 29, Anm. 26), S. 121.

VIII Die Mashup-Compilation

»Imitationen« – Tocotronic
»Die Gedanken sind frei« – Hannes Wader
»Dragostea din tei« – O-Zone
»Good lies« – Notwist
»Teachers« – Soulwax
»Let's push things forward« – The Streets
»Jenseits des Kanals« – Tocotronic
»Pass the mic« – Beastie Boys
»Tu das nicht« – Die Ärzte
»See you later alligator« – Bobby Charles
»Hands in the air« – Girl Talk
»24 – 25« – Kings of Convenience
»I saw her standing there« – Beatles
»That's all right« – Elvis Presley
»Let there be rock« – Kristof Schreuf
»What the fuck do you think« – Madonna
»This may be the last time« – The Staple Singers
»All I want« – LCD Soundsystem
»Alles was du siehst, gehört dir« – Peter Licht
»Encore« – DJ Danger Mouse

IX Dank

Dieses Buch wurde nur möglich, weil mich Riesinnen und Riesen auf ihre Schultern nahmen und mir einen weiteren Ausblick gewährten. Allen möchte ich dafür herzlich danken. Ganz besonders:

Manuela Baldauf, Heinrich Geiselberger, Tilman Vogt, Debora Weber-Wulff, Urs Gasser, David Dewaele, Oliver Moldenhauer, Gerfried Stocker, Markus Beckedahl, Anaïs Hostettler, Regina Bendixen, Ania Mauruschat, Thomas Ernst, Thomas Durchschlag, all den großartigen Kolleginnen und Kollegen aus der jetzt.de-Redaktion, Alex Rühle, Andrian Kreye, Johannes Kuhn, Matthias Spielkamp, Till Kreutzer, Valie Djordjevic, Nahne Steinauer, Lars Birken-Bertsch, Wolfgang Farkas, Bernhard von Guretzky, Gerald von Foris, Rudolf Förster sowie Veronika und Wilhelm von Gehlen und allen anderen, die mir halfen und noch immer helfen, weiter zu sehen.

Ich danke auch den Leserinnen und Lesern, die sich die Zeit genommen haben, meinen Gedanken zu folgen. Bitte tragen Sie diese weiter – tun Sie dies auf die Art und Weise, die Jonathan Lethem empfohlen hat und die ich an dieser Stelle gerne kopieren und wieder hergeben möchte:

»Machen Sie keine Raubdrucke von meinen Büchern; aber plündern Sie ruhig meine Visionen. Der Name des Spiels lautet: Alles hergeben.«[1]

---

1 Jonathan Lethem, a. a. O. (S. 22, Anm. 9), S. 63.7

filmedition suhrkamp

Alexander Kluge. Nachrichten aus der ideologischen Antike. Marx – Eisenstein – Das Kapital. Drei DVDs mit einem Essay von Alexander Kluge. 580 Min. fes 1

Bertolt Brecht/Slatan Dudow/Hanns Eisler/Ernst Ottwalt. Kuhle Wampe oder Wem gehört die Welt? Mit Extras. 80 Min. fes 2

Samuel Beckett. He, Joe, Quadrat I und II, Nacht und Träume, Geister-Trio, Not I, … nur noch Gewölk …, Was, Wo. Filme für den SDR. Mit einem Essay von Gilles Deleuze. 180 Min. fes 3

Krista Fleischmann. Monologe auf Mallorca + Die Ursache bin ich selbst. Die großen Interviews mit Thomas Bernhard. Mit einem Essay von Raimund Fellinger. 94 Min. fes 4

Pierre Carles. Soziologie ist ein Kampfsport. Pierre Bourdieu im Porträt. Französische Originalfassung mit deutschen Untertiteln. Mit Interviews und einem Text von Pierre Bourdieu. 140 Min. fes 5

Michael Knof. Jugend ohne Gott. Nach dem Roman von Ödön von Horváth. Mit einem Essay von Reiner Niehoff. 107 Min. fes 6

Konrad Wolf. Der geteilte Himmel. Nach der Erzählung von Christa Wolf. Mit dem Film »Selbstversuch« von Peter Vogel. Zwei DVDs mit Essays von Ulla Berkéwicz, Christa Wolf und Ralf Schenk. 265 Min. fes 7

Romuald Karmakar. Hamburger Lektionen. Mit Texten von Peter Körte und Dirk Laabs. 133 Min. fes 8

NF 697/1/11.10

Chantal Akerman. Die Gefangene. Nach Motiven von Marcel Proust. Französische Originalfassung mit deutschen Untertiteln. Mit Texten von Birgit Kohler, Thilo Wydra und Ulrich Peltzer. 118 Minuten. fes 9

Jean-Luc Godard. Histoire(s) du cinéma. Zwei DVDs mit einem Essay von Klaus Theweleit. 264 Minuten. Deutsche Sprachfassung. fes 10

Hans Magnus Enzensberger. Ich bin keiner von uns. Filme, Porträts, Interviews. Zwei DVDs mit Texten von Hans Magnus Enzensberger. Etwa 300 Minuten. fes 11

Christoph Rüter. Die Zeit ist aus den Fugen. Mit einem Interview und Texten von Heiner Müller. 100 Minuten. fes 12

Matthias von Gunten. Max Frisch. Citoyen. Mit einem Interview und Texten von Max Frisch. 94 Minuten. fes 13

Heinz Bütler, Manfred Eicher. Holozän – Nach Max Frischs Erzählung »Der Mensch erscheint im Holozän«. Mit Essays von Wolfgang Sandner. 90 Minuten. fes 14

Alexander Kluge. Früchte des Vertrauens. Finanzkrise, Adam Smith, Keynes, Marx und wir selbst: Auf wen kann man sich verlassen? Vier DVDs mit Materialien. 658 Minuten. fes 15

Thomas Brasch. Filme. Engel aus Eisen, Domino, Mercedes, Der Passagier – Welcome to Germany. Herausgegeben von Martina Hanf. Mit zahlreichen Extras, einem ausführlichen Dokumentationsteil sowie einem Booklet mit einem Essay von Hanns Zischler und Texten Thomas Braschs. 396 Minuten + 152 Minuten Extras. fes 16

Ernst Jandl. Das Öffnen und Schließen des Munds. Frankfurter Poetikvorlesungen 1984/1985. Zwei DVDs mit einem Essay von Johannes Ullmaier. 263 Minuten. fes 17

Ferry Radax. Der Italiener. Nach einer Erzählung von Thomas Bernhard. Booklet mit Materialien zur Entstehung des Films. 127 Minuten. fes 18

Susan Chales de Beaulieu/Jean-Baptiste Farkas. Alien, Marx & Co. Slavoj Žižek im Porträt. Booklet mit einem Essay von Jens-Christian Rabe und weiteren Texten. Deutsche Sprachfassung. 111 Minuten. fes 19

Raúl Ruiz. Die wiedergefundene Zeit. Nach dem Roman von Marcel Proust. Mit einem Interview mit dem Regisseur und einem Text von Reiner Niehoff. Deutsche Sprachfassung. 162 Minuten. fes 20

Alexander Kluge. Wer sich traut, reißt die Kälte vom Pferd. Bestehend aus der DVD Landschaften mit Eis und Schnee. Filme, 180 Minuten, und dem Begleitbuch Stroh im Eis, mit 40 Geschichten von Alexander Kluge. Im Schuber. fes 21

Astra Taylor. Examined Life. Gespräche mit Kwame Anthony Appiah, Judith Butler, Michael Hardt, Martha C. Nussbaum, Avital Ronell, Peter Singer, Sunaura Taylor, Cornel West und Slavoj Žižek. Booklet mit einem Interview mit der Regisseurin und den Kurzporträts der Gesprächspartner. Englische Originalfassung mit deutschen Untertiteln. 88 Minuten. fes 22

Margarethe von Trotta. Jahrestage. Nach dem Roman von Uwe Johnson. Zwei DVDs mit einem Interview mit der Regisseurin und weiteren Materialien. 360 Minuten. fes 23

Richard Dindo/Philippe Pilliod. Journal I-III/Gespräche im Alter. Zwei Filme über Max Frisch. Zwei DVDs. Mit Interviews mit den Regisseuren und weiteren Materialien. 262 Minuten. fes 24

Heinz Peter Schwerfel. Hotel Nooteboom. Eine Bilderreise ins Land der Worte. Umfangreiches Booklet. 96 Minuten. fes 25

Max-Frisch-DVD-Box zum 100. Geburtstag. Bestehend aus vier Bänden der filmedition suhrkamp: Matthias von Gunten: Max Frisch. Citoyen (fes 13), Heinz Bütler/Manfred Eicher: Holozän (fes 14), Richard Dindo/Philippe Pilliod: Journal I-III/ Gespräche im Alter (Doppel-DVD, fes 24) sowie Volker Schlöndorff: Homo Faber (Deutsche Fassung, nicht einzeln lieferbar). Fünf DVDs, 563 Minuten